プロローグ

　この本の企画は，友人の水戸重之弁護士がある女性を私に紹介したところから始まった。

　「Kと申します。水戸先生には，○○大学法科大学院でお世話になりました」
　「Kさんは，現在株式会社××の法務部で企業内弁護士として働いているのだけど，今度公認会計士試験を受けたいんだって……」水戸先生が満面の笑顔で言った。今までに何度もえらい目にあっているあの笑顔だ。
　「それで？」私はそう応えるのがやっとだった。
　「……租税法を教えてよ。大学で租税法教えているんでしょう？　過去問の解説でいいからさ。僕も一緒に参加するから勉強会をしようよ……」
　状況が上手く掌握できないまま，今回も水戸先生の笑顔に押し切られ，私はこの二人と租税法の勉強会を行うはめになった。

　私は会計専門職大学院で公認会計士を目指す学生たちに租税法を教えてはいるが，弁護士の先生に租税法を教えるのは気が引ける。しかも，過去問の解説と軽く言うが，会計士試験や税理士試験の受験勉強においては，過去問を解くということはあまりやらないので，それなりの準備が必要である。
　しかし，この奇妙な租税法の勉強会は，化学反応を引き起こし，いくつかの予想外の結果を産み出していった。租税法というものに対する会計士と弁護士のアプローチの違いが浮き彫りとなったことは，興味深い点だ。これまで弁護士に対して租税法上の問題点を説明しても，いまひとつ納得してもらえなかった理由も分かった気がした。また，今さらながら，過去問の重要性を認識した。実際に出題された過去問を分析してみると，捉えづらい租税法の全体像が見えてきた。とにもかくにも，勉強会は全12回，無事に実行された。

このときの勉強会での三人のドタバタぶりを出版社の方々に雑談として話したところ，その内容は，会計士試験の受験生だけではなく，弁護士や法科大学院生，さらには，経理部や法務部に勤める租税法の知識をつけたいと望んでいる人たちにも役に立つので本にしてみたら，という予想外な助言を頂いた。かくして，本書が世に出ることとなった。

　また，巻末の参考資料として，平成23年からの租税法過去問と模範解答を掲載しているが，この模範解答は大原簿記学校公認会計士講座の作成したものであり，協力の御礼を申し上げたい。さらに末筆とはなりますが，この企画の助言と編集に根気よく付き合っていただいた，税務経理協会の大坪克行氏及び大川晋一郎氏にも深く御礼を申し上げます。

2013年11月

山田有人

プロローグ

山田有人：1963年生まれ，富山県出身。慶應義塾大学経済学部卒，筑波大学大学院経営・政策科学研究科修了。
公認会計士。元税理士法人ＰＷＣパートナー。
大原大学院大学会計研究科教授，名古屋商科大学大学院客員教授（同校2012年度ティーチング・アワード受賞），吉本興業（株）監査役。主な著書として，「コンテンツビジネスに負けない法則」（日経ＢＰ社），「会計・税務－コンテンツ・プロデュース機能の基盤強化に関する調査研究」（経済産業省），「世界のビジネスを変えた最強の経営参謀」（税務経理協会），「永久差異－ＩＦＲＳの嵐の次にくるもの－」（税務経理協会）。

水戸重之：1957年生まれ，東京都出身。慶應義塾大学法学部法律学科卒。
ＴＭＩ総合法律事務所パートナー弁護士。
筑波大学大学院ビジネス科学研究科（企業法学専攻）講師，早稲田大学スポーツ科学研究科（大学院）講師，慶應義塾大学法科大学院講師（2013年まで），スポーツ選手代理人。主な著書として，「著作権の法律相談」「ソフトウェア取引の法律相談」（いずれも共著）（青林書院）。

＊Ｋ弁護士は受験生であることに配慮して匿名とし，プロフィールだけを示す。

Ｋ弁護士：年齢不詳（おそらく二十代後半），〇〇大学法科大学院卒。
現在，株式会社××法務部に勤務。
将来の夢は，美容関係の会社の起業をすること。
趣味は，ファッションとホテルのバー巡り。

目　　次

プロローグ

第１日目

第1章　総　論
1．過去問を解くことの意義……………………………………………1
2．会計士試験の試験範囲 ………………………………………………4
3．過去問から見えてくる傾向 …………………………………………10
4．3つの税金の相違と関係性 …………………………………………11
5．租税の定義 ……………………………………………………………14
6．租税法律主義とは ……………………………………………………14
7．租税公平主義について ………………………………………………18
8．タックス・ミックスについて ………………………………………20
9．租税法律主義と租税公平主義の関係 ………………………………22
10．租税法における法源について ………………………………………26
11．1日目のまとめ ………………………………………………………30

第２日目

第2章　所得税法
1．所得の定義 ……………………………………………………………31
2．所得税の税額計算のための3つのステップ ………………………34
3．2日目のまとめ ………………………………………………………44

第３日目

1．退職所得 vs. 給与所得に関する過去問
　（平成22年度　問題1の問4）……………………………………45
2．事業所得 vs. 給与所得に関する過去問
　（平成18年　第10問　問題2）……………………………………46

i

3．事業所得に関する過去問（平成20年　第1問　問題2）……………52
　4．譲渡所得に関する過去問（その①）
　　　（平成19年　第1問　問題2）……………………………………57
　5．譲渡所得に関する過去問（その②）
　　　（平成21年　第1問　問題2の（問1））……………………………62
　6．譲渡所得に関する過去問（その③）
　　　（平成24年　第1問　問題1（問4））………………………………66
　7．配当所得に関する過去問（平成23年　第1問　問題1（問3））……69
　8．3日目のまとめ ……………………………………………………………70

第4日目

第3章　法人税法
　1．法人税と所得税の関係 …………………………………………………73
　2．受取配当益金不算入制度 ………………………………………………76
　3．会計と法人税の関係 ……………………………………………………78
　4．4日目のまとめ …………………………………………………………82

第5日目

　1．法人税法を理解するための会計入門講座………………………………84
　2．法人税法第22条の意味 …………………………………………………97
　3．5日目のまとめ ………………………………………………………104

第6日目

　1．受取配当益金不算入に関する過去問
　　　（平成24年　第1問　問題2）…………………………………………106
　2．代表的な加算項目―役員給与の損金不算入 …………………………109
　3．代表的な加算項目―交際費の損金不算入 ……………………………112
　4．代表的な加算項目―寄附金の損金不算入 ……………………………115
　5．代表的な加算項目―減価償却の損金不算入 …………………………117
　6．代表的な加算項目―貸倒損失の損金不算入 …………………………118

目　　次

7．一時差異と永久差異 ……………………………………………… 120
8．一時差異に準じるもの …………………………………………… 124
9．一時差異と永久差異の相違が分かる過去問
　　（平成21年　第1問　問題1（問2））………………………… 125

第7日目

1．22条関連の過去問（その①）（平成18年　第10問　問題1）……… 129
2．22条関連の過去問（その②）（平成19年　第1問　問題1）……… 135
3．22条関連の過去問（その③）（平成22年　第1問　問題1）……… 143

第8日目

1．寄附金に関する過去問（その①）（平成20年　第1問　問題）…… 149
2．寄附金に関する過去問（その②）（平成23年　第1問　問題1）… 152
3．寄附金に関する過去問（その③）
　　（平成21年　第1問問題1（問3）及び（問4））……………… 156
4．役員給与に関する問題（その①）
　　（平成24年　第1問　問題1（問1）及び（問2））…………… 159
5．役員給与に関する問題（その②）（平成24年　第1問　問題2）… 162
6．外国税額控除制度の趣旨 ………………………………………… 163
7．外国税額控除制度に関する過去問（平成24年　第1問　問題2）… 166
8．8日目のまとめ …………………………………………………… 168

第9日目

第4章　消費税法

1．消費税の概要 ……………………………………………………… 169
2．消費税の原則的な計算方法と簡易課税方式 …………………… 172
3．課税・不課税（課税対象外）・非課税・免税 ………………… 174
4．非課税取引に関する過去問
　　（平成21年　第1問　問題2（問2））………………………… 177

iii

5．免税事業者に関する過去問
　　　（平成23年　第1問　問題1（問4））………………………… 180
　6．消費税と法人税の関係に関する過去問
　　　（平成21年　第1問　問題1（問1））………………………… 183
　7．課税標準に関する過去問（平成24年　第1問　問題1（問3））… 184
　8．課税仕入れに関する過去問（平成24年　第1問　問題2）………… 186
　9．9日目のまとめ ……………………………………………………… 189

第10日目

第5章　所得税法・法人税法・消費税法総合問題
　1．ストック・オプションに関する税制 ……………………………… 191
　2．時価と異なった取引をした場合の処理のまとめ ………………… 201
　3．10日目のまとめ …………………………………………………… 206
　4．10日間の勉強を振り返って ……………………………………… 207

第10+1日目

第6章　試験範囲以外の重要論点
　1．連結納税制度 ……………………………………………………… 210
　2．組織再編税制 ……………………………………………………… 217
　3．外国法人課税制度 ………………………………………………… 225
　4．移転価格税制 ……………………………………………………… 231
　5．11日目のまとめ …………………………………………………… 238

第10+2日目

第7章　平成25年度の本試験を受けて　　　　　　　　　　　241

エピローグ

＜付録＞　会計士試験　租税法問題・解答（平成23年度～25年度）………… 263

第1日目

第1章 総　　論

1．過去問を解くことの意義

山田：この度，水戸先生より，かつての教え子のK弁護士が会計士試験を受験したいということで，会計士試験の租税法の過去問を解説して欲しいという依頼がありました。実を言いますと，会計士試験の受験対策においては（税理士試験もそうですが），本試験の過去問を解くということはあまりしません。司法試験の受験対策では，過去問を解くのが普通なのですか？

水戸：そうですね。過去に出された問題は特に重要で，今後の出題傾向を探る上でも王道の勉強方法と言えます。

K：私もそうでした。まずは過去問にあたって傾向と対策を考えました。

山田：考えてみればその通りですよね。私も大学受験の時は志望校の赤本を購入して過去問を解いていましたから。しかし，会計士試験の受験対策においては，不思議と過去問は重視されていないようです。私は平成18年より，会計専門職大学院で会計士試験の受験指導を行ってきましたが，お恥ずかしながら，今回改めて過去問を見て過去問から実に多くのことを学びました。実際に過去問を解いてみると，会計士試験の租税法には，一定の傾向があることが分かりましたし，その出題傾向は，少しおおげさな言い方をすれば，租税法の骨格というか，ポイントが見えてきました。さらに，受験対策として過去問を解かなかった理由も理解できました。我々会計士は租税法というものを，法律というより会計の延長であると考えていたようです。

◯ 理論問題は法律問題

水戸：租税法を会計の延長であると考えていたとは，具体的にはどういうこと？

山田：会計士試験の租税法には，文章で解答させるいわゆる理論問題と，数字で解答させる計算問題がありますが，計算問題はもちろんのこと，理論問題も計算問題ができれば解答できると考えていました。計算問題の多くは簿記の問題を解くのと同様の能力とテクニックを使いますが，過去に出題された理論問題を見てみると，それは間違いなく法律問題でありました。「租税法」という名称を用いているくらいですから，そんなことは当たり前だと言われるかもしれませんが，そのことをすっかり忘れていたのだと思います。受験界でも，租税法の攻略方法としては，対策がとりづらい理論問題を捨て，計算問題で確実に点数を稼ぐ戦略が一般的なようです。計算問題はともかく，理論問題は法律問題である以上，司法試験の受験対策と同じように，過去問の分析は不可欠なことに気づきました。Kさんのような法律の専門家が会計士試験を勝ち抜くためには，理論問題で点数を稼ぐのが得策ですし，一般の受験生も理論問題を捨て問題にするのではなく，過去問の分析を踏まえて対策を行えば，理論問題はむしろ安定的な得点源になると思いました。したがって，両先生からの依頼は全ての過去問の解説の依頼でしたが，計算問題は簿記の習得と同じように，自分で電卓を叩きながら練習問題を地道に解くしかありませんので，これからは理論問題を中心に解説を行っていこうと思います。ただし，計算問題のポイントも折に触れて説明したいと思います。

K：はい。宜しくお願いします。

◯会計士の租税法と弁護士の租税法

山田：水戸先生と私は知り合って20年以上になりますが，ある映画投資ファンドの税務上の取扱いについて揉めたというのが最初の出会いでしたよね。

水戸：そう言えばそうですね。あの時は，弁護士と会計士では考え方が全く違

うということを実感しました。
山田：それがいまだにこうやって付き合っているわけですから不思議なものですね？
Ｋ：えっ？　水戸先生と山田先生は喧嘩していらっしゃったんですか？
山田：そうですよ。しかもそのわだかまりはまだ解消していません（笑）。
水戸：見解の相違でした（苦笑）。
山田：それはさておき，もともとこの企画は，Ｋさんの受験対策を目的に始めようと思いましたが，今は弁護士と会計士が租税法に関して議論するのも面白いんじゃないかと思っています。先ほどの受験対策の違いじゃないですが，租税法という所在不明な存在を，違う立場から意見をぶつけ合うことで，その輪郭が明らかになってくるのではないかと。しかも，会計士試験の過去問という，ある意味，利害関係が生じないお題をまな板に載せて。これは，この勉強会の本当のテーマのような気がします。
水戸：利害関係が生じないお題というのがポイントですよね。現実の事案だとまた揉めるかもしれませんから（笑）。
Ｋ：揉めるのは勝手ですけど，私の受験指導の方を宜しくお願いしますね。
山田：もちろんですよ。安心してください。

○弁護士に必要な租税法の知識

山田：ところで，本論に入る前に，何故Ｋさんは会計士試験を受けようと思ったの？
Ｋ：私は，一昨年司法研習所を卒業して，現在は企業内弁護士として一般の事業会社の法務部に勤務しているのですが，法務部に回ってくる案件は，必ずと言っていいほど，税務の問題が関連していて，担当されている皆さんはかなり税務に詳しい。はじめは，税務なんて経理がやればいいじゃない，くらいに思っていたのですが，そうも言っていられなくなってきました。これは本腰を入れて税法を勉強しないと。かと言って，目標がないとなかなか勉強もしないものですから……。

山田：確かに，特に企業内弁護士の場合は，会社で「税法は知りませんが……」とは言いづらいですよね。弁護士の先生は何でも法律のことは知っていると一般の社員は信じていますからね。

K：あと会社に入ってみて思ったんですけど，社長が一番ラクそうだなって思って。私も近い将来は起業して社長になろうかと思ってるんです。いつまでもサラリーマンなんてやってられないーと。

水戸：起業して社長なんてそんなに甘いもんじゃないのに。世の中をなめてるな，まったく。

K：私は目標を決めたら意地でもやり通すタイプなんです。絶対会計士試験に合格して，ついでに元カレ（会計士）も見返してやります。

水戸：目的はそれか。まあ，それはさておき，私も，社外監査役をやらせていただくことが多く，取締役会に出席しても，会計や税務の知識と経験が必要だということを痛感しています。だからKさんから相談を受けた時，山田先生を紹介するとともに，私もこの勉強会に参加させてもらい，税法をより勉強したいと思ったんです。

K：よろしくお願いします，山田先生。ついて行きます。どこまでも。

2．会計士試験の試験範囲

山田：それはこちらも望むところです。さて，実際の過去問を見ていく前に，公表されている出題範囲から見ていきましょう。実は一口に租税法と言っても，その範囲は広いですし，そもそも租税法という法律は存在しませんので，出題範囲を確かめることは重要だと思います。

○試験範囲は実体法のみ

水戸：問題を解き始める前に，出題範囲を確かめるにあたり，すぐに前提条件を付けたがる会計士らしいですね。

山田：それは褒め言葉として受け止めておきましょう。この出題範囲にも結構

第1章 総　　論

なヒントが隠されていると思います。＜スライド１－１＞に，公認会計士・監査審査会が公表している試験範囲を掲載しましたが，まず，試験範囲は，租税実体法のみとなっています。しかも，「法人税法を中心として，所得税法，消費税の構造的理解を問う基礎的出題とする」と書いてあります。

Ｋ：よかった。案外狭いんですね。試験範囲は。

１－１　＜租税法試験範囲（公認会計士・監査審査会）＞

　租税法の分野には，租税法総論及び法人税法，所得税法などの租税実体法が含まれる。
　租税実体法については，法人税法を中心として，所得税法，消費税法の構造的理解を問う基礎的出題とする。
　また，必要に応じ，これらに関連する租税特別措置法，並びに法令の解釈・適用に関する実務上の取り扱いを問う。
　ただし，特定同族会社の留保金課税を除く。
　また，国際課税については，外国税額控除のみを問うものとする。例えば，非居住者の所得に関連する事項，タックスヘイブン税制，移転価格税制，過少資本税制は出題範囲から除外する。
　さらに，組織再編成に関する税制及び連結納税制度については，当分の間，出題範囲から除外する。なお，グループ法人単体課税制度は出題範囲に含める。
　また，相続税法，租税手続法，租税訴訟法及び租税罰則法については，当分の間，出題範囲から除外する。

山田：＜スライド１－２＞及び＜スライド１－３＞に，租税法の基本書として有名な金子宏先生の「租税法〔第18版〕（弘文堂）」の目次を掲載しましたが，通常，租税法といえば所得税法が中心となるんですが，会計士のビジネスは主として法人相手なので，法人税法が中心ということになっています。

Ｋ：会社経営の場面では，法人税法の知識が必須なので，私には好都合です。

○相続税法は範囲外

水戸：よく，法人税法，所得税法，相続税法は国税三法と言われますけど，相続税法は試験範囲外なのですね。

山田：そうです。

水戸：それは，会計士の先生に相続税法に関する質問をしない方がいいということですかね？

山田：試験とは関係なく自分で相続税法を勉強している会計士もたくさんいます。相続税を中心とする資産税の領域は，会計事務所としては大きなビジネス領域ですからね。しかし，試験範囲外であることは確かです。

水戸：今後相続関係の仕事をする場合には，気をつけます。

山田：同業者を売ることになるコメントは控えてください。

水戸：は～い。

○「実務上の取り扱い」とは通達の理解

山田：また，試験範囲は，「また，必要に応じ，これらに関連する租税特別措置法，並びに法令の解釈・適用に関する実務上の取り扱いを問う」という表現を使っています。この文章は非常に含蓄があると思います。試験の時に渡される法令集（「公認会計士試験用参考法令基準集」）には，法人税法，所得税法，消費税法の本法しか掲載されておらず，租税特別措置法は掲載されていません。例えば，法人に対する交際費課税は法人税法ではなく，租税特別措置法に規定されていますから，「必要に応じ」というカテゴリーに入ります。

水戸：交際費課税は，租税特別措置法に規定されているのですか？

第1章 総　論

1－2　＜「租税法〔第18版〕」　金子宏著（弘文堂）の目次＞

```
第1編　租税法序説　　p.1～p.138
第2編　租税実体法　　p.139～p.728
第3編　租税手続法　　p.729～p.876
第4編　租税訴訟法　　p.877～p.920
第5編　租税処罰法　　p.921～p.941
```

1－3　＜「租税法〔第18版〕」　金子宏著（弘文堂）の第2編「租税実体法」の目次＞

```
第1章　序　説
第2章　課税要件総論
第3章　課税要件各論
 第1節　総説
 第2節　所得課税
  第1款　所得税
  第2款　法人税
  第3款　同族会社と所得課税
  第4款　多様な事業体と投資媒体
  第5款　国際取引と所得課税
  第6款　住民税と事業税
 第3節　相続税及び贈与税
 第4節　地価税
 第5節　固定資産税
 第6節　消費税
 第7節　流通税
第4章　納税義務の成立・承継および消滅
第5章　附帯税（附帯債務）
第6章　納税者の債権（還付請求権）
```

山田：そうです。しかも時限立法です。
水戸：法人税法上，交際費が損金にならないのはおかしいですよ。
山田：それは，法人税法のところで議論しましょう。話を元に戻すと，「必要に応じ」ですので，計算問題として出題することはあっても，租税特別措置法の規定に関して，立法趣旨などを正面切って問う問題が出される可能性は低いでしょう。また，「法令の解釈・適用に関する実務上の取り扱いを問う」となっていますが，考えてみれば，国家試験で，「実務上の取り扱いを問う」というのは不思議な感じがします。
水戸：具体的には，どのくらいのレベルまで「実務上の取り扱い」が問われていますか？
山田：おそらく，ここで言う「実務上の取り扱い」というのは，主として基本通達の規定を意味しているものと思います。
水戸：しかし，通達というのは，上級行政庁が下級行政庁の権限の行使を指図するもので，法律ではありませんね。その理解を国家試験で問うというのは，おかしくないですか？
山田：お恥ずかしながら，過去問を解くまで，そういうことを考えもしませんでした。私たち会計士は，試験で通達の規定のことを尋ねられることに全く違和感を持っていませんでした。例えば，法人税基本通達の内容を知らずに法人税の実務はできません。なぜなら，通達の規定と違う課税所得の計算をしたら，税務調査で指摘されますから。
水戸：しかし，通達は法律ではありませんから，通達の規定を根拠に税務調査で否認されても，裁判をしたら勝てるかもしれないじゃないですか？
山田：そういうところも，租税法に関して，会計士と弁護士の考え方が違う点かもしれませんね。おそらく，その関係を図示すると<スライド１－４>のようになるのではないでしょうか？
水戸：このスライドは実に分かりやすいですね。確かに，租税問題に関して，弁護士と会計士や税理士が意見が合わない原因は，こういうことかもしれませんね。

1－4 ＜公認会計士・税理士対弁護士＞

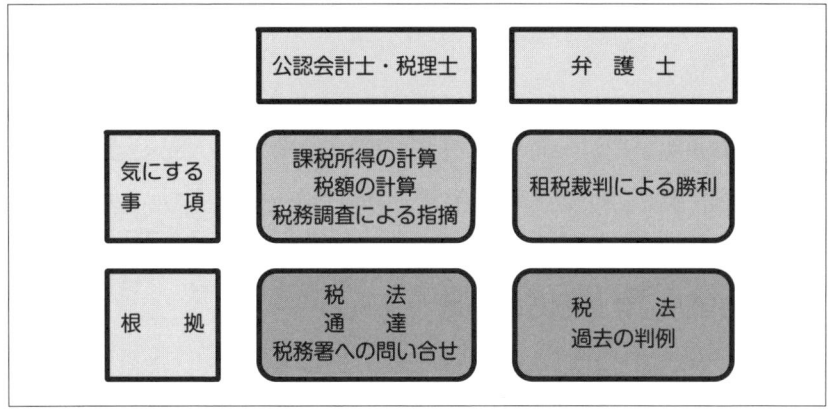

山田：ありがとうございます。

○ 意外と狭い試験範囲

山田：また，試験範囲は，「ただし」以下で，特定同族会社の留保金課税や，外国税額控除制度を除く国際課税（非居住者に対する課税タックス・ヘイブン対策税制，移転価格税制，過少資本税制），組織再編成税制及び連結納税制度については，当分の間，出題範囲から除外すると書かれています。水戸先生もご存じの通り，これらの除外されている項目は，実務でまさに問題となっているホットな論点ばかりです。したがって，会計士試験に合格したというだけでは，残念ながら税務の専門家とは言えません。

K：弁護士には結構いますよ。司法試験合格しただけで専門家ヅラする輩。

水戸：そういう微妙な発言はやめなさい（苦笑）。

K：はーい。

山田：ところで試験範囲には，「租税実体法」と書いてありますが，「実体法」という言葉自体，会計士にはあまりなじみがないんですけど，弁護士業界ではよく使う言葉ですか？

水戸：ええ，実体法と手続法という言葉は，最初に習う言葉ですね。例えば，

実体法でいえば，民法，刑法。手続法でいえば，民事訴訟法，刑事訴訟法というように，当然のように覚える言葉です。実体法と手続法が混在している法律もあります。

山田：金子先生の「租税法」は，租税法の基本書として有名ですが，内容的に非常に含蓄がある上に，900ページを超える大著です。このなかで会計士試験の範囲は実体法，しかも法人税，所得税，消費税のみなので，目次から概観すると，案外と試験範囲は狭いとも言えます。

3．過去問から見えてくる傾向

山田：こういう試験範囲であるということを頭に入れて，また，公認会計士・監査審査会は毎年試験後に出題の意図を公表しているのですが，それも参考にしつつ，租税法が試験科目になった平成18年から平成24年までの全ての過去問を解いてみました。その結果，＜スライド1―5＞に示したように，4つのことが言えると思います。まず，計算問題は，法人税法が中心で，そのためには，法人税基本通達の理解が必須です。法人税法の条文の理解だけでは計算問題が解けません。先ほども言いましたが，「実務上の取り扱い」と試験範囲に書いてあったのは，要するに通達の内容を理解することだと思われます。一方で，理論問題は，法人税と所得税が同じくらいのボリュームで出題されていますが，これは税法の条文と，通達ではなく，判例の理解が前提となっています。理論問題は法律問題で，判例の理解抜きに法律の学習は存在しないからだと思います。判例まであたるとなると，論点は広範囲に及ぶのではないかと心配されるかもしれませんが，実際に出題されている論点は非常に限られていました。例えば，法人税の分野では，①会計上の利益計算と課税所得の関係，②寄附金の範囲，③時価と異なる取引をした場合の扱いであり，所得税の分野は，①所得区分，②必要経費の範囲，そして，法人税分野と同様に，③時価と異なる取引をした場合の扱い，でした。

水戸：これはすばらしい分析結果ですね！　もう少しつっこんで説明してもらえますか？

1－5 ＜過去問の分析から分かる傾向＞

(1) 計算問題は法人税法が中心で，条文及び通達の幅広い理解を前提としている。
(2) 理論問題は法人税法及び所得税法が中心で，条文及び判例の理解を前提としているが，その範囲は極めて限定的である。
(3) 法人税法に関連する理論問題の主要論点は，以下の通りである。
　① 法人税法22条における会計上の利益計算と課税所得計算の関係
　② 寄附金の範囲
　③ 時価取引と異なる取引（無償及び低額取引）を行った場合の扱い
(4) 所得税法に関連する理論問題の主要論点は，以下の通りである。
　① 所得区分
　② 必要経費の範囲
　③ 時価取引と異なる取引（無償及び低額取引）を行った場合の扱い

4．3つの税金の相違と関係性

山田：はい。では，出題範囲がどうしてこのように絞られているかを考えるために，＜スライド1－6＞を使って，法人税，所得税，消費税の3つの税の相違と関係性を考えてみましょう。

1－6 ＜法人税・所得税・消費税の相違と関係性＞

(1) 法人税・所得税と消費税の相違
　① 直接税（納税者と負担者が一致）……………法人税，所得税
　② 間接税（納税者と負担者が一致しない）……消費税
(2) 法人税と所得税の相違
　① 課税客体……法人税は法人，所得税は自然人（個人）
　② 所得区分……法人税は所得区分なし，所得税は10個の所得区分
　③ 税率……法人税は一律，所得税は累進課税

◯ 直接税と間接税

　まず，直接税か間接税かという違いがあります。直接税は納税者と負担者が一致するものをいいます。これに対して，間接税は納税者と負担者が一致しないものをいいます。法人税と所得税は直接税のグループに属します。すなわち，この2つの税金は，税金を納める者と負担する者が一致しています。一方で，消費税は納税者と負担者が一致していない間接税です。例えば，スーパーで買い物をした時，消費税分を含めて払いますが（すなわち，消費税の負担者），実際に消費税を税務署に払いにいくのはスーパーです。間接税というものは，広く浅くシンプルな税制にする必要があります。そのため，試験では，理論問題としては出題されづらいという特徴があると思います。もし，試験に出るとしたら，その概要の理解を問う計算問題ということになります。

◯ 所得税と法人税

　直接税である法人税法や所得税法はそのシステムが複雑ですので，消費税法と比べると突っ込んだ問題が出題されます。それでは，両者の違いは何かというと，当たり前な話ですが，まず課税客体が違います。法人税は法人で所得税は個人です。次に考える必要があるのは，所得区分の有無です。所得税は所得を10種類の所得区分に細分化し，その区分ごとに課税方法を変えています。しかも，税率はご存知のように累進課税です。一方，法人税には所得区分は無く，また，税率は一律でフラットになっています。これらの相違は法人より個人の方が，課税負担の妥当性や公平性を保つ必要が高いと考えられているからです。原則として法人は，利益を獲得するために設立されますが，個人の行動はそうとは限りません。したがって，所得税は所得の種類に応じた課税方法をとる必要があります。例えば，退職金は退職後の人生のための重要な資金ですから，通常の給与所得より税負担を低くする必要があります。試験の傾向を考えますと，所得税法ではある所得は何の所得区分に分類されるかという，所得区分に関する問題が圧倒的に多く出題されています。

水戸：なるほど，そういう配慮は法人税法にはない部分ですね。

○ 会計士試験最大のポイントは法人税法22条

山田：それでは，法人税法のポイントを見ていきましょう。法人は必ず会計帳簿をつけていることに注目しなければいけません。会計帳簿をつける目的は，本来課税所得の計算とは異なるものです。しかし，日本の法人税法は，本来目的の違う会計で計算された利益の額を前提に課税所得を計算する体系になっています（ちなみに，アメリカでは会計は会計で利益の計算をして，これとは全く独自のシステムで課税所得を計算しています）。この会計の利益計算と課税所得の計算の関係が最も出題されています。その関係を定めているのが，法人税法22条ですが，この条文が会計士試験の最大のポイントと言っても言い過ぎではないと思います。

K：法人税法22条ですね。死んでも忘れません！

水戸：そんなに言い切って大丈夫？

山田：大丈夫です。ヤマダ保証です。ちなみにその次のポイントと言えば，後ほどで詳しく説明しますが，時価と異なる取引をした場合の扱いです。税務というのは（消費税は少し違いますが），法人税法であれ，所得税法であれ，基本的に時価取引を原則としています。これは納税者間で故意に所得の移動ができることを防ぐためです。

水戸：契約書を作成していて，会計士や税理士の先生から税務上のリスクを指摘されるほとんどのケースは，取引価額が時価と乖離している場合ですからね。これもヤマダ保証ですね（笑）。

山田：時価と異なる取引をした場合の扱いについてよく出題されるのは，その考え方に税法的な特徴が色濃く出ているのと，水戸先生もおっしゃるように，実務で問題となるケースが多いからだと思います。

水戸：そのように考えてみると，過去問は良問と言えますか？

山田：ええ，さすがに国家試験だけあって，理論と実務がマッチした良問が多いと思いました。

K：それは勉強のしがいがあります。

5．租税の定義

山田：さて，各論に入る前に，少しだけ法律としての租税法の勉強をしておきましょう。その，手始めとして，租税の定義を一応確認しておきましょう。＜スライド1-7＞にあるように，金子先生も清永先生も，租税というのは，反対給付がない。つまり，サービスを受けるために支払うものではなく，法律の定めに基づいて支払うものだ，という定義を用いられています。

水戸：ジョン・ロックやルソーの社会契約説[1]からすれば「対価」が必要ですよね。国と国民の関係が「契約」であるとすれば，税金は国から受けるサービスへの「対価」ということです。ただ，国民が受ける個々のサービスを特定できないという整理の方が分かりやすいですね。

山田：個々のサービスを特定できないのに，勝手に個人の私有財産を徴収するわけですから，租税は法律で定めなければいけないということですね。

6．租税法律主義とは

○ 租税法律主義とマグナ・カルタ

山田：＜スライド1-8＞に記載したマグナ・カルタというのは，租税法律主義の源流と言われていますが，法律家としては，これは正しい見解でしょうか？

水戸：そうですね。マグナ・カルタというのは，租税だけに限らず法治国家の礎と言われています。

山田：マグナ・カルタを発令したジョン王っていうのは，偉い王様とばかり思っていたんですけど，実はあだ名は「失地王」で，戦争に負ける度に勝手な

1） 芦部信喜（高橋和之補訂）「憲法〔第三版〕」（岩波書店）6頁，74頁

第1章 総　論

1-7　＜租税の定義＞

(1) 「租税とは，国家が特別の給付に対する反対給付としてではなく，公共サービスを提供するための資金を調達する目的で，法律の定めに基づいて私人に課する金銭給付である」　　　　　　　　　　（金子宏教授）
(2) 「租税とは，国又は地方公共団体が，収入を得ることを目的にして，法令に基づく一方的義務として課す，無償の金銭的給付である」
　　　　　　　　　　　　　　　　　　　　　　　　　（清永敬次教授）

1-8　＜法の支配と租税＞

(1) マグナ・カルタ
　「一切の楯金もしくは援助金は，朕の王国の一般評議会によるのでなければ，朕の王国においてこれは課さない」（1215年英国ジョン王）
(2) 日本国憲法30条と84条
　・「国民は，法律の定めるところにより，納税の義務を負う」（憲法30条）
　・「あらたに租税を課し，又は現行の租税を変更するには，法律又は法律の定める条件によることを必要とする」（憲法84条）

税金を課していたものだから，民衆に突き上げられ，苦し紛れにマグナ・カルタを公表したそうですね。実はダメな王様でした。

水戸：統治の実力はあまりなかったんでしょうね。

山田：言ってみれば，租税法律主義というはジョン王みたいな権力を許すなということですかね。現代のジョン王は税務署ということになりますかね（笑）。ところで，マグナ・カルタって何語ですか？

水戸：マグナ・カルタはラテン語ですね。その頃の法律用語といえば，フランスかラテン語でした。

山田：日本国憲法はお二人にはおなじみだと思いますが，30条で国民の納税の義務が，84条で租税法律主義が，謳われています。しかし，先ほども言いまし

たが，日本の税務行政は，通達に重きが置かれていて，国家試験でも通達の理解がないと計算問題が解けないわけです。考えてみれば国家試験からして租税法律主義違反じゃないですか？（笑）

水戸：通達の条文は試験問題の中に記載されているのですか？

山田：原則的には，されません。

K：えーっ！

山田：ただし，繰り返しますが，通達の規定を前提にしているのは計算問題であって，理論問題においては聞かれていません。

K：私，条文を読むのは得意なんですけど，極端な数字アレルギーなんです……。やはり，私は理論問題の方を得点源にします。

水戸：よくそれで会計士を目指そうと思ったね。

○ 租税法律主義と現実の税務行政

山田：租税法律主義の中身に関して，多くの基本書には，＜スライド1—9＞のように書かれています。でも，現実の運用面では違っていますね。例えば，実際の税務調査においては，いわゆる「おみやげ」というのがあります。

K：なんですか。「おみやげ」って。

山田：実際の税務調査においては，明らかに脱税をしているような場合を除いて，税務当局から指摘されることは，その取扱いがグレーなものばかりです。グレーの中にも黒に近いものから，反対に白に近いものまであります。もちろん，全て黒ではないので税務当局と最後まで戦うという戦略もあります。しかし，税務調査の対応ばかりしていては本業に差し支えるので，黒に近いAとBは認めるが，白に近いCとDとEは認めてくれと交渉することがよくあります。皮肉を込めた言い方をすれば，「せっかく来て頂いたので，AとBはどうぞ。その代わり，あれは許して……」みたいなことです。

K：それって，本当に租税法律主義違反じゃないですか。

水戸：まあ，現場での司法取引みたいなものだね。

山田：租税法律主義といっても，あくまでも原則ですから（笑）。それより，

1－9　＜租税法律主義＞

(1) 課税要件法定主義
　全ての課税要件，租税の賦課・徴収手続は，法律によって規定されなければならないという原則。
(2) 課税要件明確主義
　法律における課税要件及び賦課・徴収の手続きに関する規定は，一義的かつ明確でなければならないとする原則。
(3) 合法性の原則
　課税すべき要件が満たされているならば，租税行政庁には租税を減免する自由はないとする原則。
(4) 遡及立法禁止の原則
　新しい法律，または，既存の法律の改正をする際に，施行日の前になされた行為への適用を認めないとする原則。

租税法というのは，先見性も大事です。事件が起こった後で税法が改正されることも多いですからね。先が読めないとダメということです。遡及立法禁止の原則が建前ですけど，改正された税法があたかも遡及されて適用されているような判決もあります。

水戸：それはどんな事例ですか？

山田：実はこれは私にも重大な影響があった事件なんですが，平成16年度の租税特別措置法の改正で，従来認められてきた土地・建物の譲渡損を他の所得と相殺することの廃止が決定され，それがこともあろうに年度の始めに遡って適用されることになったんです。運が悪いことに，私はこの改正案が成立する直前に自宅を売却していました。譲渡損は出るけど，節税効果があるから多少安くてもいいやって。

K：それで訴えたんですか？

山田：得べかりし節税額と訴訟費用を考えて，私は訴えませんでしたが，他の人が訴えていましたが負けました。

水戸：敗訴の理由は？

山田：そのような改正が，年度の開始前に，一般的に周知され，十分に予測できたからだそうです。
水戸：山田先生は，そのような改正が行われることが，予想できなかったのですか？
山田：ええ，もし予想できたら，あの値段で自宅を売却していませんよ。

7．租税公平主義について

山田：租税法律主義への非難はここまでにして，次は，租税法律主義と並んで租税法の二大原則と言われる租税公平主義に移りましょう。租税公平主義に関する教科書的な内容は＜スライド１－10＞にまとめました。ところで，憲法14条にある「門地」って何ですか？
水戸：家柄をさします。明治憲法時代の華族などですね[2]。
山田：現在の日本の税制の礎は，終戦後ＧＨＱの要請に基づいて日本を訪れたシャウプ博士の報告書に基づいて作られたと言われていますが，彼の信条は公平と簡素でした。公平に関して，彼は所得税が高すぎると脱税が起きやすいから所得税率を下げるべきだと進言しています。人間の心情をよく理解した発言ですね。
水戸：良いこと言うなぁ。
Ｋ：所得税の高さは今の私には関係ないですけどね。だってお給料安すぎるんだもん。
水戸：また微妙な発言を。
山田：もっともその当時の所得税の最高税率は85％だったそうですが。租税の公平性というものは，このスライドにもあるように，税を課す根拠に関する考え方によって説が分かれています。まず，「利益説」は，税金というのは公共サービスを受けるための対価だという説です。ただし，この説は概念論として

---

[2] 芦部・前掲130頁

1−10 ＜租税公平主義＞

(1) 「すべて国民は，法の下に平等であって，人種，信条，性別，社会的身分又は門地により，政治的，経済的又は社会的関係において，差別されない」（憲法14条）
(2) 不公平な課税は，税制そのものに国民からの不信を生みだし，しいては脱税を助長することにもなりかねないと考えられている。
(3) 租税の公平性に関しては，国民に租税を課す根拠の違いにより，意見が異なる。
　① 利益説：租税は人々が受ける公共サービスの対価であるので，政府から受ける保護や利益の大きさに比例して税金を配分するのが公平である。しかし，この考えの最大の問題点は，誰が，どのような利益を，どの位受けているのか，という測定が不可能ということである。
　② 能力説（義務説）：租税は国家公共の利益を維持するための義務であり，人々は各人の能力に応じて租税を負担し，それによってその義務を果たすと考える。政府から受ける保護や利益の大きさに関係なく，各人の「担税力」に応じて税金を配分するのが公平だと考える。
(4) 担税力には，以下の3つがある。
　① 所得：法人税，所得税
　② 財産：相続税
　③ 消費：消費税

は成り立ちますが，一体自分はどのくらいのサービスを受けているんだということが測定できないという弱点があります。一方，「能力説」は，税金というのは義務であって，税を負担する能力（これを担税力と言いますが）に応じて負担していくのが公平だと考える説です。

水戸：教育の問題もそうですが，総論において「公平性を守ろう」と言うと誰もが賛成しますが，「どうやったら公平なのか？」についての議論を始めたら，収拾がつかなくなりますね。

山田：その通りですね。公平という概念は非常に難しい。結局のところ，税金の世界においては，所得，財産，消費の3つのバランスをよく考えて税金を課

していこうということになりますね。
水戸：なるほど。
山田：<スライド１−11>に，平成24年度の日本の一般会計歳入を掲載しましたが，試験範囲である所得税，法人税，消費税が租税収入のトップ３になっています。しかし，国会での議論のように消費税率が上がると，このグラフも変わりますね。そうなると，試験における消費税のボリュームも増えるかもしれません。
Ｋ：酒税が占める割合は結構高いんですね。
山田：Ｋさんはお酒が好きですか？
Ｋ：いえ，たしなむ程度です。
水戸：私の常識では，あれはたしなむとは言わないな。では今から禁酒して，早く試験に合格して乾杯しよう。
Ｋ：えーっ？　じゃあ，デートのとき何を飲めばいいんですか？
水戸：知らないよ（笑）。ていうか，デートしている場合か。
山田：真面目な話，昔から酒類販売許可と税収は税務署の特権とされてきました。
水戸：許可して稼がして税金を取る。よくできたシステムだね。

8．タックス・ミックスについて

山田：租税の公平負担に関連して，タックス・ミックスという概念があります。これは，広く公平に担税力に応じて税金を徴収しましょうというものです。<スライド１−12>にありますように，法人税は，景気に一番影響を受けるという性格を有しています。また，税収難を防ぐために，相続税を上げようという議論があるのも新聞報道等でご存知だと思います。相続税は試験範囲でないので詳しい説明は省きますが，相続税の立法趣旨は，財産を築いた人は優秀な人かもれしれないが，その優秀さも何代か続くと劣化するから，国が強制的に財産を取り上げて，国民のために有効に使いましょうというものなのです。

第1章 総　論

1-11　＜平成24年度一般会計歳入＞

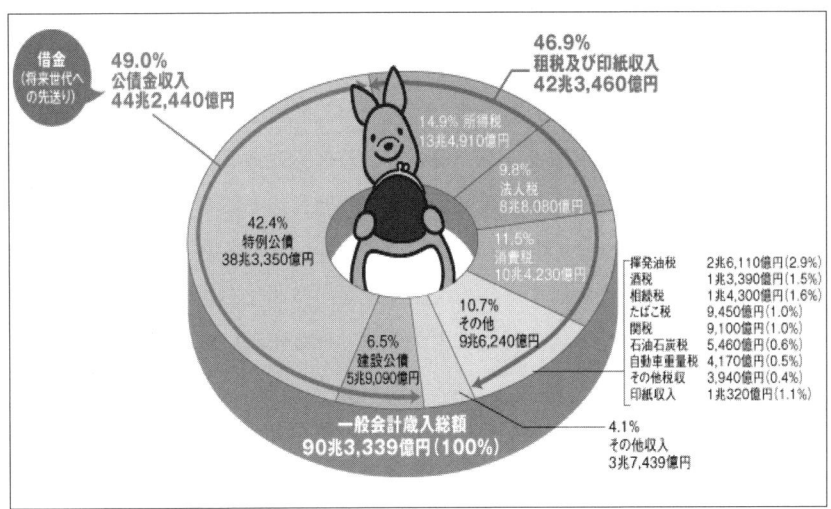

＜出典：平成24年6月財務省作成パンフレットより＞

1-12　＜タックス・ミックス＞

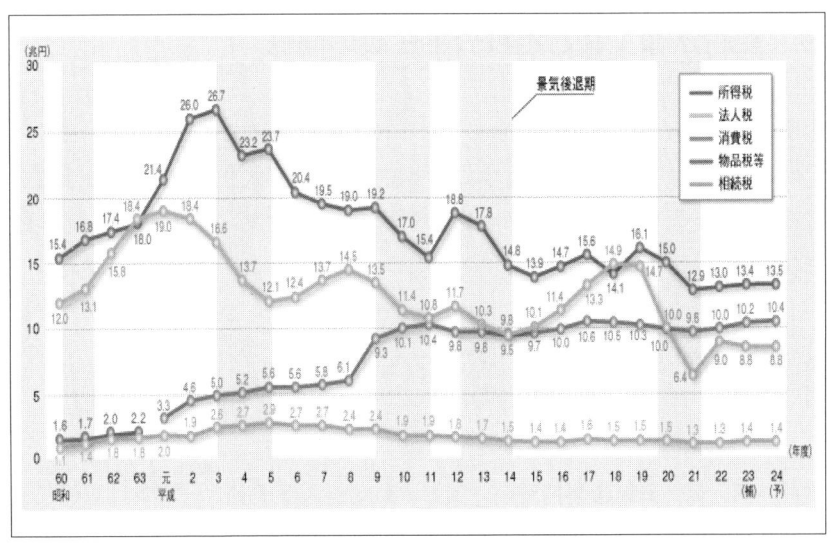

＜出典：平成24年6月財務省作成パンフレットより＞

水戸：「名家は三代続かない」ってよく言われますが，優秀な人が財産を築いても，その子孫が優秀とは限らない。最終的には税金のシステムを使って国が代わりにその財産を有意義に使ってあげますよということですか？　私には，税金をとるための屁理屈にしか思われませんがね。

山田：日本に限らず，国家というのはいつの時代も財政難です。確かに税金をとる様々な言い訳を用意しているのかもしれません。ところが，新聞報道等でご存知だと思いますが，われわれの議論の最大のテーマである法人税だけは，税率を下げようとしています。この理由は産業の空洞化を避けるためです。企業はどこの国でもビジネスを行えますからね。税金が高い国から企業は逃げていきます。

水戸：企業だけでなく，個人もそうじゃないの？

山田：そうかもしれませんね。このまま所得税率を上げたなら，多くの個人が日本から逃げていくかもしれません。

水戸：そうなったら，多額の国債は誰が返済していくのでしょうか？

9．租税法律主義と租税公平主義の関係

山田：＜スライド1－13＞に示したように，租税法律主義と租税公平主義はしばしば対立する関係になります。簡単に言えば，形式を重視するのか実質を重視するのかということになると思います。法律の言葉を重視すれば，形式的な判断にならざるをえませんし，形式だけを重視すれば，課税要件を満たさないように形式さえ整えれば，容易に課税を回避することができます。それでは真面目に納税した人との公平が保たれません。

○ 武富士事件

水戸：例えば，武富士事件がいい例ですね。＜スライド1－14＞に記載されている日経新聞の記事のように，この事件では，武富士の創業者の息子の居住地を香港に移したことが贈与税を回避するためだけに行われたと税務当局から

第1章 総　論

1-13 ＜租税法律主義と租税公平主義＞

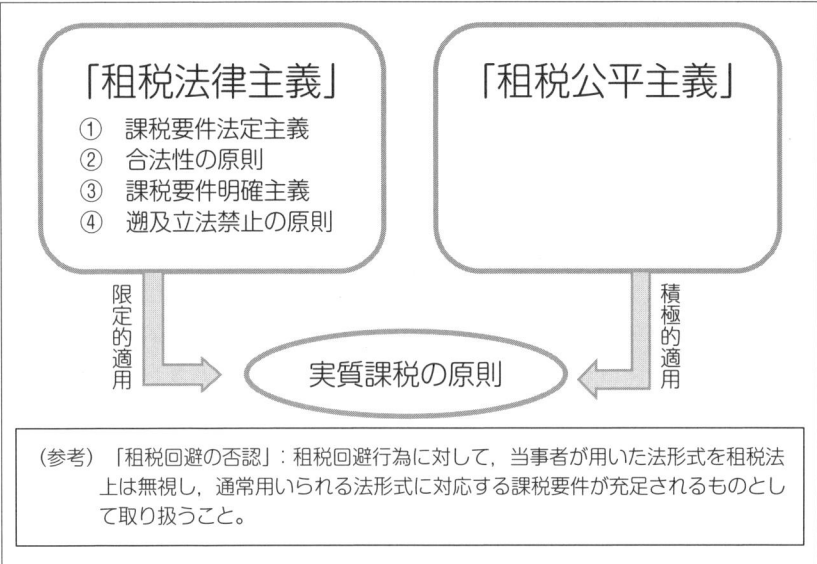

1-14 ＜2011年2年19日　日本経済新聞　朝刊＞

課税取り消し2,000億円還付，創業家贈与，武富士元専務が勝訴，最高裁判決。

消費者金融大手の武富士（会社更生手続き中）の創業者，武井保雄元会長（故人）の長男で元専務の俊樹氏（45）が，生前贈与を受けた海外資産に約1,330億円を課税されたのは不当だとして取り消しを求めた訴訟の上告審判決が18日，最高裁であった。第2小法廷（須藤正彦裁判長）は課税を適法とした二審・東京高裁判決を破棄，取り消しを命じた一審・東京地裁判決を支持した。

逆転勝訴が確定した俊樹氏は延滞税を含め約1,600億円を既に納付済み。国は利子にあたる「還付加算金」約400億円を上乗せしたうえ，総額約2,000億円を還付する。個人への還付として過去最高額とみられる。ただ，武富士には過去に融資を受けた人が払い過ぎた利息（過払い金）の返還問題があり，借り手側の弁護士らは俊樹氏ら旧経営陣に対し損害賠償を求める訴訟を検討している。

訴訟では，海外居住者への海外資産贈与を非課税とした当時の相続税法に照らし，俊樹氏の住所がどこだったかが争われた。同小法廷は香港と日本の両方に居宅があった俊樹氏について，仕事以外も含めた香港での滞在日数の割合は約65％，国内滞在の割合は26％だったとして「生活の本拠は香港だった」と認定。そのうえで「税回避が目的でも客観的な生活実態は消滅せず，納税義務はない」と結論付けた。

みられた事案ですが，最高裁まで争われ，納税者が最終的に勝ちました。判決としては，租税法律主義を優先し，納税者が勝つという結論になっていますが，裁判長も「法廷意見の結論は，一般的な法感情の観点からは少なからざる違和感も生じないではないけれども，やむを得ないところである」とわざわざ補足意見（＜スライド１－15＞参照）を述べているように，租税法律主義と公平主義のどちらを優先すべきかの悩みが切実に伝わってきます。

○ 租税回避と脱税の相違

山田：この事件では，裁判所も香港に住んでいた事実を覆せないということでしたね。ここで，「租税回避」と「脱税」の違いを見ておきたいのですが，＜スライド１－16＞にあるように，「脱税」は当然法律違反です。一方，「節税」は法律違反ではありません。合法的に税金を減らすのが節税です。「租税回避」は課税要件の充足を逃れているので，一義的には法律違反ではありませんが，グレーゾーンでセーフの時もあればアウトの時もある。武富士事件では，裁判所は一連の行為を租税回避と認定していますが，課税はできないとしています。要するに，この判決では，「租税回避の否認」は行いませんでした。

水戸：しかし，税務署による税務調査では，租税回避であっても，税務当局からあたかも課税要件を満たすものとして課税されることはよくありますよね。

山田：その通りです。だから，私が，もしクライアントから武富士事件のようなスキームを実施したいと相談を受けていたなら，止めなさいと言いましたね。

Ｋ：裁判で勝てる見込みがあるなら，勝負すべきじゃないんですか？

山田：ええ，この判決を読んでも，納税者のプライベートなことまで全部明らかになっています。また，結果的に裁判に勝っても，この判決は違和感があると裁判長自らが宣言しているんですよ。

水戸：プライバシーの問題は確かにありますね。だいたい，裁判官が「一般的な法感情の観点からは少なからざる違和感も生じないではないけれども，」などと言うべきではありません。こんな形で判決の中で非難されても，相続人は反論の機会がないのです。裁判官の感想は，判決に現れていれば十分であり，

1－15 ＜武富士事件に関する須藤裁判長の補足意見＞

「本件贈与の実質は，日本国籍かつ国内住所を有するＡらが，内国法人たる本件会社の株式の支配を，日本国籍を有し，かつ国内に住所を有していたが暫定的に国外に滞在した上告人に，無償で移転したという図式のものである。（中略）一般的な法感情の観点から結論だけをみる限りでは，違和感も生じないではない。しかし，そうであるからといって，個別否認規定がないにもかかわらず，この租税回避スキームを否認することには，やはり大きな困難を覚えざるを得ない。けだし，憲法30条は，国民は法律の定めるところによってのみ納税の義務を負うと規定し，同法84条は，課税の要件は法律に定められなければならないことを規定する。納税は国民に義務を課するものであるところからして，この租税法律主義の下で課税要件は明確なものでなければならず，これを規定する条文は厳格な解釈が要求されるのである。明確な根拠が認められないのに，安易に拡張解釈，類推解釈，権利濫用法理の適用などの特別の法解釈や特別の事実認定を行って，租税回避の否認をして課税することは許されないというべきである。そして，厳格な法条の解釈が求められる以上，解釈論にはおのずから限界があり，法解釈によっては不当な結論が不可避であるならば，立法によって解決を図るのが筋であって（現に，その後，平成12年の租税特別措置法の改正によって立法で決着が付けられた。），裁判所としては，立法の領域にまで踏み込むことはできない。後年の新たな立法を遡及して適用して不利な義務を課すことも許されない。結局，租税法律主義という憲法上の要請の下，法廷意見の結論は，一般的な法感情の観点からは少なからざる違和感も生じないではないけれども，やむを得ないところである。」

1－16 ＜租税回避と節税と脱税＞

租税回避	節　税
● 通常用いられない法形式を選択することによって，結果的には意図した経済的目的ないし経済的効果を実現しながら税負担の減少を図る行為。 ● 課税要件の充足を免れている。	● 租税法規が予定しているところに従って税負担の減少を図る行為。 ● 課税減免要件は充足。
	脱　税 ● 課税要件の充足の事実を全部または一部秘匿する行為。 ● 課税要件は充足している。

判決の結論とは異なる感想をもらす権利も権限もないと思います。こういうのを「司法のしゃべりすぎ」3)というんですね。

山田：なるほど。裁判官のお言葉は，ありがたい含蓄のあるもの，と思い込んでいましたが，そういう見方もあるんですね。

水戸：もちろん，含蓄のある意見を書かれる裁判官もたくさんいらっしゃいますけどね。それはともかく，納税額が戻ってきた上に還付加算金の400億円もついたわけですから，大きいですよね。

山田：還付加算金は年7.3％ですからね。結果的に国相手に高金利でお金を貸していたことになります（笑）。

10. 租税法における法源について

○ 判例に法源性はあるのか？

山田：次に，租税法における法源について，考えてみましょう。**＜スライド1-17＞**を見てください。私からの素朴な質問ですが，そもそも判例に法源性はあるんでしょうか？

水戸：まず法源とは法を運用する上で根拠となるルールのことです。国会で制定された法律が法源になるのは当然として，政省令のような命令や地方議会の立法である条例も法源になります。判例理論は，法令の解釈が長年の裁判の積み重ねによって理論化され統一されてきたものですので，法源と言ってよいと思います。

山田：司法試験って判例を知らないと解けないの？

K：はい。判例は試験にバンバン出ます。武富士事件のように，その時話題になっている最新判例についても，どういう解釈で決着がついたかということを，受験生は当然に知っておくべきものとされています。

水戸：例えば民法では，条文には「善意」としか書いていないのに判例の積

---

3) 井上薫「司法のしゃべりすぎ」（新潮新書，2005）参照。

1－17 ＜租税法における法源＞

(1) 法律
(2) 命令・政令・省令
(3) 条例
(4) 租税条約
　・国際的二重課税防止や脱税防止の目的
(5) 告示
　・大臣（議院内閣制の下では国会議員）等による補充立法
(6) 行政先例法
(7) 判例
　・通説では，判例の法源性は肯定されている。
(8) 通達
　・上級行政庁が（下級行政庁に）発する書面による命令。
　・職員はこれに拘束されるが，法源制はない

重ねで「善意無過失」と「無過失」を補って解釈されるようになったり，「第三者」には「背信的悪意者」は含まれないという解釈が判例で固まったりというように，法律に書かれていない部分を判例で補ってきたという歴史があります。民法は，現在，債権法（契約法）の大改正が準備されていますが，戦後，大きな改正がないままやってきたわけです。判例の多くは規範として確立してきたという経緯があります。こういったケースでは，判例を法源として取り扱うのは全く問題がありません。

山田：ところで，そもそも「判例」ってどういうものを指すのですか？　最高裁の判決だけを判例と言うのですか？

水戸：原則としては，最高裁の判例を言います。もともと最高裁には，憲法判断や下級審の判断（法解釈）を統一する役割が期待されています。ただ，その判断は全国に8ヶ所ある高等裁判所の判断も，他の裁判所でも重視されるという意味で，判例とみられることも多いです。

山田：地方裁判所の判決のことも判例という人もいて，わけが分からなくなる

のですが。

水戸：確かに分かりにくいですよね。法律で，「この裁判所での裁判が判例になります」と決まっているわけではありませんので。判例とか判例理論というのは，裁判例で同じ趣旨の判断が繰り返されることによって法規範とされたものをいいます[4]。

山田：会計士とか税理士にとっては，戦う相手は税務署職員で，その税務署職員が金科玉条としているのが通達です。だから，実務においては，通達を知らないと話になりません。私はそんなに違和感はありませんが，法律家からみてどうなんでしょう？

水戸：租税法律主義の観点からすれば，通達を知らないと国家試験に合格しないというのは違和感ありますね。ただ，実務を行う上では，知っておかなければいけないですね。

○出題される判例は限られている

山田：私たち会計士からすれば，試験において判例の理解が尋ねられるということにものすごい違和感があります。星の数ほどある判例をどこまで知っておかなければいけないのかって。そこで，過去問の分析の結果を＜スライド１－18＞にまとめてみましたが，平成18年に租税法が試験科目になって以来，明らかに判例の内容が出題されたのは７問あって，そのうち６問は「判例百選」（有斐閣）に載っている判例からの出題でした。しかも，試験範囲は実体法のみで，さらに３税法に絞られていますから，かなり限定されていると思います。

Ｋ：なるほど。ということは，百選に載っている判例のうちの４分の１ぐらいを覚えればいいということじゃないですか。余裕だわ。

山田：ところで，素朴な疑問ですが，判例百選に出てくるような判決の事件名って誰が決めているのですか？

水戸：判決を解説する学者が決めています。なので，同じ事件でも学者によっ

---

4) 石川明編著「法学入門30講（新版）」（酒井書店）82頁より。

1－18 ＜出題された判例＞

	判　決　名	出題年	「租税判例百選〔第5版〕」（有斐閣）収載名
1	最高裁（第二小）平成16年10月29日判決（刑集58巻7号697頁）	平成18年	法人税法22条3項1号の売上原価と費用の見積金額
2	最高裁（第二小）昭和56年4月24日判決（民集35巻3号672頁）	平成18年	事業所得と給与所得の区分
3	最高裁（第三小）平成7年12月19日判決（民集49巻10号3121頁）	平成19年	低額譲渡と法人税法22条2項
4	最高裁（第三小）平成4年7月14日判決（民集46巻5号492頁）	平成19年	譲渡所得における取得費―買入金利子
5	最高裁（第一小）昭和43年10月17日（最高裁判集民事92号607頁）	平成21年	収載なし
6	最高裁（第三小）平成17年1月25日（民集59巻1号64頁）	平成22年	ストックオプション課税―給与所得か一時所得か
7	最高裁（第三小）平成17年2月1日（民集59巻2号245頁）	平成23年	免税事業者の課税売上高

て名称が違うことがあります。例えば，テレビ番組「あっぱれさんま大先生」のテーマ曲の「記念樹」が，小林亜星さんが昔作曲したCMソング「どこまでも行こう」に類似しているとして著作権侵害とされた有名な事件がありますが，これなどは本によって「記念樹」事件と言われたり，「どこまでも行こう」事件と言われたりしています。

K：それ，水戸先生の授業で教わりました。先生，歌ってましたよね。

水戸：あ，そこはちゃんと聞いてたんだ。それはともかく，判決は正式には事件番号で特定します。「東京地方裁判所平成25年（ワ）第○○号」というやつです。

山田：武富士事件だって，本当は武富士の創業者一族の贈与税の問題ですから，武富士には関係ありませんよね？

水戸：言われてみればその通りですが，武富士事件の方が覚えやすいし，インパクトがありますね（笑）。

11．1日目のまとめ

山田：というわけで，ここまでは租税法の総論として，試験範囲と租税法の基本的な概念を勉強してきました。次回からはいよいよ各論に入ります。では，Kさん。今日習ったことをまとめてみて。

K：……そうですね，まず，山田先生と水戸先生は，実は仲が悪いということと，会計士試験の租税法の範囲は案外狭くて，法人税法の22条と判例百選の4分の1をやれば大丈夫！　ということです。

山田＆水戸：……。

K：すみません。真面目にやります。えーと，まず租税とは，法律に基づいて課される反対給付のない金銭給付です。そして，その租税には2つの大きな原則があり，ひとつは，租税は法律に基づいて課されなければならいとする「租税法律主義」。もうひとつは，租税は担税力に応じて公平に課されなければならないとする「租税公平主義」です。両原則はしばしば対立する関係に立つことがあり，そのことが顕著に表れた判例が武富士事件で，裁判所は租税公平主義の観点からすると違和感があることを認めながらも，結論は，租税法律主義を貫いた，というものでした。

山田：まあー，そんな所かな。だけど，今日のところは，租税法を理解する上でとても重要ですけど，試験には出ないところです。

K：山田先生。私だって忙しいんですから，試験に出るところから重点的に教えていただけますか？

水戸：いいかげんにしろ（笑）。

K：冗談です。山田先生，ありがとうございました。

－1日目終了－

第2日目

第 2 章　所 得 税 法

山田：今日から所得税法の学習をしますが，その前に前回までの復習をします。Kさん，租税は公平に課すべきであることは理解していると思いますが，現在の有力な考え方である「能力説」に基づけば，どういった基準に基づき課税をすれば，公平な課税と言われていますか？

K：(昨日までのノートをめくりながら)「担税力」に基づいて課税を行えば，公平な課税と言えます。

山田：その通りです。それでは，「担税力」を示す指標としてはどんなものがありますか？

水戸：3つですよね。

K：えーと，所得，消費，資産です。

山田：その通りです。今から学習する所得税とその後に学習する法人税はともに，所得に対して課される税金です。その対象が個人の場合が所得税，法人の場合が法人税となります。

1．所得の定義

○「制限的所得概念」と「包括的所得概念」

水戸：山田先生，そもそも「所得」とは何を指しますか？

山田：それはいい質問です。しかし，いい質問過ぎて，答えるのが非常に難しいです。所得税法上にもその定義はありません。所得の定義がないのに，個人が得る所得に対して課税をするというのだからそもそも矛盾があります。学説も見解が分かれていますが，一般的には，取得した経済的価値と考えておけばいいと思います。しかし，取得した経済的価値のうち，具体的にどの範囲を課

税対象に含めるかについては、2つの説があります。一番目の説は、「制限的所得概念」です。これは、地代や利子や給与のように、反復的・継続的に生じる利得のみを課税所得とするものです。この考えは、伝統的に欧州において支配的です。また、この考えによれば、所得の源泉や種類によって担税力が異なるので、所得の種類ごとに課税方法を変えるべきとすることに親和性があります。一方、二番目の説は、「包括的所得概念」です。この考えによれば、反復的・継続的に生ずる利得のみならず、キャピタル・ゲイン（資産の売却益）や受贈益のような、一時的・偶発的な利得も包括的に課税所得に含めようということになります。このように所得を包括的に捉えると、一定期間に得る所得は、必ず消費に回されるか、消費に回されないものは資産の純増となりますので、（所得＝消費＋純資産増）という計算式が成り立ちます。この考えは、伝統的に日本及びアメリカにおいて支配的であり、個人の所得を総合的に把握して課税しようとする総合所得税と親和性があると言われています。この関係は＜スライド2－1＞にまとめてあります。

○ 日本の所得税法の特徴

水戸：日本の所得税法は、本当に「包括的所得概念」に基づく総合所得課税の体系になっているのでしょうか？

山田：さすがに水戸先生は鋭いですね。先ほども言いましたが、日本の所得税法には明確な「所得」の定義がありません。しかし、キャピタル・ゲインを課税所得に含めていることや（譲渡所得）、一時所得や雑所得のように他の所得分類に当てはまらない所得を課税所得にしていることを考えると、「包括的所得概念」に基づいた体系と言えます。しかし、担税力や税務執行の便宜から、所得の種類に応じた課税方法をとっているので、総合所得課税の方法をとっていない面も強くあります。

水戸：要するに、現実の所得税法は、純粋に「包括的所得概念」に基づく総合所得課税の体系とは言えないわけですね。

山田：その通りです。

2-1 <限定的所得概念と包括的所得概念>

所得概念	定義	親和性のある課税方式	主として採用している国
限定的所得概念	地代や利子や給与のように、反復的・継続的に生じる利得のみを課税所得とするもの	所得の種類ごとの独自な課税方式	欧州の国々
包括的所得概念	反復的・継続的に生ずる利得のみならず、キャピタル・ゲインや受贈益のような、一時的・偶発的な利得も包括的に課税所得に含めようとするもの	総合課税方式	日本及び米国

K：すみません。山田先生が言われた「税務執行の便宜による課税方法」とは、どのようなことを指しますか？

山田：例えば、銀行預金に対する利子は、利子所得として課税されますが、わざわざ申告納税するのは面倒なので、銀行が利子を払う時に源泉徴収することで課税関係を完了させるような場合です。

K：なるほど。分かりました。ついでに、どうして一時所得や雑所得を課税所得にしていることが、「包括的所得概念」に基づいた体系と言えるのでしょうか？

山田：日本の所得税は、所得を10種類の所得に分類していますが、例えば雑所得の定義は、「他の9つの定義に当てはまらないその他の所得」となっています。このような、包括的な定義を設けて、課税所得を把握しているということで、日本の所得税は包括的だと言えます。

2．所得税の税額計算のための3つのステップ

山田：毎年の所得税を最終的に計算するためのプロセスは，＜スライド2－2＞にありますように，非常に複雑です。しかし，そのプロセスをもう少し分かりやすく分解して説明すれば，＜スライド2－3＞にあるように，3つのステップに分けることができます。

○ 重要な所得区分

　ステップ1において，一番重要な作業は，所得を10種類の所得の区分に分類することです。繰り返しになりますが，会計士試験において，所得税に関する問題では，この所得区分に関する問題が一番多く出題されています。日本の所得税法は，原則には「包括的所得概念」に基づいた体系をとっていると言われますが，担税力や税務執行の便宜から，所得の種類に応じて違った課税方法をとっています。したがって，ある所得がどの所得区分に分類されるかが非常に重要となります。

水戸：競馬で稼いだ利益が一時所得となるか雑所得とになるかで裁判になり，新聞や週刊誌で騒がれている事件がありましたよね。あの事件では，どの所得区分に分類されるかによって税額はものすごく違いましたね。

山田：確かあの事件では，納税者が5年間で30億円以上もの馬券を買って，結果的に約1億5千万円の儲け（当たり馬券からの配当金－（当たり馬券の購入費＋外れ馬券の購入費））を得ており，その儲けを雑所得として申告していました。しかし，税務当局は，当該所得は雑所得ではなく，必要経費の控除を認めない一時所得として認定し，結果的に30億円を超える課税所得の申告漏れが指摘されていました。一時所得では，「その収入を生じた行為をするため又はその収入を生じた原因の発生に伴い直接要した金額」のみしか控除が認められないために，外れ馬券の購入費を経費として控除することが認められません。

水戸：税務当局は競馬というものを全く理解していませんね。ギャンブルとい

2-2 ＜所得税の計算順序＞

```
居住者の1年間の所得 ─┬─ 非課税所得
                    └─ 課税所得 ─┬─ 利子所得の金額
                                ├─ 配当所得の金額
                                ├─ 不動産所得の金額
                                ├─ 事業所得の金額
                                ├─ 給与所得の金額
                                ├─ 短期譲渡所得の金額
                                ├─ 雑所得の金額
                                ├─ 長期譲渡所得の金額 ×1/2
                                ├─ 一時所得の金額 ×1/2
                                ├─ 退職所得の金額
                                └─ 山林所得の金額

損益通算 → 損失の繰越控除 → 総所得金額 → 所得控除 → 課税総所得金額 → 税率適用
                                    退職所得金額          課税退職所得金額
                                    山林所得金額          課税山林所得金額

→ 算出税額 → 税額控除 → 年税額 → 源泉徴収税額／予定納税額
```

2-3 ＜所得税額計算のための3つのステップ＞

＜ステップ1：各種所得の金額の計算＞

（各種所得の）収入金額－（各種所得の）必要経費・特別控除
＝（各種）所得金額

①利子所得，②配当所得，③不動産所得，④事業所得，⑤給与所得，⑥退職所得，⑦山林所得，⑧譲渡所得，⑨一時所得，⑩雑所得

＜ステップ2：総所得金額の計算＞

総所得金額－所得控除＝課税所得金額

・不動産所得，事業所得，山林所得，譲渡所得の損失については，他の所得から差し引くことができる（損益通算）。
・所得を総合した結果，損失が生じたときや，災害等により生活に通常必要な資産に損失を受け，その損失額をその年の所得から控除しきれなかったときは，翌年以降の所得から控除することができる（繰越控除）。

＜ステップ3：税額の計算＞

課税所得金額×税率－税額控除＝所得税

うのは，当たりもあって外れもあってその純額が儲けとなります。このように当たり馬券だけを取り出して課税を行ったら，誰も競馬をしなくなりますよ。

K：水戸先生，競馬はギャンブルではありません。あれは様々な情報を収集し，その情報が結果に与える影響を緻密に分析する，いわば投資ですよ。

山田：Kさん，競馬，やるんだ。

K：たしなむ程度ですよ。

水戸：Kさんはいろんなものをたしなむからなぁ。けど，たとえ公営ギャンブルとしても，弁護士がギャンブルに手を出すとロクなことはないよ。

K：だから，競馬はギャンブルじゃないんですってば。

水戸：もういいよ，その話は（笑）。

山田：所得税基本通達34－1では，競馬の馬券の払戻金，競輪の車券の払戻金等は，一時所得に該当すると規定されています。公営ギャンブルを認める趣旨も，また税務当局の考えている前提も，この事件のように，一個人が何十億円も馬券を購入するような状況を想定していなかったのではないでしょうか？

水戸：しかし，それこそ真の租税法律主義に従うべきと思うんですよね。法が想定していなかった事象が生じても，現行の法律に基づいて冷静に文理と目的に応じた解釈をすべきですよ。所得税法34条の一時所得の定義から考えますと，一時所得に該当するためには，①営利を目的とする継続的行為から生じた所得以外の所得であること，かつ，②労務その他の役務の対価としての性質を有しないこと，の2つの条件が必要になるはずです。この納税者は，少なくとも主観的には営利を目的とする継続的行為をしていると信じていたと思うんですがね……。

K：水戸先生の考えは，このケースは一時所得には当たらないということですか？

水戸：断定はできませんが，彼がこれまで馬券を買ってきた行為が営利を目的とする継続的行為と言えないでしょうか。

山田：そうはいっても通達も，所得税法の著名な本も，競馬の馬券の払戻金は，すべて一時所得と書いてありますからねぇ。

水戸：山田先生，国民の代表者が作った法律より役所の通達が大事なんですか！

山田：まあまあ，そこまでは言いませんが。この事件は非常に興味深いテーマではありますが，まずは所得税法全体の構造を理解することにしましょう。ステップ1においては，所得区分の問題が重要であるということを理解してください。また，所得区分に応じた必要経費の計算も重要となります。ある収入が，不動産所得，事業所得，あるいは雑所得に分類された場合には，その収入を得るために直接要した費用の金額のみならず，販売費及び一般管理費，さらに，その他これらの所得に関する業務について生じた費用を必要経費として控除することを認めています（これまでのまとめとして，＜スライド2－4＞参照）。

山田：必要経費で重要な概念は，「家事関連費」の取扱いです（＜スライド2－5・2－6＞参照）。必要経費は，その字句通り，所得を得るために必要なものに限定されます。例えば，個人で弁護士業を開業した場合，業務のために取得したパソコンの購入費は必要経費として控除できますが，パソコンがもっぱら趣味や余興のためだけに使用される場合には，家事費として控除はできません。そのパソコンを業務のためにも趣味や余興のためにも使うことが現実ではよくあります。このように両方の性質を有するものを「家事関連費」と呼ばれます。実務ではそのような「家事関連費」が生じた場合には，一定の方法により按分計算をして必要経費の金額を計算しています。

K：なるほど。起業したら気をつけます。今は会社勤めだから関係ないですけど。

水戸：いいかげんにしろ（笑）。

2−4 ＜所得の種類及び一般的内容とその計算方法＞

所得の種類	一般的な内容	計算方法
利子所得 （法23①②）	預貯金，国債などの利子の所得	収入金額＝所得金額
配当所得 （法24①②）	株式，出資の配当などの所得	収入金額－元本取得に要した負債の利子の額
不動産所得 （法26①②）	土地，建物などの不動産を貸している場合の所得	総収入金額－必要経費
事業所得 （法27①②）	商工業，農業などの事業をしている場合の所得	総収入金額－必要経費
給与所得 （法28①②③）	給料，賃金，賞与などの所得	収入金額－給与所得控除額
退職所得 （法30①②③④）	退職手当，一時恩給などの所得	（収入金額－退職所得控除額）×1/2
山林所得 （法32①②③）	山林の立木などを売った場合の所得	総収入金額－必要経費－特別控除額
譲渡所得 （法33①②③）	土地，建物，絵画，ゴルフ会員権などを売った場合の所得	総収入金額－資産の取得費・譲渡費用－特別控除額
一時所得 （法34①②③）	クイズの賞金，競馬の馬券の払戻し金，生命保険契約の一時金などの一時的な所得	総収入金額－その収入を得るために支出した金額－特別控除額
雑所得 （法35①②④）	年金，恩給などの所得	収入金額－公的年金等控除額
	営業でない貸金の利子などの上記所得に当てはまらない所得	総収入金額－必要経費

2−5 ＜所得税法34条（抄）と35条（抄）＞

(一時所得)
第34条 一時所得とは，利子所得，配当所得，不動産所得，事業所得，給与所得，退職所得，山林所得及び譲渡所得以外の所得のうち，営利を目的とする継続的行為から生じた所得以外の一時の所得で労務その他の役務又は資産の譲渡の対価としての性質を有しないものをいう。

2　一時所得の金額は，その年中の一時所得に係る総収入金額からその収入を得るために支出した金額（その収入を生じた行為をするため，又はその収入を生じた原因の発生に伴い直接要した金額に限る。）の合計額を控除し，その残額から一時所得の特別控除額を控除した金額とする。

3　前項に規定する一時所得の特別控除額は，五十万円とする。

(雑所得)
第35条 雑所得とは，利子所得，配当所得，不動産所得，事業所得，給与所得，退職所得，山林所得，譲渡所得及び一時所得のいずれにも該当しない所得をいう。

2　雑所得の金額は，次の各号に掲げる金額の合計額とする。
　① その年中の公的年金等の収入金額から公的年金等控除額を控除した残額
　② その年中の雑所得（公的年金等に係るものを除く。）に係る総収入金額から必要経費を控除した金額

＜所得税基本通達34−1＞

(一時所得の例示)
34−1　次に掲げるようなものに係る所得は，一時所得に該当する。
　(1) 懸賞の賞金品，福引の当選金品等（業務に関して受けるものを除く。）
　(2) 競馬の馬券の払戻金，競輪の車券の払戻金等

2-6　＜所得税法45条（抄）＞

（家事関連費等の必要経費不算入等）
第45条　居住者が支出し又は納付する次に掲げるものの額は，その者の不動産所得の金額，事業所得の金額，山林所得の金額又は雑所得の金額の計算上，必要経費に算入しない。
① 家事上の経費及びこれに関連する経費で政令で定めるもの

＜所得税法施行令96条（抄）＞

　法第45条第1項第1号に規定する政令で定める経費は，次に掲げる経費以外の経費とする。
① 家事上の経費に関連する経費の主たる部分が不動産所得，事業所得，山林所得又は雑所得を生ずべき業務の遂行上必要であり，かつ，その必要である部分を明らかに区分することができる場合における当該部分に相当する経費
② 前号に掲げるもののほか，青色申告書を提出することにつき税務署長の承認を受けている居住者に係る家事上の経費に関連する経費のうち，取引の記録等に基づいて，不動産所得，事業所得又は山林所得を生ずべき業務の遂行上直接必要であつたことが明らかにされる部分の金額に相当する経費

○ 損益通算

山田：ステップ2においては，特定の所得区分に損失が生じた場合の処理が問題となります。不動産所得，事業所得，山林所得，譲渡所得が赤字になった場合には，他の所得から差し引くことができます。これを「損益通算」と言います。例えば，給与所得を得るサラリーマンが，ワンルームマンションを所有して賃貸した場合，通常家賃収入の金額が，建物の減価償却費や金利や固定資産税のような必要経費の金額を下回るので，不動産所得は赤字となります。この赤字は給与所得から差し引くことができます。すなわち，節税が可能となりま

す。したがって，損益通算が可能な所得は有利な所得といえます。実務では，損益通算可能な所得である，不動産所得，事業所得，山林所得，譲渡所得の頭の字をとって「富士山頂（じょう）」と記憶しています。また，所得を総合した結果，損失が生じた場合や，災害等により生活に通常必要な資産に損失を受け，その損失額をその年の所得から控除しきれなかったときは，翌年以降の所得から控除することができます（繰越控除）。

Ｋ：富士山頂は有利な所得区分というわけですね。それは，覚えやすいですね。

○ 所得控除と税額控除の違い

山田：個人は法人と異なり，生産面のみならず消費面との二面性を有しています。したがって，個人の生産面である所得計算上考慮されないものであっても，その個人の消費面での担税力の減殺を考慮する必要性が生じます。これが各種の所得控除（＜スライド２－７＞参照）です。例えば，個人の生産面だけを考えれば，扶養家族の数は関係ありませんが，消費面での担税力を考えれば，扶養家族が多い個人には，何らかの減税措置を講じなければいけないというものです。所得控除後の残額が，所得金額となり（厳密には，課税総所得金額，課税退職所得金額及び課税山林所得金額の３つに分かれる），いわば所得税の最終的な課税標準となります。なお，この所得金額に税率を乗じて所得税額が計算されますが，所得税法は負担の公平に配慮して，超過累進税率を採用しています（＜スライド２－８＞参照）。

水戸：個人の所得には所得税だけではなく，地方税も課されますよね？

山田：その通りです。所得の高い人には，地方税も含めてより高い税負担をしてもらわなければ，公平が保たれません。

水戸：山田先生，何かいい節税案はありませんか？

山田：それはこの勉強会の後の飲み会で話し合いましょう（笑）。しかし，実際に納付する税額は，税率を掛けて算出された算出税額から，さらに配当控除，外国税額控除，住宅借入金等特別控除などの税額控除を控除して計算されます。

Ｋ：税金の話をしていると，この「控除」とか「○○が引けます」ということ

2−7　＜所得控除の種類と分類＞

制度の目的等	所得控除の種類
担税力への影響を考慮するためのもの	雑損控除，医療費控除
社会政策上の要請によるもの	社会保険料，小規模企業共済等掛金控除，生命保険料控除，地震保険料控除，寄附金控除
個人的事情を考慮するためのもの	障害者控除，寡婦（寡夫）控除，勤労学生控除
課税最低限を保障するためのもの	配偶者控除，配偶者特別控除，扶養控除，基礎控除

2−8　＜平成25年度の所得税率＞

所得金額（千円未満切捨）	税率	控除額
195万円以下	5％	0円
195万円超　～　330万円以下	10％	97,500円
330万円超　～　695万円以下	20％	427,500円
695万円超　～　900万円以下	23％	636,000円
900万円超　～1,800万円以下	33％	1,536,000円
1,800万円超	40％	2,796,000円

（例）　所得金額700万円の場合の税額
　　　　700万円×23％－636,000円＝974,000円

をよく聞きますが，非常にこんがらかります。

山田：「所得控除」と「税額控除」，確かに言葉が似ていますが，内容は大きく違います。いずれも結果的に納税額を減らすものですが，所得控除は単に所得を減らすものであり，税額控除は税率を掛けた後の税額を減らすものです。英語で言うと，所得控除はdeductionであり，税額控除はcreditと，英語の方が言葉の差がはっきりしていて分かりやすいかもしれませんね。

水戸：確かに，deductionとcreditと言われると違いがありそうですね。

山田：Kさん，10万円のdeductionと10万円のcreditだと，どっちが得ですか？

K：10万円のcreditです。

山田：その通りです。仮にその人に適用される税率が30％の場合には，10万円のdeductionは3万円の効果しかありませんが，10万円のcreditはそのまま10万円の減税の効果があります。

○ 確定申告と源泉徴収制度

山田：申告納税制度のもと，納税者である個人は，自ら1年間の所得金額の計算を行い，所得金額に応じた税額を算出し，これを確定申告書に記載しなければいけません。確定申告期間は，その年の翌年2月16日から3月15日までです。また，申告納税制度を補完する制度として，納税者の取引相手に納付の義務を課す源泉徴収制度が，所得税法に規定されています。特に，多くの給与所得者は，給与支払者が源泉徴収を行い，年末に納付すべき税額の計算（精算）も給与支払者が行うことから（年末調整），多くの給与所得者は，源泉徴収制度によって納付が完結し，確定申告を行う必要がありません。

K：源泉徴収も所得税法に規定されているのですか？

山田：はい。

K：それじゃ源泉徴収も試験範囲になるのですか？

山田：あまり出題されませんが，一応試験範囲に入っています。

水戸：実務では源泉徴収は大事ですよね。契約書に書かれた金額が源泉徴収後の金額か源泉徴収前の金額かで，手取り金額が変わってしまうことがありま

す。海外との契約などで実際に揉めるる例もありますね。また，給料にしても，我々のような弁護士報酬にしても，必ず源泉されているわけで，なじみの深い制度だと思います。どうして試験に出ないのでしょう。

山田：源泉徴収制度は所得税の徴収のテクニカルな問題で，理論的に深い問題が作りにくいからかもしれませんね。

3．2日目のまとめ

山田：今日はここまでとしましょうか。では，Ｋさん，今日のまとめをお願いします。

Ｋ：えーと，今日は所得税を勉強したわけですが，所得税法は個人の所得に対して課される税金に関する法律で，所得を10個のバスケットに分けて把握します。そもそも所得税法にいう「所得」をどう考えるのか，という問題がありますが，我が国は「包括的所得概念」を採用していると考えられています。その根拠は，所得税法が，10個のバスケットのうち，一時所得，雑所得といった包括的なざっくりした大きなバスケットを設けて，所得を把握しようとしているからです。会計士試験の所得税法の問題を解くためには，所得がどのバスケットにあたるのか，の判断が最も重要となります。

　所得税額を計算するためには，①まずその所得が所得税法のどのバスケットにあたるのか，を判断し，必要経費控除・特別控除等を行います。②そして次に，各バスケットに応じて損失が出た場合の損益通算や繰越控除を行い，所得金額を計算します。③最後にその所得金額に税額を乗じた金額から税額控除を行うという，3つのステップを踏みます。そこで，富士山頂はお得な損益通算，ということで，ふ（不動産所得），じ（事業所得），さん（山林所得），ちょう（譲渡所得）で損益通算ができます。

山田：まあ，そんなところですね。所得税では所得がどのバスケットに入るかが一番重要であることを忘れないでください。

－2日目終了－

第3日目

1. 退職所得 vs 給与所得に関する過去問
（平成22年度　問題1の問4）

山田：それでは，所得税法に関する実際の過去問を解いてみましょう。まず，簡単なところから，平成22年度の問題1の問4を解いてみます。Kさん，問題文を読んでみましょう。

K：（＜スライド2-9＞の問題文を読む）

山田：従業員Bが退職金として受け取った金銭は，どの所得の種類に該当すると思いますか？

K：給与所得だと思います。

山田：理由は？

K：雇用関係は継続しているわけですから，退職ではないですよね。

山田：その通りです。これは常識的に理解できますね？

2-9　＜平成22年　租税法　第1問　問題1＞

（問4）　かつて経営危機に直面したA社は，倒産によって退職金を支払えない可能性を考え，勤続満7年ごとに退職したものとして退職金を支払う旨の就業規則を定めていた。従業員Bは，他の数人の従業員とともに，勤続満7年に到達したため，当該就業規則に基づいて退職金を受け取ったが，Bらの雇用関係は従前の通り継続していた。Bが受け取った退職金は，所得税法上どの種類の所得に該当するか。その理由についても述べなさい。

水戸：この問題と似たケースを争った判例もあったと思いますが，企業が給与を退職金の形式で支払いたい理由は，受取り側の税務のメリットでしょうか？
山田：はい。所得税法28条と30条を見てもらいたいのですが（＜スライド2－10＞参照），理由は受取り側に税務上のメリットがあるからです。特に定年退職のような場合には，退職金を最後に報酬を受け取ることはなくなるわけですから，租税負担の公平性の観点から，退職所得には特別な控除や2分の1のみを課税所得にする等の特典が認められています。
水戸：老後の生活資金になるので，課税対象を半額にしてあげよう，ということですね。最近では定年退職しても，みなさん元気にセカンドライフに乗り出されているので，もはや老後のためとは言い難いですけどね。

2．事業所得 vs 給与所得に関する過去問
　　（平成18年　第10問　問題2）

山田：次に，平成18年度の第10問問題2（問1）を解いてみましょう（問題文は＜スライド2－11＞）。
K：えっ，事業所得と給与所得の区別の基準ですか？
山田：まず，事業所得及び給与所得の定義をしている条文は何でしょうか？
K：（法令集を開きながら）事業所得は27条で，給与所得は隣の28条です（条文は，＜スライド2－12＞及び＜スライド2－10＞参照）。
山田：これらの条文を見ても，区分の基準までは書かれていませんね。そうすると，常識的に自営業とサラリーマンの違いを自分なりにまとめるしかありません。
水戸：我々の業界で言うと，自分で弁護士事務所を経営する場合と他の弁護士事務所に勤務する場合との比較ということになりますね？
山田：そうです。しかし，実はこの問題は，最高裁（第二小法廷）昭和56年4月24日判決（民集35巻3号672頁）に基づいて作成されています。もし，判例を知っていたら，解答は非常に簡単です。しかもこの判例は弁護士の受け取る

2−10 ＜所得税法28条（抄）と30条（抄）＞

（給与所得）

第28条　給与所得とは，俸給，給料，賃金，歳費及び賞与並びにこれらの性質を有する給与に係る所得をいう。

2　給与所得の金額は，その年中の給与等の収入金額から給与所得控除額を控除した残額とする。

（退職所得）

第30条　退職所得とは，退職手当，一時恩給その他の退職により一時に受ける給与及びこれらの性質を有する給与に係る所得をいう。

2　退職所得の金額は，その年中の退職手当等の収入金額から退職所得控除額を控除した残額の2分の1に相当する金額（当該退職手当等が特定役員退職手当等である場合には，退職手当等の収入金額から退職所得控除額を控除した残額に相当する金額）とする。

2−11 ＜平成18年　租税法　第10問　問題2＞

（問1）　所得税法における事業所得の意義について，給与所得との区別の基準を明らかにしながら論じなさい。

2−12 ＜所得税法26条（抄）と27条（抄）＞

（不動産所得）

第26条　不動産所得とは，不動産，不動産の上に存する権利，船舶又は航空機の貸付けによる所得をいう。

2　不動産所得の金額は，その年中の不動産所得に係る総収入金額から必要経費を控除した金額とする。

（事業所得）

第27条　事業所得とは，農業，漁業，製造業，卸売業，小売業，サービス業その他の事業で政令で定めるものから生ずる所得をいう。

2　事業所得の金額は，その年中の事業所得に係る総収入金額から必要経費を控除した金額とする。

顧問料収入が，事業所得か給与所得かを争われた事案です。当該事件の判旨を読んでみましょう。

水戸：（＜スライド２－13＞の判旨を読みながら）まあー常識的な結論ですね。

山田：Kさん，この判旨から，事業所得と給与所得の区分の基準となりそうなキーワード抜き出してください。

K：事業所得のキーワードは，自己の計算と危険，営利性，有償性，反覆継続。一方，給与所得のキーワードは，雇傭契約，使用者の指揮命令，労務の対価，空間的・時間的な拘束と言ったところでしょうか？

山田：良くできました。そこら辺のキーワードを使って答案が作成できれば完璧です。しかし，事業所得と給与所得との差異は常識的に分かっていても，いざ解答を作るとなると，この判例を知らずに自分の言葉で説明するのは難しいでしょうね。そう言う意味では，この問題はこの判例を知っていたか否かを問う問題だったとも言えます。

水戸：しかし，どうしてこの弁護士は，顧問料収入をわざわざ給与所得だと主張したんですかね。事業所得の方が，経費の控除が認められて有利ではないですか？

山田：きっと，給与所得に認められる給与所得控除の金額の方が，経費の金額より多かったのではないでしょうか？　水戸先生は経費を使い過ぎなんですよ。

水戸：反省します。

K：源泉税率が違うからではないんですか。

水戸：お，さっそく前回覚えた言葉を使ってきたな。

K：私だって，源泉徴収くらい知ってますよ。私のなけなしのお給料から毎月引かれてるアレですよね？

水戸：またさりげなく会社批判しているな。

山田：確かに源泉税率は，弁護士報酬では100万円までは10％，それを超えると超えた額の20％であるのに対して，給与所得だとその人の給与所得の金額や扶養親族の数等の状況に応じて，最終的な所得税額を想定して源泉がされます。ただ，源泉徴収は，確定申告書で計算される所得税の前払いですので，納付の

2-13 ＜最高裁第二小法廷昭和56年4月24日判決（民集35巻3号672頁）＞

1．判示事項
　弁護士の顧問料収入につき，給与所得に当たらないとされた事例。

2．判　　旨
　弁護士の顧問料についても，これを一般的抽象的に事業所得又は給与所得のいずれかに分類すべきものではなく，その顧問業務の具体的態様に応じて，その法的性格を判断しなければならないが，その場合，判断の一応の基準として，両者を次のように区別するのが相当である。すなわち，事業所得とは，自己の計算と危険において独立して営まれ，営利性，有償性を有し，かつ反覆継続して遂行する意思と社会的地位とが客観的に認められる業務から生ずる所得をいい，これに対し，給与所得とは雇傭契約又はこれに類する原因に基づき使用者の指揮命令に服して提供した労務の対価として使用者から受ける給付をいう。なお，給与所得については，とりわけ，給与支給者との関係において何らかの空間的，時間的な拘束を受け，継続的ないし断続的に労務又は役務の提供があり，その対価として支給されるものであるかどうかが重視されなければならない。

2-14 ＜平成18年　租税法　第10問　問題2＞

（問2）　バイオリニストAは，いずれの交響楽団においても雇用されておらず，独立して演奏活動を続けている。Aは，国内外の演奏会でたびたび使用していたストラディヴァリウスのバイオリンを，平成17年4月，国内演奏旅行中滞在していたホテルで盗まれた。このバイオリンは，Aが平成7年に3,000万円で購入したが，盗難の時点における時価は，5,000万円であった。Aは，平成17年中に，この盗難につき，保険会社から3,000万円の損害保険金を受け取った。
　以上の事実関係に基づき，Aの平成17年分所得税をめぐる課税関係について，理由を明示して述べなさい。なお，バイオリンの減価償却費については考慮しないこと，および，Aが受け取った保険金は，非課税所得の取扱いを受けることを前提とする。

タイミングの差でしかありません。

山田：それでは，（問１）を踏まえて，（問２）の問題を見てみしょう。

Ｋ：（＜スライド２－14＞の問題文を読み上げる）

山田：バイオリニストＡの得る所得は何の所得に分類されるでしょうか？

Ｋ：いずれの交響楽団にも雇用されず，独立して演奏活動をしているということなので，事業所得に分類されると思います。

山田：事業所得なら必要経費は控除できますか？

水戸：（27条2項の条文を見ながら）控除できます。

山田：それでは，盗難にあった時価5,000万円のストラディヴァリウスのバイオリンは必要経費となりますか？

Ｋ：Ａにとって，そのバイオリンは商売道具ですから，当然に経費になると思います。

山田：じゃあ，平成17年度は5,000万円の必要経費が認められますか？

Ｋ：いいえ，購入費は3,000万円ですので，経費の金額は3,000万円です。しかし，損害保険金が3,000万円入ってきたので，結果的には損金の金額はゼロになると思います。

山田：正解です。おめでとうございます。

水戸：その解答は，独立した演奏家との前提ですので異論はありませんが，しかし，私の知る限り，クラシックの演奏家の多くは交響楽団に所属していると思います。その場合，彼らの所得は，給与所得と分類されると思いますので，本問のように，高額な楽器が盗まれたり壊れたりしても，必要経費としては認められないわけですね。

山田：おそらく，この問題は，日本フィルハーモニー事件（最高裁昭和53年8月29日判決（訴月24巻11号2430頁））にヒントを得て作問されていると思われますが，同事件では，日本フィルハーモニー交響楽団に所属するバイオリニストが楽団等から得た収入を事業所得として申告したことに対して，税務当局が給与所得として更正しました。判決では，音楽演奏家は，自己の使用する楽器や演奏用の特殊な服装等を自ら用意するのが普通で，技術向上のための研究等

も必要であり，また，職業費ともいうべきものが一般の勤労者より多くかかり，それが給与所得控除を上回る場合もあり得ることは否定できないとしながらも，やはり給与所得だとしています。ですので，水戸先生のご質問への回答は，この判決によれば，イエスということになります。

水戸：それは気の毒ですね。労働法の観点からは，楽団員が労働者か否かは，実態において事業者に使用され，賃金を支払われていれば労働者，そうでなければ事業者ということになりますが，実際の裁判例でも労働者と認めたものとそうでないものがあります[1]。法概念の相対性といって，同じ用語でも，法律によって意味や範囲が異なる場合があるので，注意が必要ですね。

山田：法概念の相対性？ 水戸先生，また難しいこと，言わないでください。

水戸：そんなに難しい話ではないですよ。例えば，法律上「胎児」と「人」は区別されています。刑法では胎児を殺害しても殺人罪ではなく堕胎罪です。

山田：ぶっそうな例ですね。

水戸：ところがいつから出生となるか，というと，判例学説上，民法では母体から全部露出したとき，刑法では一部でも露出したとき，と解されています。刑法では命を保護するために早い時期に人として扱うことにしたんですね。

山田：……。

水戸：ただ，民法でも全部露出する前に母親が亡くなった場合などに相続させないのはかわいそうだということで，胎児も人とみなす，とされています。

山田：も，もういいです。

水戸：失礼，話を戻しましょう。

山田：そうですね。サラリーマンに必要経費の控除を認めないのは憲法14条1項に違反すると争った有名な「サラリーマン税金訴訟」がありますが，昭和62年の所得税の改正によって，給与所得者が特定支出をした場合で，その合計額が給与所得控除後の金額を超える場合には，その超える金額をさらに控除する

1） 肯定例として岡山地判平成13年5月16日（チボリ・ジャパン事件），否定例として東京高判平成21年3月25日（新国立劇場合唱団員事件。合唱団員の労働組合法上の労働者性を否定）がある。

「特定支出控除制度」ができました。しかし，特定支出とは，①通勤費，②転勤費，③研修費，④資格取得費，⑤単身赴任者帰宅旅費に限定されていますので，音楽演奏家は救済されません。

3．事業所得に関する過去問（平成20年　第1問　問題2）

山田：それでは，続いても事業所得に関する問題です。平成20年の第1問の問題2を見てみましょう。まず，（問1）から見ていきましょう。
K：（＜スライド2－15＞の問題文の（問1）を読み上げる）
山田：先ほどの問題でもやりましたが，事業所得の場合には，原則的に必要経費の控除が認められています。しかし，問題文にあるように，事業から対価の支払を受ける親族がある場合，その支払対価を必要経費に算入しないものとしています。そのことを定めた条文は何条でしょうか？
K：（法令集の目次を見て）56条が「事業から対価を受ける親族がある場合の必要経費の特例」となっています。
山田：さすが弁護士センセーです。まず目次を見て行くところがすばらしいですね。
K：ありがとうございます。
山田：それでは56条を読んでみてください。
K：（＜スライド2－16＞の56条を読み上げる）
山田：質問は，この条文がどうして必要かということですが，説明できますか？
K：えーと
山田：いや，これはそんなに深く考える必要はないですよ。例えば，Kさんが将来，独立して自分の弁護士事務所を立ち上げたとします。ある年，ものすごく儲かって，このままだと多額の税金を納めなければいけない。そんな時，ご主人に報酬を払ったらどうだろうと考えませんか？
水戸：山田先生，Kさんはまだ独身です。

2-15 ＜平成20年　租税法　第1問　問題2＞

　所得税法に関する以下の問いに答えなさい。
（問1）　所得税法は，事業から対価の支払を受ける親族がある場合，事業所得の金額等の計算上その支払対価を必要経費に算入しないものとしている。その理由を述べなさい。
（問2）　個人医院を経営している内科医Aは，平成19年中，社会保険診療報酬等の収入金額3,000万円を得た。Aは，病院の敷地及び建物の賃料として，当該土地建物の所有者であるB（Aの実父）に対して毎月20万円を支払った。Aはまた，税理士C（Aの妻ではあるが，隣県に住む実母の介護のため，当該実母宅で生活をしており，Aとは生計を一にしていない。）に対して，税理士業務の対価として，毎月5万円の税理士報酬を支払った。
　当該土地建物に係る固定資産税50万円はBが支払った。資産家のBは，これ以外に多くの不動産を所有し，それらを賃貸し，多額の不動産所得を得てきた。ところが，Bは高齢となり，平成18年中にその妻と死別したこともあり，平成18年末から，Aと同居を開始し，Aと生計を一にしている。
　平成19年分の所得税について，A，B及びCのそれぞれの課税所得を算定する際に，①AがBに支払った賃料，②AがCに支払った税理士報酬，③Bが支払った固定資産税は，所得税法上，どのように取り扱われるべきか。法文上の根拠を明らかにしながら，述べなさい。

2-16 ＜所得税法56条（抄）＞

（事業から対価を受ける親族がある場合の必要経費の特例）
第56条　居住者と生計を一にする配偶者その他の親族がその居住者の営む不動産所得，事業所得又は山林所得を生ずべき事業に従事したことその他の事由により当該事業から対価の支払を受ける場合には，その対価に相当する金額は，その居住者の当該事業に係る不動産所得の金額，事業所得の金額又は山林所得の金額の計算上，必要経費に算入しないものとし，かつ，その親族のその対価に係る各種所得の金額の計算上必要経費に算入されるべき金額は，その居住者の当該事業に係る不動産所得の金額，事業所得の金額又は山林所得の金額の計算上，必要経費に算入する。

　この場合において，その親族が支払を受けた対価の額及びその親族のその対価に係る各種所得の金額の計算上必要経費に算入されるべき金額は，当該各種所得の金額の計算上ないものとみなす。

山田：あくまで仮定の話です。
Ｋ：いいえ。私が稼いだお金です。旦那だろうが誰だろうが渡しません（キッパリ）。
山田：だから，仮定の話で，払ってあげてください！
Ｋ：わかりました。じゃあ，払います。その場合，所得税は累進課税ですから，例えば夫が無職だったら，夫に報酬を払うことによって，夫婦トータルの所得税が減る可能性があります。
水戸：Ｋさん，結婚相手は収入で決めるでしょう。
Ｋ：そうですね。はっきり申し上げて，結婚相手が無職なんて考えられません（キッパリ）。
山田：だ・か・ら！　過程の話ですって！　ご主人に報酬を払う場合には事務所の利益を見ながら，報酬の金額を調整できますね。ところが，赤の他人の職員を雇った場合はどうでしょうか。今年は儲からなかったから報酬は無しというわけにはいきませんね。

K：はい。赤の他人の職員を雇った場合，事務所の利益とは無関係に，その人の業務に応じた適正な報酬を継続的に払う必要があります。

山田：税務というのは，恣意性を嫌います。取引を操作することによる不当な税負担の軽減を防ごうとしています。それが56条の立法趣旨です。

水戸：その趣旨は理解できますが，親族であっても本当にしっかりと仕事をしているケースもあると思いますが，そういう場合でも必要経費として認められないのですかね？

山田：そこのところは具体的な事例を使って説明した方が分かりやすいと思いますので，（問2）を見ていきましょう。

K：（＜スライド2－15＞の問題文の（問2）を読み上げる）

山田：登場人物の関係を整理してみましょう。Aは個人医院を経営している医師，すなわち，事業所得を得ています。BはAの実父でかつ高齢につきAと生計を一にしています。Cは税理士でAの妻ですが，Aとは生計を一にしていない。

K：この問題変わってますよね。夫婦は別居してて，父と子の男所帯で……，なんて。

水戸：Kさん，世の中，いろいろあるんだよ。

山田：それはそうと，質問①ですが，AがBに払った賃料はAの課税所得計算上どのように扱われますか？

K：先ほどの56条により必要経費にはならないと思います。

山田：そうですね。それでは，BがAから受けとった家賃はBの課税所得計算上どのように扱われますか？ それと，そもそもBの得る所得は何所得に区分されますか？

K：まず，Bは不動産賃貸業をしているので，不動産所得を得ています。次に，Aから受けとった家賃は，ええっと，……56条の後半部分により，「所得の金額の計算上ないものとみなす」となっていますので，受領していないものとして計算するんですか？

水戸：この規定はそういう意味なのですか？ Bは実際に賃料を得ているのに，

税金が課されないのですか？
山田：そうなんです。この56条の規定は，払った方で経費にしないかわりに，もらった方でも収入にしないのです。あたかも自分の不動産を自分で使った場合，取引が発生しないのと同じように扱っているのです。こういう考え方を理解してもらえれば，問題③も答えられると思いますが？
K：要するに，この不動産はあたかもAの所有だったと考えるわけですから，Bの払った固定資産税はAの必要経費となるということですか？
水戸：なるほど，だから，56条は「その親族のその対価に係る各種所得の金額の計算上必要経費に算入されるべき金額は，その居住者の当該事業に係る所得の金額の計算上，必要経費に算入する」となっているわけですね。
山田：その通りです。このように扱われる理由は，AとBが生計を一にしているためです。それを踏まえて，問題②のAが妻であるCに払った税理士報酬はどのように扱われますか？
K：えーと，Cは妻ですが，生計を一にしていないので，56条は適用されません。そうすると，通常の取引のように，Aにおいては必要経費となり，Cにおいては税理士事務所，すなわち，彼女の事業所得の一部となると思いますが……。
山田：正解です。
水戸：生計を一にしていなければ，妻に払う報酬が必要経費になるんですか？
山田：もちろん報酬金額がその業務からして適正であるということが大前提となりますが。おそらく，この問題の作成者も，そこら辺を気にして，妻を税理士として，しかも報酬額が毎月5万円という，まあ，適正と言ってよい金額に押さえているのだと思います。例えば，報酬額が毎月100万円と問題文に書かれていたならば，業務に対して報酬額が適正でない等の作問者の意図とは違う解答がたくさん出たのではないでしょうか。

4．譲渡所得に関する過去問（その①）
（平成19年　第1問　問題2）

山田：それでは次に，譲渡所得に関する問題を見ていきましょう。譲渡所得に関する問題は平成19年度の第1問問題2で尋ねられています。まず，（問1）から見て行きましょう。

K：（＜スライド2-17＞の問題文の（問1）を読み上げる）

山田：譲渡所得課税の趣旨を問われていますが，何を書けばいいでしょうか？
（条文は＜スライド2-18＞参照）

2-17　＜平成19年　租税法　第1問　問題2＞

　所得税法に関する以下の問いに答えなさい。なお，租税特別措置法上の措置については考慮しないものとする。

（問1）　譲渡所得課税の趣旨を述べなさい。

（問2）　C（居住者）は，平成15年4月1日に，D不動産販売会社から土地建物を買い受けた。同日，Cは，E銀行から一定の金額を借り入れて，それを上記土地建物の購入資金に充てた。Cは，同年6月1日に，上記土地建物を自己の居住の用に供した。その後，Cは，平成18年12月1日にこの土地建物を他に売却した。

　Cの平成18年分の譲渡所得に係る所得税の確定申告にあたって取得費として控除しうる借入金利子の金額は，下記①～③のうちいずれか。解答用紙の所定欄に番号を記入するとともに，その選択を正当とする理由を所得税法に基づいて述べなさい。

①　平成15年4月1日から平成18年12月1日までの期間に係る借入金利子の金額

②　平成15年4月1日から平成15年6月1日までの期間に係る借入金利子の金額

③　なし（0円）

2-18 ＜所得税法32条（抄）と33条（抄）＞

（山林所得）
第32条　山林所得とは，山林の伐採又は譲渡による所得をいう。
2　山林をその取得の日以後5年以内に伐採し又は譲渡することによる所得は，山林所得に含まれないものとする。
3　山林所得の金額は，その年中の山林所得に係る総収入金額から必要経費を控除し，その残額から山林所得の特別控除額を控除した金額とする。
4　前項に規定する山林所得の特別控除額は，50万円とする。

（譲渡所得）
第33条　譲渡所得とは，資産の譲渡による所得をいう。
3　譲渡所得の金額は，次の各号に掲げる所得につき，それぞれその年中の当該所得に係る総収入金額から当該所得の基因となった資産の取得費及びその資産の譲渡に要した費用の額の合計額を控除し，その残額の合計額から譲渡所得の特別控除額を控除した金額とする。
① 　資産の譲渡でその資産の取得の日以後5年以内にされたものによる所得
② 　資産の譲渡による所得で前号に掲げる所得以外のもの
4　前項に規定する譲渡所得の特別控除額は，50万円とする。

K：（焦ってノートをめくりながら）えーと，まず，先日教わった所得の定義について書きます。所得とは，一般的には，取得した経済的価値と考えられますが，取得した経済的価値のうち，具体的にどの範囲を課税対象に含めるかについては，「制限的所得概念」と「包括的所得概念」の2つの説があります。日本の税制は，「包括的所得概念」の考えに立ち，反復的・継続的に生ずる利得のみならず，資産の売却益のような，一時的・偶発的な利得も包括的に課税所得に含めている……。

山田：確かに，日本の税制が包括的所得概念の考えに立っているので，譲渡所得を課税対象にしているというのはいい指摘です。しかし，純粋な意味での「包括的所得概念」に立てば，資産の価値が上がれば，売却をしていなくても

所得を構成すると考えます。日本の所得税における譲渡所得は，言葉通り，譲渡した段階で初めて課税所得となっていますね。

K：はい。

山田：この問題は抽象的で，解答が非常に難しいのですが，私なら，Kさんが指摘の通り，「包括的所得概念」のことを触れながら，しかし，値上がり益が第三者に譲渡された段階で課税するという，純粋な「包括的所得概念」が一部修正されていることも書きます。

水戸：単に値上がりしているだけでは課税はされず，売買代金が入らないのに税金は払えないということを強調しておくことですね。

山田：そうです。しかし，この問題の公式な出題意図を見ると，最高裁昭和47年12月26日判決（民集26巻10号2083頁）を参考にしていると書かれています。同判例は，譲渡代金を分割でしか得ていなくても，所有権が移転した段階で全額収入にあげるべきと言っているのです。

2−19 ＜最高裁昭和47年12月26日判決（民集26巻10号2083頁）＞

1．事実関係

上告人Xの被相続人（養母）Aは，不動産をB会社に代金3,055万円で売却したが，手附金として100万円，残金は毎月50万円ずつ支払う契約であった。Aが不動産の契約・登記の日の翌日に死亡した。XはAの相続人の代表として，総収入金額を3,055万円としてAの確定申告をしたが，Aが同年中に取得できる現金は150万円にすぎないとして，減額の更正を求めたが，税務当局は減額を認めなかった。

2．判　旨

譲渡所得の本旨は，年々に蓄積された資産の増加益が所有者の手を離れるのを機会に一挙に実現したものとみる建前であるから，有償・無償を問わないのが原則となる。徴税の実務は，いわゆる権利確定主義によって行なわれており，資産の譲渡によって発生する譲渡所得についての収入金額の権利確定の時期は，当該資産の所有権その他の権利が相手方に移転する時である。したがって，減額の更正は認められない。

水戸：（＜スライド２－19＞の判旨を読んで）これは厳しい判決だよね。この考え方に従うと，譲渡代金を全く得てなくても，所有権が移転した段階で全額収入に計上して，全ての譲渡所得の課税を受けることになりますよね。その場合，納税資金はどうするの？　収入が無いのに課税だけされるということですよね。税制は担税力に合わせて課税することを目指しているのではなかったですか。確か割賦販売の場合は，入金の都度，収益を計上することが認められているじゃないですか。

山田：割賦基準が認められているのは，棚卸資産の販売に限定されています。しかし，担税力に合った税制という意味では，割賦販売と区別する理由はなく，この判例には少々問題があると思います。おそらく，出題者は判旨にあるように，譲渡所得の趣旨として，「年々に蓄積された資産の増加益が所有者の手を離れるのを機会に一挙に実現したもの」という言葉を書いて欲しかったのだと思います。それでは，（問１）はこれくらいにして，（問２）に行きましょう。

Ｋ：（＜スライド２－17＞の（問２）の問題文を読み上げて）すみません。これは私には難しすぎます。

山田：実はこの問題も，最高裁平成４年７月14日判決（民集46巻５号492頁）を参考に作問されています。おそらく，この問題はこの判例を知らなければ，どんなに条文を読んでも解答できないと思いますので，判旨を読んでから考えましょう。

Ｋ：（＜スライド２－20＞の判旨を読んで）えーと，要するに，不動産の使用開始の日以前の期間に対応する利子は，「資産の取得に要した金額」に含まれ，反対に，不動産の使用開始の日の後のものはこれに含まれないということですね。

山田：そうですね。それでは過去問に戻って，（問２）の答えは何でしょうか？

Ｋ：②です。

山田：そうです。この問題は判例を知っていたら簡単に解けます。反対に判例を知らなかったら，解答するのは難しかったと思います。もっとも，所得税基

2−20 ＜最高裁平成4年7月14日判決（民集46巻5号492頁）＞

1．判示事項
　個人の居住用不動産を取得するための借入金の利子が所得税法38条1項にいう「資産の取得に要した金額」に当たるか。

2．判　旨
　個人がその居住用不動産を取得するに際しては，代金の全部又は一部の借入れを必要とする場合があり，その場合には借入金の利子の支払が必要となる。一般に，右の借入金の利子は，当該不動産の客観的価格を構成する金額に該当せず，むしろ，個人が他の種々の家事上の必要から資金を借り入れる場合の借入金の利子と同様に，個人の日常的な生活費ないし家事費にすぎないものというべきである。したがって，そうすると，居住用不動産を取得するための借入金の利子は，原則として，不動産の譲渡所得の金額の計算上，所得税法38条1項にいう「資産の取得に要した金額」に該当しない。しかしながら，借入れの後，個人が当該不動産をその居住の用に供するに至るまでにはある程度の期間を要するのが通常であり，当該個人はその期間中当該不動産を使用することなく利子の支払を余儀なくされるものであるので，借入金の利子のうち，居住のため当該不動産の使用を開始するまでの期間に対応するものは，当該不動産をその取得に係る用途に供する上で必要な準備費用ということができ，当該不動産を取得するための付随費用に当たるものとして「資産の取得に要した金額」に含まれると解するのが相当である。

＜所得税法38条（抄）＞

（譲渡所得の金額の計算上控除する取得費）
第38条　譲渡所得の金額の計算上控除する資産の取得費は，別段の定めがあるものを除き，その資産の取得に要した金額並びに設備費及び改良費の額の合計額とする。

本通達38-8（取得費等に算入する借入金の利子等）には，同様な内容が規定されていますので，実務家には簡単だったかもしれません。

水戸：しかし，この判例も納得できませんね。常識的に不動産の使用開始の日までの期間って短いでしょう？　要するに，譲渡所得の計算上，金利は控除させないということですよね。

山田：この判例の背後には，居住用の不動産を自己資金だけで購入した人とのバランスを考えたのかもしれません。水戸先生の怒りも分からないでもありませんが，現在は住宅ローン控除が税額控除として認められていますので，住宅ローンで居住用の不動産を購入する人は保護されています。

水戸：それを忘れていました。

5．譲渡所得に関する過去問（その②）
　　（平成21年　第1問　問題2の（問1））

水戸：譲渡所得というのは，譲渡金額から購入金額を控除して課税所得を計算するだけだと思っていましたが，面倒くさい論点がたくさんあるんですね？

山田：ええ，そうなんです。平成21年第1問の問題2の（問1）を見てみましょう。

K：（＜スライド2-21＞の（問1）の問題文を読み上げて）

山田：Kさん，答えは分かりますか？

K：先ほどの38条1項の規定より，⑤です。

山田：正解です。簡単ですね。

水戸：ちょっと待ってください。問題文に「正しいものを一つ」となっていますから，私も⑤が正解でよいと思いますが，①や②は間違いなのですか？

山田：やっぱり喰いついてきましたね。残念ながら，①も②も間違いです。問題文の状況は，父親が1億円で購入した土地が，相続がバブルと重なり10億円の時価を前提に多額の相続税を払い，その上借金までして5千万円の造成・改良費までつぎ込み，最終的には3億円でしか売却できなかった。問題文だけで

2－21 ＜平成21年　租税法　第1問　問題2　譲渡所得＞

次の事例を読み，以下の問いに答えなさい。なお，租税特別措置法上の措置については考慮しないものとする。

A（居住者）は，平成元年に亡くなった父親が，昭和50年代に1億円で購入した某県所在の原野3ヘクタールを相続した。相続の当時は，いわゆるバブル経済期であったため，同土地の時価は10億円を超えており，Aは，この土地の相続に関して多額の相続税を支払わざるを得なかった。さらにAは，相続税の申告手続をB税理士に依頼し，その報酬を支払ったほか，所有権移転登記のための諸費用（登録免許税やC司法書士に対して支払った登記代行報酬など）を負担した。

平成17年5月ごろ，都内にある豪華マンションの一室を3億円で購入しようと考えたAは，不動産業者D（居住者）を通じて，この土地を売却しようとした。ところが，同土地が交通の便のよくない場所に所在することや景気低迷の影響を受けたことなどから，その時点での地価相場がかなり下落した状態となっており，しかも買い手は一向に現れる気配がなかった。そこでAは，銀行から借り入れた5,000万円の資金を投じて同土地を宅地用に造成・改良した。その結果，Aは，平成20年3月，不動産業者Dに3億円で同土地を売却することができた。

（問1）　Aの土地譲渡収入が譲渡所得に該当するとした場合，資産の取得費に関する以下の記述のうち，正しいものを一つ選び，解答用紙の所定欄に番号を書きなさい。また，その選択を正当とする理由を述べなさい。

①　父親の死去に伴い支払った相続税は，資産の取得費に該当する。
②　B税理士に対して支払った相続税申告のための報酬は，資産の取得費に該当する。
③　所有権移転登記のための諸費用は，資産の取得費に該当しない。
④　上記土地の相続時の時価相当額は，資産の取得費に該当する。
⑤　宅地用に上記土地を造成・改良する費用は，資産の取得費に該当する。

は支払った相続税がいくらだったかは分かりませんが、例えば5億円だったら、Aは、現金の出入りでいうと、この取引全体で（3億円－（5億円＋5千万円））＝2億5千万円の損をすることになります。

水戸：うーん……。相続時にはバブル崩壊は予想できなかったし、売却時に値下がりしていればそのまま保有していればよい、とも言えなくもないですが、それにしても、少々気の毒ですね。相続税や贈与税は、不動産取得のための原価にはならないの？

山田：所得税法60条を見てください（＜スライド2－22＞参照）。第1項で、贈与や相続で資産をした場合には、取得した者が引き続きその資産を取得していたものとみなして、譲渡所得の計算をすると規定されています。また、第2項では、取得した者が取得費も引き継ぐということになっています。したがって、Aの譲渡所得の計算の上では、相続したのはバブル経済期であっても、昭和50年代に1億円で、当該不動産を購入したとみなされるのです。

水戸：ということは、やっぱり相続税は取得原価に入らない？

山田：この問題の上ではそうです。というのも、租税特別措置法39条に＜相続財産に係る譲渡所得の課税の特例＞があり、相続の開始があった日の翌日から当該相続に係る申告書の提出期限の翌日以後3年を経過する日まで譲渡が行われれば、所得原価に相続税が加算されます。しかし、問題文には、「租税特別措置法上の措置については考慮しないものとする」と書かれていますので、原則に戻って相続税は取得原価に入りません。もっとも、この問題では、平成元年に相続した土地を平成20年に譲渡しているので、いずれにせよこの特例は使えませんね。

水戸：贈与や相続で資産を得た場合、贈与税や相続税は取得原価に含まれないということは恐ろしいことですね。しっかりと覚えておきます。

K：問題文の「租税特別措置法上の措置については考慮しないものとする」というのは、結構な落とし穴ですね？

山田：出題者は、基本法から出しますよというと、親切心からの配慮だと思いますが、中途半端に実務を知っていると、ちょっと混乱しますね。それほど、

2-22 ＜所得税法60条（抄）＞

（贈与等により取得した資産の取得費等）
第60条　居住者が次に掲げる事由により取得した資産を譲渡した場合における事業所得の金額，山林所得の金額，譲渡所得の金額又は雑所得の金額の計算については，その者が引き続きこれを所有していたものとみなす。
　① 贈与，相続（限定承認に係るものを除く。）又は遺贈（包括遺贈のうち限定承認に係るものを除く。）
　② 中略
2　居住者が前条第1項第1号に掲げる相続又は遺贈により取得した資産を譲渡した場合における事業所得の金額，山林所得の金額，譲渡所得の金額又は雑所得の金額の計算については，その者が当該資産をその取得の時における価額に相当する金額により取得したものとみなす。

＜租税特別措置法39条（抄）＞

（相続財産に係る譲渡所得の課税の特例）
第39条　相続又は遺贈による財産の取得をした個人で当該相続又は遺贈につき相続税額があるものが，当該相続の開始があつた日の翌日から当該相続に係る申告書の提出期限の翌日以後3年を経過する日までの間に当該相続税額に係る課税価格の計算の基礎に算入された資産を譲渡した場合における譲渡所得に係る規定の適用について，取得費は，当該取得費に相当する金額に当該相続税額のうち政令で定める金額を加算した金額とする。

日本の税法は複雑で，租税特別措置法等の特別法が実務では重要になっているということです。

6．譲渡所得に関する過去問（その③）
　　（平成24年　第1問　問題1（問4））

山田：次は譲渡所得に関する最後の問題です。平成24年第1問の問題1（問4）を見ていきましょう。

K：（<スライド2－23>の問題1の問題文を読み上げて）所得税法施行令25条と所得税法施行令178条1項の条文も問題文に掲載されていますが，合わせて読み上げますか？

K：はい，条文の音読は大事です（施行令25条と施行令178条1項の条文を読み上げる）。

山田：先ほどのバイオリニストの問題は，商売道具としてのバイオリンが盗難にあった場合の話でしたが，今度はレジャーのために使用していたクラシックカーが盗難にあった場合の話です。そこら辺のことを規定している条文は何条でしょうか？

K：62条です。

山田：どうして分かりましたか？

K：所得税法施行令178条1項に書かれていますから。

山田：そうですね。この問題は問題文に大きなヒントが書かれています。それでは62条1項には何が書かれていますか？

K：（<スライド2－24>の62条1項を読み上げて）「盗難により，生活に通常必要でない資産として政令で定めるものについて受けた損失は，損失を受けた日の属する年分又はその翌年分の譲渡所得の金額の計算上控除すべき金額とみなす」とあります。

山田：レジャーのために使用していたクラシックカーは，「生活に通常必要でない資産として政令で定めるもの」に該当しますか？

K：該当すると思います。施行令178条1項3号の規定で，施行令25条の規定に該当しなければいいわけですから……，25条の1号にも2号にも該当しませ

2-23 ＜平成24年　租税法　第1問　問題1＞

　次の事案について，以下の問いに答えなさい。
　（中略），A社は，平成23年2月に，かねてBが入手を希望していたA社保有の展示用クラシックカー甲（時価2,000万円）を，500万円で売却した。（中略）
　Bは，甲を専ら休日のレジャーのために使用していたが，購入の半年後に盗難にあった。甲には盗難保険をかけていなかったので，Bに対する損失の補てんはなかった。

（問4）　甲の盗難によって被った損失は，Bの平成23年分の所得税の計算上，どのように取り扱うべきか。根拠条文を示しつつ，述べなさい。

＊　所得税法施行令第25条
　法第九条第一項第九号（非課税所得）に規定する政令で定める資産は，生活に通常必要な動産のうち，次に掲げるもの（一個又は一組の価額が三十万円を超えるものに限る。）以外のものとする。
　　一　貴石，半貴石，貴金属，真珠及びこれらの製品，べっこう製品，さんご製品，こはく製品，ぞうげ製品並びに七宝製品
　　二　書画，こつとう及び美術工芸品

＊　所得税法施行令第178条第1項
　法第六十二条第一項（生活に通常必要でない資産の災害による損失）に規定する政令で定めるものは，次に掲げる資産とする。
　　一　競走馬（その規模，収益の状況その他の事情に照らし事業と認められるものの用に供されるものを除く。）その他射こう的行為の手段となる動産
　　二　通常自己及び自己と生計を一にする親族が居住の用に供しない家屋で主として趣味，娯楽又は保養の用に供する目的で所有するものその他主として趣味，娯楽，保養又は鑑賞の目的で所有する不動産
　　三　生活の用に供する動産で第二十五条（譲渡所得について非課税とされる生活用動産の範囲）の規定に該当しないもの

2-24 ＜所得税法62条（抄）と9条（抄）と72条（抄）＞

> （生活に通常必要でない資産の災害による損失）
> 第62条　居住者が，災害又は盗難若しくは横領により，生活に通常必要でない資産として政令で定めるものについて受けた損失の金額（保険金，損害賠償金その他これらに類するものにより補てんされる部分の金額を除く。）は，政令で定めるところにより，その者のその損失を受けた日の属する年分又はその翌年分の譲渡所得の金額の計算上控除すべき金額とみなす。
> （非課税所得）
> 第9条　次に掲げる所得については，所得税を課さない
> ⑨　自己又はその配偶者その他の親族が生活の用に供する家具，じゆう器，衣服その他の資産で政令で定めるものの譲渡による所得
> （雑損控除）
> 第72条　居住者又はその者と生計を一にする配偶者その他の親族で政令で定めるものの有する資産（第62条第1項に規定する資産を除く。）について災害又は盗難若しくは横領による損失が生じた場合において，その年における当該損失の金額の合計額が次の各号に掲げる場合の区分に応じ当該各号に掲げる金額を超えるときは，その超える部分の金額を，その居住者のその年分の総所得金額，退職所得金額又は山林所得金額から控除する。

んね。

山田：正解です。さすがKさんは条文を読むことに慣れていますね。

水戸：これは雑損控除とは，どんな関係になるんでしょうか？

山田：やっぱり，その質問が出ましたか。もし，この車が通勤用の車だったら，生活用資産に関する損失として，損失額のうち一定の限度額を超える金額は，「雑損控除」としてその年の所得から控除できます。雑損控除は所得控除ですから，医療費控除や扶養控除等と同様の扱いです。しかし，本問のように，レジャー用の車は，生活に必要な資産からは除外され，雑損控除の対象にはなり

第2章 所得税法

ません。その代わりに62条1項の救済を受けるということになります。

K：車が盗難にあったと言っても，その車をどのように使っていたかによって，税務の扱いが違うということですね？

山田：その通りです。

7．配当所得に関する過去問
（平成23年　第1問　問題1（問3））

山田：それでは所得税の最後の問題である平成23年第1問の問題1（問3）を見ていきましょう。

K：（＜スライド2－25＞の問題文を読み上げる）

山田：配当所得に該当するか？　という質問ですが，配当所得の定義は何条に書かれていますか？

K：（法令集をめくりながら）24条です。

山田：条文をもう一度読んだ上で，この個人株主が受け取った株主優待施設利

2－25　＜平成23年　租税法　第1問　問題1（問3）＞

次の事案について，以下の問いに答えなさい。
　A株式会社（以下「A社」という。）は，主として建設業を営む内国法人である。A社の資本金の額は2億円であり，A社の事業年度は暦年である。
　A社は，年に4度，A社の利益の有無にかかわらず，自社の経営するホテルで利用可能な株主優待施設利用券を，1,000株あたり1枚の割合で，株主に対して交付していた。この利用券は，譲渡可能なものであり，1枚2,000円相当である。なお，この利用券の交付について，A社は剰余金の処分として取り扱っていない。
（問3）　A社の個人株主が受け取った株主優待施設利用券は，配当所得に該当するか。その理由についても述べなさい。

2-26　＜所得税法23条（抄）と24条（抄）＞

（利子所得）

第23条　利子所得とは，公社債及び預貯金の利子並びに合同運用信託，公社債投資信託及び公募公社債等運用投資信託の収益の分配に係る所得をいう。

2　利子所得の金額は，その年中の利子等の収入金額とする。

（配当所得）

第24条　配当所得とは，法人から受ける剰余金の配当に係るものに限るものとし，資本剰余金の額の減少に伴うもの及び分割型分割，利益の配当，基金利息並びに投資信託及び特定受益証券発行信託の収益の分配に係る所得をいう。

2　配当所得の金額は，その年中の配当等の収入金額とする。ただし，株式その他配当所得を生ずべき元本を取得するために要した負債の利子でその年中に支払うものがある場合は，当該収入金額から，その支払う負債の利子の額のうちその年においてその元本を有していた期間に対応する部分の金額として政令で定めるところにより計算した金額の合計額を控除した金額とする。

用券は，配当所得に該当すると思いますか？（条文は＜スライド2-26＞参照）

K：問題文に「A社の利益の有無にかかわらず」「A社は剰余金の処分として取り扱っていない」と書かれていますから，配当所得には該当しないと思います。

山田：その通りです。配当所得に該当するか否かの最も重要な点は，会社の剰余金から分配されるか否かという点です。

8．3日目のまとめ

山田：それでは，Kさん，恒例になりました今日のまとめをお願いします。

K：今日は講義じゃないので，まとめはないと思っていました。

水戸：誰が問題解説の回はまとめはいらないと言いましたか？　すぐそうやって都合のよい方に解釈するのはよくない癖ですよ。弁護士たる者，常に最悪の事態を想定して……。

K：……。はい，まとめます。まず，事業所得と給与所得を分ける基準は，自己の危険と計算において，独立性，反復継続性のある営利性のある業務なのか，それとも何らかの原因に基づいて，誰かの指揮命令に服して行う役務の対価なのか，というところです。でも，結局のところ，事業所得にした方が得なのか，給与所得とした方が得なのかは，ケースバイケース，ということでしたよね？

　さらに，事業所得から控除される必要経費について，生計を一にする配偶者や親族に支払っているものは必要経費として認められず，その反面として，受け取る側の配偶者や親族にとっても所得として扱わない，つまり，取引はなかったものと扱う，ということがありました。56条でした。

　それにしても，この平成20年の問題ですけど，配偶者と別居している事情がやけに詳しく書かれていて，芸が細かいですよね（笑）。最後に，譲渡所得については，正直なんてまとめたらいいのやら……。

水戸：こら，さじを投げない。

K：山田先生，お願いします。

山田：確かに譲渡所得に関しては，たくさんの論点があって，まとめづらいかもしれません。ここではまず，譲渡所得の計算をするための「取得費」の特別な例として，①不動産の使用開始以前の期間に対応する利子は取得費に含まれ，反対に，不動産の使用開始後のものは含まれないということと，②その資産を相続によって取得した場合，原則として相続税は取得費に含まれない，ことを理解しておけばいいと思います。それと，盗難により，「生活に通常必要でない資産」について受けた損失は，損失を受けた日の属する年分又はその翌年分の譲渡所得の金額の計算上控除できることも覚えておいてください。

－3日目終了－

第4日目

第3章　法人税法

山田：本日から、公認会計士試験の租税法の中で一番重要である法人税法の学習に入ります。法人税法の中身に入る前に、まず、法人税と所得税との関係を説明したいと思います。

K：よろしくお願いいたします。

1．法人税と所得税の関係

○ 法人擬制説と法人実在説

山田：＜スライド3－1＞にありますように、法人の性格を考えると、法人は個人株主の集合体であると考える「法人擬制説」と、法人はそれ自体が実在しており、個人株主とは別個の存在であると考える「法人実在説」があります。

3－1　＜法人税と所得税の関係＞

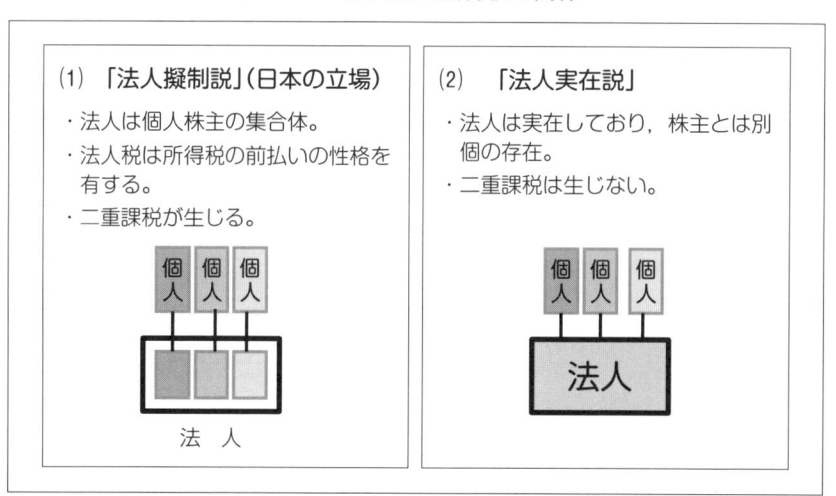

(1) 「法人擬制説」（日本の立場）	(2) 「法人実在説」
・法人は個人株主の集合体。 ・法人税は所得税の前払いの性格を有する。 ・二重課税が生じる。	・法人は実在しており、株主とは別個の存在。 ・二重課税は生じない。

K：その話は民法総則の授業で勉強しました。でも，税法と何の関係があるんですか？

山田：実際のビジネスの世界では，会社はあたかも人のように単独で取引を行っていくイメージがありますので，法人実在説の方がしっくりくるようですが，税務の世界では，日本を含むほとんどの国において，法人擬制説の立場をとっています。すなわち，税務上の考え方は，法人が取引を行った場合でも，複数の個人株主が共同でその取引を行ったと考えます。

水戸：私には，会社は人というより，人が操縦するロボットというイメージですけどね。

山田：水戸先生の会社ロボット説はさておき，税務における法人擬制説の考え方を純粋に突き進めていくと，法人が行った取引から生じる所得に対する課税は，法人がその利益を株主に分配した段階で行えばいいということになります。しかし，法人が株主に配当しないと，税務当局は課税のチャンスを永久に失ってしまう危険性もあります。そこで，いったん法人レベルで仮の課税を行う必要が生じます。これが法人税というものです。仮の課税だけに，法人で獲得した利益を個人株主に分配する段階では，何らかの調整をします。なぜなら，個人株主がもらった配当がそのまま課税されると，「二重課税」になるからです。このように，税務の世界では，多くの局面で「二重課税」を防ごうとする対応がとられています。

K：ふーん。まさか，税務では法人擬制説が理論的基盤になっているとは思いませんでした。新鮮ですね。

○ 法人税は所得税の前払い

K：法人税というのは，仮の課税と考えてるのですね。それで法人税は所得税の前払いなどと言われるのですね。

山田：その通りです。

水戸：ところで，二重課税は完璧に回避されているのでしょうか？

山田：残念ながら，そうではありません。法人レベルでの課税と株主レベルで

第3章 法人税法

3-2 ＜二重課税の調整方法＞

(1) インピュテーション方式（ヨーロッパ）

法　人（税率：40％）　→配当(60万円)→　個人株主（税率：50％）

法人税：利益100万円×40％（法人税率）
　　　　＝40万円
配当：100万円－40万円（法人税）
　　　＝60万円

配当所得：60万円＋40万円＝100万円
所得税：100万円×50％（所得税率）
　　　　－40万円（法人税）
　　　　＝10万円（所得税）

(2) 受取配当税額控除方式（日本）
配当所得の×％等を税額から控除する方式。

の課税の二重課税を調整する方法としては、2つの方法が考えられます。一つは、＜スライド3-2＞にあるように、ヨーロッパの国々で行われているインピュテーション方式（法人の所得に課された法人税額は、配当をもらった株主に按分され、株主の払うべき所得税から控除する方式）というものです。これは、一円単位まで完璧に二重課税を排除しようとするものです（スライドの例では、個人に対する所得税率を50％だとすると、法人レベルで稼いだ所得100に対して、最終的には株主レベルで税引き後の利益が50になるように、所得税額を調整して計算している）。しかしながら、日本の所得税法の規定は、配当金を受ける株主（個人）について所得税の計算上、配当控除制度（課税所得1,000万円に達するまでの配当所得については10％、1,000万円を超える配当所得について5％を総所得に対する税額から控除する制度）を設けて課税の調整を図っています。この方法ですと、二重課税が完全に解消されるわけではありませんが、日本の税制も二重課税を防いでいるという面目だけが保たれているわけです。これから本格的に学習する法人税は、所得税の前払いの性格を有しており、いわば、所得税という基本的な税に対する一時的かつ例外的な税金であるということを理解する必要があります。

K：分かりました。

２．受取配当益金不算入制度

水戸：山田先生の説明は，法人の株主が全員個人の株主であることを前提になさっていましたが，現実には，法人の株主には他の法人がなっているケースも多いですよね？

山田：それは，法人税法を説明する上で，非常に大切な指摘です。実はそのような場合も二重課税が生じないような配慮がされています。Ｋさんは，今までに法人税法の本を開いたことがありますか？

Ｋ：ええ，まあ……，一応初歩的な本なら読みましたけど……・。

山田：おそらく，その本の最初の方に，「受取配当益金不算入」という言葉がありませんでしたか？

Ｋ：……覚えてません。

水戸：本当に読んだの？

山田：「受取配当益金不算入」とは，法人が他の法人から配当を受領したときには，会計上は当然に収益の一部として計上することになりますが，法人税法上は，その一定額を益金に入れなくてもいい（益金不算入）とするものです。＜スライド３－３＞を見てもらいたいのですが，この制度の立法趣旨は，２つの法人を通じて事業を行っているケースＣを，一つの法人を通じて事業を行っているケースＢと同様の税負担にしようとするものです。もし，ケースＣにおいて，法人②が法人①からの配当に対して課税を行えば，ケースＢに比べて二重の課税負担となります。したがって，法人税法は，他の法人（法人②）から受け取る配当金を，法人①の課税所得の計算上，非課税（益金不算入）としているのです。もし，日本の所得税が，先ほど説明してインピュテーション方式を採用していて，ケースＢと個人が直接事業を行っているケースＡが同じ税負担となるのならば，ケースＣとケースＢとケースＡは同様の税負担となります。

水戸：しかし，先ほどの説明のように，日本はインピュテーション方式を採用していないわけですよね。

3−3 ＜受取配当益金不算入制度＞

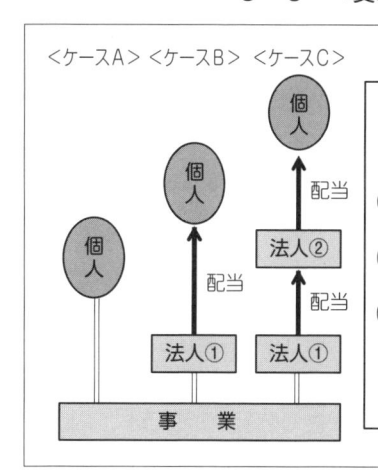

＜法人の受取配当益金不算入制度＞
1. 趣旨＝二重課税の排除
2. 益金不算入額
(1) 連結法人（100％保有）からの配当の場合：全額
(2) 関係法人（25％以上保有）からの配当の場合：
　　（配当額－負債利子）×100％
(3) その他の株式からの配当：
　　（配当－負債利子）×50％
(注) 内国法人からの配当に限られる。
　　⇒外国法人は別の規定がある

山田：そうです。したがって，実際は３つのケースは同様の税負担にはなりません。しかし，理念として（この理念というのがミソなんですが），税制は，個人・法人間，法人・法人間の二重課税を回避しようとして，税制の体系を構築しているということを理解する必要があります。個人・法人間の二重課税が完全に解消されていないのと同様に，法人・法人間の二重課税も，法人税法23条によりますと，出資比率が25％以上の関係法人（内国法人）からの配当については全額益金不算入となりますが，その他の法人（内国法人）からの配当金については，50％しか益金不算入を認めていません（条文は＜スライド３−４＞参照）。

K：山田先生，すみません。配当金を会計上，収益に計上するが，法人税法上，益金に算入しないとは，どういう意味でしょうか？

水戸：ある法人が他の法人から配当を受領した場合は，その受取配当金は会計上では利益の源泉となるが，法人税法上は課税所得を構成しないということですよね？

山田：その通りです。

3-4 ＜法人税法23条（抄）＞

> **（受取配当等の益金不算入）**
> 第23条　内国法人が次に掲げる金額を受けるときは，その配当等の額（完全子法人株式等及び関係法人株式等のいずれにも該当しない株式等に係る配当等の額にあっては，当該配当等の額の100分の50に相当する金額）は，その内国法人の各事業年度の所得の金額の計算上，益金の額に算入しない。
> ①　剰余金の配当若しくは利益の配当又は剰余金の分配の額
> ②　資産の流動化に関する法律第115条第1項（中間配当）に規定する金銭の分配の額
> ③　公社債投資信託以外の証券投資信託の収益の分配の額のうち，内国法人から受ける第1号に掲げる金額から成るものとして政令で定めるところにより計算した金額
> 6　第1項に規定する関係法人株式等とは，内国法人が他の内国法人の発行済株式又は出資の総数又は総額の100分の25以上に相当する数又は金額の株式又は出資を有する場合として政令で定める場合における当該他の内国法人の株式又は出資（前項に規定する完全子法人株式等を除く。）をいう。

3．会計と法人税の関係

○ 会計と税務は似て非なるもの

山田：おやKさん，うかぬ顔をしていますが大丈夫ですか？

K：……はい。恥を承知で言いますが，以前に手にした法人税法の入門書でも，その会計と税務の関係の説明が始まりますと，チンプンカンプンになってしまいました。

山田：そうですか。それでは，なんとか，やさしくご説明しましょう。法人税法は，法人が必ず「会計帳簿」をつけていることを前提にしています。法人税

法は，所得税法と異なり，この会計帳簿で計算される利益の金額をベースにして，法人税を計算する仕組みになっているのです。したがって，法人税法は，会計の理解を抜きにして，単独で勉強することは不可能です。

Ｋ：うすうす気づいてはいたけど，会計をやらなきゃいけないのですね……

山田：はい，残念ながら。法人税法とは，会計と税務の差異を説明しているに過ぎないのです。会計が分からない人には，法人税法は理解できません。

水戸：「法人税法とは，会計と税務の差異を説明しているに過ぎない」は，名言だね。さすが山田先生。Ｋさん，メモメモ。弁護士の本音から言うと，ある取引を実施しようとする場合，よく会計の立場からの問題指摘と税務の立場からの問題指摘が別々にされますが，それはそっちの世界で話し合ってから来てくれと言いたくなります。

山田：弁護士の世界からみると，会計も税務も同じ世界なのですね。会計も法人税法も，企業の"儲け"を計算する手続きを定めていますが（会計では，儲けのことを利益と呼び，法人税法は所得と呼ぶ），世の中では，両者は似たものと理解されていることが多いと思います。確かに，会計と税務は似ているし，また，両者は密接な関係も有しています。しかし，会計と税務は「似て非なるもの」です。法人税法の本質を理解することは，利益の計算と所得の計算との相違を理解することなのです。

Ｋ：私が今まで何度か法人税法の入門書を読んで，途中で挫折してしまった理由は，会計のことを知らなかったからだったんですね。

◯ 最も重要な法人税法22条

山田：それでは，＜スライド３－５＞にある法人税法22条をみてみましょう。22条は複雑な構成をしていますので，まず大局的にその構造を理解してください。前にも言いましたが，この条文は法人税法の学習において一番重要な条文ですし，会計士試験の租税法の中でも一番重要な条文です。過去の試験問題を見ても，法人税法の理論問題の半分以上が，この22条に関連する問題となっています。22条は４項までありますが，それぞれ重い意味がありますので，各項

3−5 ＜法人税法22条（修正版）＞

（各事業年度の所得の金額の計算）
第22条　内国法人の各事業年度の所得の金額は，当該事業年度の益金の額から当該事業年度の損金の額を控除した金額とする。
2　内国法人の各事業年度の所得の金額の計算上当該事業年度の益金の額に算入すべき金額は，<u>別段の定めがあるものを除き</u>，資産の販売，有償……による資産の譲渡又は役務の提供，……その他の取引で資本等取引以外のものに係る当該事業年度の収益の額とする。
3　内国法人の各事業年度の所得の金額の計算上当該事業年度の損金の額に算入すべき金額は，<u>別段の定めがあるものを除き</u>，次に掲げる額とする。
　①　当該事業年度の収益に係る売上原価，完成工事原価その他これらに準ずる原価の額
　②　前号に掲げるもののほか，当該事業年度の販売費，一般管理費その他の費用（……）の額
　③　当該事業年度の損失の額で資本等取引以外の取引に係るもの
4　第2項に規定する当該事業年度の収益の額及び前項各号に掲げる額は，一般に公正妥当と認められる会計処理の基準に従って計算されるものとする。

ごとに説明していきます。それでは，Kさん第1項を読み上げてください。
K：（22条1項を読み上げる）
山田：法人税法は直接的に所得を計算するのではなく，益金の額から損金の額を控除して計算します。繰り返しになりますが，所得税においては，所得を10個の種類に分けていましたが，法人税の所得のバスケットは1個です。益金と損金を定義して，その差額である所得は一つのバスケットで計算します（**＜スライド3−6＞参照**）。
水戸：バスケットというより，ドンブリ勘定，ですね。
山田：……はい，22条2項も読んで。

3−6 ＜法人税と所得税の比較＞

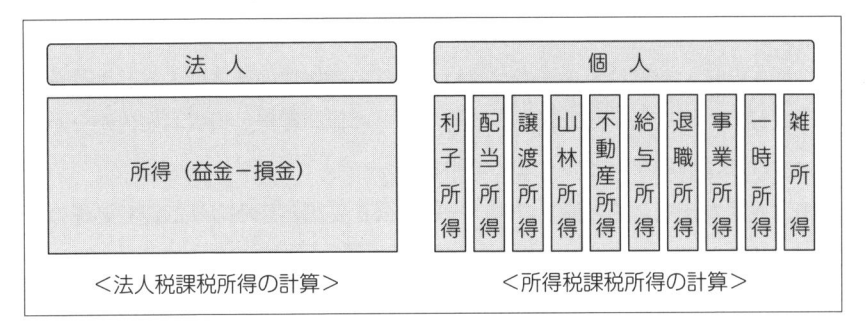

法　人	個　人
所得（益金−損金）	利子所得／配当所得／譲渡所得／山林所得／不動産所得／給与所得／退職所得／事業所得／一時所得／雑所得
＜法人税課税所得の計算＞	＜所得税課税所得の計算＞

K：（22条2項を読み上げる）

山田：この2項は，難解な条文です。ここでは「益金の金額に算入すべき金額は，別段の定めがあるものを除き，……当該事業年度の収益の額とする」と理解してください。続いて，3項を見てみましょう。

K：（22条3項を読み上げる）

山田：先ほどの2項が益金に関する規定で，3項が損金に関する規定です。似たような構造になっていますが，ここでは「損金の金額に算入すべき金額は，別段の定めがあるものを除き，……当該事業年度の原価，販売費，一般管理費その他の費用，損失の額とする」と理解してください。最後に，4項に移ります。

K：（22条4項を読み上げる）

山田：この4項の規定をどう解釈するかについては諸説ありますが，ここでは，「収益の額並びに，原価，販売費，一般管理費その他の費用，損失の額は，一般に公正妥当と認められる会計処理の基準に従って計算するものとする」と理解して下さい。このような理解に立てば，22条の構造は，以下のようになります。

　所得は益金から損金を控除して計算するが，益金は，別段の定めがあるものを除き，一般に公正妥当と認められる会計処理の基準に従って計算された「収益」であり，また，損金の金額も，別段の定めがあるものを除き，一般に公正

妥当と認められる会計処理の基準に従って計算された「原価，販売費，一般管理費その他の費用，損失」になります。

K：要するに，一般に公正妥当と認められる会計処理の基準に従って計算された「収益」や「原価，販売費，一般管理費その他の費用，損失」が何か分かっていなければいけないということですね？

山田：残念ながら，その通りです。一般に公正妥当と認められる会計処理の基準の理解を前提として，主として「別段の定め」を学習するのが，法人税法の学習の中心になります。

K：つまりは，会計学を勉強してから出直して来い，ということですね？

山田：……いえ，そこまでは言いませんが……。（しばらく考えた後）では，方針を変更して，少し会計の勉強をすることにしましょうか。

K：山田先生，ありがとうございます！　お願いします！

水戸：でも，本当の意味で法人税法の理解を深めるためには，自分で会計の勉強をやるしかないよ。

K：水戸センセー。

水戸：私は，司法試験を会計学選択で合格しているからね。

K：先生，今は司法試験に教養選択はないんですよ。

水戸：……古くて失礼しました。

山田：まあまあ。しかし，御存知のように，会計の基本を説明するだけでも一仕事ですので，少し準備のための時間をください。今日はここで終わりにしましょう。

K：山田先生，よろしくお願いいたします（深ぶかと頭を下げる）。

水戸：急に殊勝になったな（笑）。

4．4日目のまとめ

山田：Kさん，今日のまとめをしてみてください。

K：はい，ポイントは4つあります。

まずは，法人税は所得税の前払い的な性格を有していること，つまりは，法人税は基本的な税金である所得税に対する一時的かつ例外的な税金ということです。
2つ目は，法人税は「会計帳簿」で計算された利益の金額をベースに計算されるということ。
　3つ目は，法人税法で一番重要なのは22条で，会計士試験の法人税法の理論問題の半分以上がこの22条に関連するということ。この条文を理解しないと，戦えないってことですね……

山田：もう一度，22条の構造を説明してみてください。

K：う～ん。所得は益金から損金を控除して計算するが，益金は，別段の定めがあるものを除き，一般に公正妥当と認められる会計処理の基準に従って計算された「収益」である。また損金の金額も，別段の定めがあるものを除き，一般に公正妥当と認められる会計処理の基準に従って計算された「原価，販売費，一般管理費その他の費用，損失」になります。

水戸：ほとんどノートを読んでるけど……（笑）。

　　　　　　　－4日目終了－

第5日目

1. 法人税法を理解するための会計入門講座

山田：今日は，お約束の通り，法人税法を理解するための会計入門講座を行います。まずは，＜K商事の設立初年度の取引一覧＞を見てください。

＜K商事の設立初年度の取引一覧＞

取引No.	取引の概要
1	資本金100,000千円で会社設立
2	車両購入（3,000千円，見積耐用年数5年）
3	家賃の支払い（100千円/月×12ヶ月）
4	給与の支払い（Kさん：200千円/月×12月，A子さん：100千円/月×12ヶ月）
5	賞与の支払い（Kさん200千円，A子さん100千円）
6	交際費の支払い（年間500千円）
7	寄附金の支払い（年間120千円）
8	商品の購入（500千円/個×10個）
9	商品の販売（B社への現金売上：1,500千円×7個＝10,500千円，C社への掛け売上：1,500千円×2個＝3,000千円）
10	C社に対する売掛金のうち，半額が入金，半額が貸倒れ
11	D社株式の発行済株式の25％を購入（50,000千円）
12	D社から配当金を受領（1,000千円）

水戸：これを準備するのは大変でしたね。
K：山田先生，私のためにこんなに……。ありがとうございます（涙）。
水戸：芝居がかっているな（笑）。

○ 現金の流れ（キャッシュ・フロー）をつかむ

山田：いいですよ。乗りかかった船ですから……。この取引一覧には，会社が設立初年度に通常行う12個の取引が書いてあります。簿記の入門書なら，これらの取引を仕訳の形式で説明するのですが，仕訳の説明までする時間はないので，ここでは，現金の流れ（キャッシュ・フロー）だけに注目していきましょう。それでは，Ｋさん，取引No.1から順番に，現金がいくら入ってくるか，あるいは，出ていくかを説明してください。ちなみにＫ商事はＫさんが100％株主かつ代表取締役で，Ｋさんの趣味である高級化粧品を販売する会社で，という想定です。従業員として，友達のＡ子さんが手伝ってくれるという想定です。

Ｋ：偶然ですね。将来的には美容系で起業しようと思っていたんですよ。私にぴったりの例です。えっと，取引No.1では，100,000千円で会社を設立したので，Ｋ商事に現金が100,000千円入ってきます。

山田：そうですね。

Ｋ：取引No.2では，3,000千円の車両を購入したのだから，Ｋ商事から3,000千円の現金が出て行きます。取引No.3では，1ヶ月100千円の家賃ですから，1年間で1,200千円の現金が出ていきます。取引No.4では，Ｋさんに1ヶ月200千円の給与ですから，1年間で2,400千円の現金がＫさんに出ていき，Ａ子さんには1ヶ月100千円の給与ですから，1年間で1,200千円の現金がＡ子さんに出ていきます。合わせて年間で3,600千円の現金がＫ商事から出て行きます。

水戸：Ｋさんというのは，Ｋさんのことでしょう？ 友達のＡ子さんには，たった1,200千円の給与しか払わないのに，Ｋさんは自分で2,400千円も給与をもらうの？

Ｋ：水戸先生，現実の社長と従業員の差はこんなものじゃないですよ。私も今は安月給に甘んじていますが，いつかは，きっと……。

山田：単なる事例ですが，最低限のリアリティは持たせています（笑）。Ｋさん，取引No.5以降も続けて。

K：はい。取引No.5では300千円の現金が，取引No.6では500千円の現金が，取引No.7では120千円の現金が，また，取引No.8では5,000千円の現金がK商事から出ていきます。

山田：その通りです。ここまでは簡単ですね。しかし，次の取引No.9を考えるためには，ひとひねりが必要です。

K：B社への売上は現金売上ですから，10,500千円の現金がK商事に入金されますが，C社への売上は掛け売上ですから現金は入ってきません。したがって，取引No.9からは，10,500千円の入金のみです。

山田：その通りです。C社への売上に関しては，K商事は売掛金という債権を獲得できますが，この時点では，現金の入金はありません。それでは次の取引No.10はどうでしょうか？

K：C社への売掛金のうち，半額だけ入金ということなので，K商事には1,500千円の入金があります。

山田：C社への売掛金の半額が貸倒れになっていますが，これからは現金の支出はありませんか？

K：えーと，債権が回収できなくなっただけですから，現金の動きはありません。

山田：その通りです。さすが，弁護士ですね。

K：これくらい余裕でわかります。

水戸：Kさん，Kさん。もうちょっと謙虚に。まあ，一般的には弁護士は数字が苦手ですが，これくらいは分かりますよ。しかし，この事例だと，1個50万円で仕入れた化粧品を3倍の150万円で販売しているんだね。

山田：少しやり過ぎましたかね？

K：いいえ，高級品の商売ってそんなもんですよ。この数字自体は，結構リアリティありますよ。

山田：それではKさん，取引No.11とNo.12はどうでしょうか？

K：取引No.11では，D社の株式を購入しているので，K商事の現金が50,000千円減りますが，反対に取引No.12では，D社から配当金を受領するので，K

商事の現金が1,000千円増加します。

○ 資本取引から利益は生じない

山田：その通りです。Ｋさんに答えてもらった全ての取引の現金の増減を示したものが＜Ｋ商事の設立初年度の取引一覧Ⅰ＞です。全ての取引の結果，Ｋ商事には，年度末には49,280千円の現金を有することになります。それでは，Ｋ商事の設立初年度の利益は，49,280千円でしょうか？

Ｋ：違います。

山田：設立直前にＫ商事の現金はゼロでしたが，12の取引を行うことで，期末には現金が49,280千円になりましたよ？

Ｋ：例えば，取引No.1ですが，現金を100,000千円得ていますが，これは資本金がＫ商事に入っただけで，商売をして得た現金ではありません。

山田：その通りです。会計の世界では，このような資本に関する取引は「資本

＜Ｋ商事の設立初年度の取引一覧Ⅰ＞

(単位：千円)

取引No.	取引の概要	現金収支
1	資本金100,000千円で会社設立	100,000
2	車両購入（3,000千円，見積耐用年数５年）	(3,000)
3	家賃の支払い（100千円/月×12ヶ月）	(1,200)
4	給与の支払い（Ｋさん：200千円/月×12，Ａ子さん：100千円/月×12ヶ月）	(3,600)
5	賞与の支払い（Ｋさん200千円，Ａ子さん100千円）	(300)
6	交際費の支払い（年間500千円）	(500)
7	寄附金の支払い（年間120千円）	(120)
8	商品の購入（500千円/個×10個）	(5,000)
9	商品の販売（Ｂ社への現金売上：1,500千円×7個＝10,500千円，Ｃ社への掛け売上：1,500千円×2個＝3,000千円）	10,500
10	Ｃ社に対する売掛金のうち，半額が入金，半額が貸倒れ	1,500
11	Ｄ社株式を購入（50,000千円）	(50,000)
12	Ｄ社から配当金を受領	1,000
	合　計	49,280

取引」と呼び，それからは利益が生じないことになっています。資本金だけを集めても会社の儲けにはなりませんよね……。

水戸：資本金だけ集めて事業をやらない詐欺事件は多いですが。いや，これは冗談です（笑）。

山田：他に利益の計算と関係のなさそうな取引はありませんか？ ヒントを出しますと，会計は企業の儲けである利益の金額を計算するものです。利益の金額は収益から費用を控除して計算します。通常，収益は現金を稼ぐもので，費用は現金を使うものですが，儲けの計算に関係のない，すなわち，収益や費用を構成しない取引は他にないでしょうか？

K：……それならば，取引No.11ではないでしょうか？ 現金を50,000千円使っていますが，他社の株式を購入しただけで，常識的に言って，これは儲けの計算には関係ないと思います。

○ 減価償却

山田：その通りです。この取引では50,000千円の支出がありますが，利益の計算に関係ある費用ではありません。それでは，取引No.2の車両の購入はどうでしょうか？

K：車両は今年買ったものだし，問題ないような気もするのですが……。

山田：わざわざ見積耐用年数5年と書かれている点に着目してください。

K：なるほど，向こう5年は事業に使うことができるのに，購入金額3,000千円の全額を今年の費用とするのはどうなのか，ということですね。

山田：その通りですね。Kさんは「減価償却」という言葉を聞いたことがありますよね？

K：はい。私も車を持ってますので。

水戸：お，何乗ってるの？

K：それはナイショです。

山田：私も気になるなぁ。

○ 発生主義と現金主義

山田：減価償却という考えに基づけば，車両のような固定資産は耐用年数に応じて費用化していくこととなります。その考えに基づけば，当期の費用はいくらが妥当だと思いますか？

Ｋ：5年で3,000千円ですから，1年間で600千円を費用とするのが妥当だと思います。

山田：その通りです。＜スライド3－7＞に示しましたが，車両のような固定資産の取得費を支出時に一気に費用化するのではなく，耐用年数に基づいて費用化していくという考え方の基本には，「発生主義」と呼ばれる会計独特の原則があります。発生主義は会計における最も重要な概念で，利益を計算するための収益や費用を，入出金の事実で捉える（「現金主義」）のではなく，経済的事実の発生に基づき計上するという考えです。

水戸：発生主義でいう，「経済的事実の発生」とは具体的に何を指すのでしょうか？

3－7 ＜減価償却の計算＞

山田：それは簡単には説明できないのですが，今は会計の授業ではないので，ここでは何となく，企業が利益獲得のために必要となる経済事象が生じるとでも理解しておいてください。重要なことは，発生主義とは現金主義とは対立する概念であり，企業が獲得した利益の金額を計算するのに，現金の動きにとらわれてはいけないと理解してください。現代の企業会計が発生主義の考えをとっている以上，会計とは，現金の動きに対して修正を加える手続きと言えます。Kさん，それでは，どうして会計が発生主義という考えを必要とするのでしょうか？

K：え，それは……。

○ 継続企業と期間損益

山田：この質問は確かに非常に難解です。しかし，会計という手続きの本質をついています。結論を先に言ってしまいますが，会計が発生主義という考え方を必要とする理由は，企業が継続企業だからです。もし，K商事が大航海時代のように，大型帆船やそのための船員を雇い，アジアの諸国で香辛料を購入して，それらをヨーロッパで売却して事業を終了するビジネスの形態をとれば，事業終了時に残った現金から最初に投入した現金を差し引けば，その事業の儲けが計算できます。しかし，現代の企業は継続企業が前提で，よほどのことがない限り，清算を前提に企業経営を行いません。したがって，その企業の経営状況を知るためには，人為的に期間を区切って，その年（会計年度）の儲けはいくらかという，期間損益という概念が重要となります。資本取引を除けば，企業に収入があれば，いつかの会計期間の収益になるし，企業が支出をすれば，いつかの会計期間の費用となりなります。しかし，適正な期間損益を計算するためには，特定の収益や費用がどの会計期間に属するかということが重要になります。言葉を変えれば，もし，企業に会計期間が存在しなければ，あるいは，企業の設立から解散の時までを，一つの会計期間とするならば，企業の利益は現金の収支残額と必ず一致します。会計とは，収入及び支出の，適正な期間帰属を決定する手続きなのです。

水戸：分かりやすいご説明ですね。法律家は，継続企業ということをあまり深く考えていない気がします。それは，会社を設立すれば，つぶれない限り，継続していくことが当たり前のことと受け止めているからでしょうね。しかし，会計からすれば，継続企業の前提があるからこそ，時間を人為的に区切って会計を行う必要があるとともに，その人為的に区切った不都合を修正するための様々なルールがあるのですね。

山田：はい。そして，期間帰属を決定するメルクマールとなるのが「経済的事実の発生」という概念ですが，残念ながら，この「発生」という概念は，非常に抽象的ですので，実際の取引を見ながら身につけた方が早いでしょう。

水戸：これは大事なポイントですね。会計の知識がない人から言えば，会計とは現金の動きを捉えることだと思っていました。継続企業を前提としなければ，おこづかい帳だけあれば済むわけですね。

○ 売上の認識は実現主義

山田：そうなんです。それでは，次に取引No.9の商品の販売についてみていきましょう。先ほど，Kさんが言われたように，この取引において入金があったのは，B社への現金売上である10,500千円だけです。しかし，現代の企業会計においては，売上の認識に関して，「実現主義」という考えを採用しています。実現主義によれば，商品や製品の引渡しが取引の相手方にされ，この対価として現金のみならず，売掛金や受取手形等の現金等価物を取得した段階で収益を認識することになります。Kさん，この実現主義の考えに基づけば，当期の売上は，いくらになるでしょうか？

K：そうすると，C社への掛け売上である3,000千円も追加しなければなりませんね。

山田：その通りです。実現主義に基づけば，商品や製品の引渡しが取引の相手方にされ，現金だけではなく，現金等価物を取得した段階で売上を認識します。すると，当期の売上は13,500千円になります（現金売上10,500千円＋掛け売上3,000千円）が，それに見合う費用はいくらでしょうか？　先にヒントを言い

ますが，取引No.9で商品は全部で10個仕入れていますね。期末にはいくつの商品が在庫として残っているかを考えるといいと思います。

○ 費用収益対応の原則

K：仕入れた商品は全部で10個，そこからB社に7個販売し，C社に2個販売していますから，1個の商品が在庫として残っています。9個分の商品の仕入原価が当期の売上に見合う費用だと思いますので，4,500千円（500千円／個×9個）だと思います。

山田：その通りです。仕入れた全ての商品（10個）の購入対価を費用とするのではなく，販売された商品（9個）の購入対価のみを費用（売上原価）とする考え方は，「費用収益対応の原則」と言います（＜スライド3－8＞参照）。この原則は，収益と費用をできる限り因果関係に即して把握しようとするものです。企業とは，経済的犠牲と経済的成果によって利益を生み出す組織です。企業のある期間の利益を計算するためには，この経済的犠牲（費用）と経済的成果（収益）の因果関係に即して計算する必要があります。さらに，この費用と収益の対応関係には，「個別対応」と「期間対応」の2つのものに分類できます。「個別対応」とは，商品の売上原価の計算のように，収益と費用の対応関

3-8 ＜売上原価の計算＞

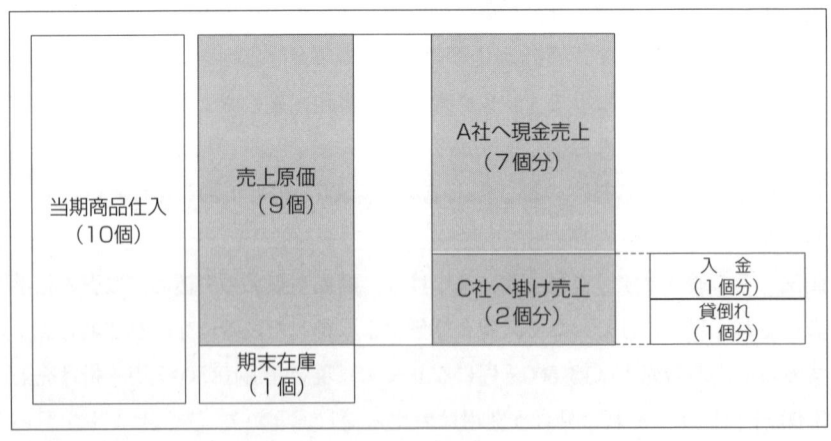

当期商品仕入 （10個）	売上原価 （9個）	A社へ現金売上 （7個分）	
		C社へ掛け売上 （2個分）	入　金 （1個分） 貸倒れ （1個分）
	期末在庫 （1個）		

係が商品や製品を媒介として直接認識できるものです。また,「期間対応」とは,収益と費用の対応関係が直接認識できないものの,事業年度という会計期間を媒介として間接的に認識する対応関係を言います。例えば,取引No.3のように,当期に支払った家賃は,どの売上を獲得するのに個別的に貢献したかという説明は困難ですが,当期の収益全体を獲得するために間接的に貢献したとして,当期の費用として認識するのです。先ほどの車両の減価償却の例も,期間を媒介として費用収益対応の原則に基づき費用化されるものです。

○ 貸倒損失に関する考え方

水戸:期間損益を計算するために,売上は実現主義で,費用は費用収益対応の原則で,ということだと思いますが,それでは取引No.10は,どのように考えればいいのでしょうか？

山田:この取引によって,K商事にはC社より1,500千円の現金が入金されますが,取引No.9の段階において,実現主義に基づきすでにC社への売上が3,000千円認識されていますので,その後入金があっても追加の収益を認識しません。しかし,反対に半額の1,500千円が貸し倒れたということですので,貸倒損失という新たな費用(損失)を認識しなければいけません。貸倒損失のような損失をいつ認識するかというのも,広い意味で期間を媒介とした費用収益対応の原則の範疇に入ると言えますので,損失の事実が発生した時の費用となります。

K:結局のところ,取引No.10は1,500千円の入金があったにもかかわらず,1,500千円の費用(損失)を計上することになるわけですね。

山田:その通りです。

水戸:通常は商品を引き渡す前に契約が成立しますよね。「実現主義」に従うと,出荷した段階で収益を認識しますよね。もちろん,その段階では代金の入金はされていませんよね。どうして会計は出荷した段階で収益を認識するのでしょうか？ 言い換えますと,どうして検収のタイミングじゃないんですかね？ 検収じゃないと未履行になる可能性があるではないですか？

3-9　＜収益の認識基準＞

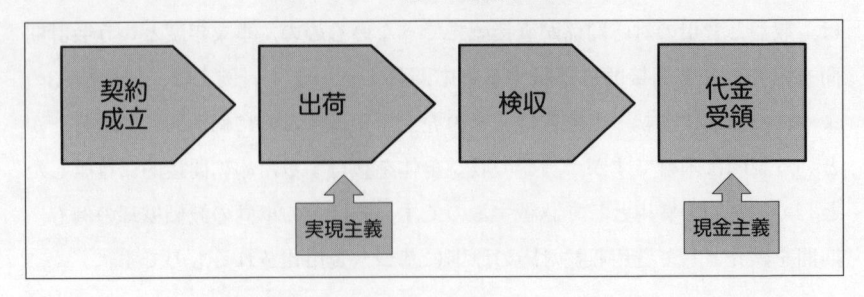

```
契約成立 → 出荷 → 検収 → 代金受領
              ↑              ↑
            実現主義        現金主義
```

山田：商品の販売の流れを示すと，＜スライド3-9＞のように図示できますが，会計の世界では，出荷したのに入金がないというのは例外的なケースと考えています。資本主義社会においては，経済的に最も重要な行為というのは，契約が成立し，（引き渡すべき商品があり）商品を渡すことと考えられてきたためです。しかし，水戸先生が指摘されるような問題点は，ＩＦＲＳ（国際会計基準）でも重視され，収益を「検収」の段階で認識すべきであるという議論がされています。出荷しても相手方が本当にその商品の受取りを認めるとは限らないためです。したがって，今後，日本でも収益認識に関する考え方が変わるかもしれません。

Ｋ：意外と，水戸先生は先見性がありますね。

水戸：失礼だろ！（苦笑）。

山田：最後に取引No.12ですが，このように本業でない収入を営業外収入と言いますが，D社から配当金を受領した段階で収益を計上します。ところで，Ｋさん，この取引例にわざわざ取引No.12を入れた理由が分かりますか？

Ｋ：配当と言えば，先日習った受取配当益金不算入が関係しているからですか？

山田：その通りです。しかし，その説明は後に譲りましょう。

○ 損益計算書を作ってみる

山田：＜K商事の設立初年度の取引一覧Ⅱ＞を見てください。現金の動きに，資本取引の排除に，実現主義，費用収益対応の原則による修正を加えると，会計上の儲けの金額を示す利益の金額（2,180千円）が計算されます。また，売

＜K商事の設立初年度の取引一覧Ⅱ＞

（単位：千円）

取引No.	取引の概要	現金収支	調整①	会　計（損益計算書）
1	資本金100,000千円で会社設立	100,000	(100,000)	0
2	車両購入（3,000千円，見積耐用年数5年）	(3,000)	2,400	(600)
3	家賃の支払い（100千円/月×12ヶ月）	(1,200)		(1,200)
4	給与の支払い（Kさん：200千円/月×12月，A子さん：100千円/月×12ヶ月）	(3,600)		(3,600)
5	賞与の支払い（Kさん200千円，A子さん100千円）	(300)		(300)
6	交際費の支払い（年間500千円）	(500)		(500)
7	寄附金の支払い（年間120千円）	(120)		(120)
8	商品の購入（500千円/個×10個）	(5,000)	500	(4,500)
9	商品の販売（B社への現金売上：1,500千円×7個＝10,500千円，C社への掛け売上：1,500千円×2個＝3,000千円）	10,500	3,000	13,500
10	C社に対する売掛金のうち，半額が入金，半額が貸倒れ	1,500	(3,000)	(1,500)
11	D社株式を購入（50,000千円）	(50,000)	50,000	0
12	D社から配当金を受領（1,000千円）	1,000		1,000
	合計	49,280	(47,100)	2,180

損益計算書のイメージ

売　上　高	13,500
売 上 原 価	(4,500)
販売費及び一般管理費	(6,320)
受取配当金	1,000
貸 倒 損 失	(1,500)
税引前利益	2,180

上高から売上原価を控除し，さらに，販売費及び一般管理費を控除し，営業外収入（受取配当金）を加えて，最後に貸倒損失を控除するという形式にすると「損益計算書」ができあがります。

K：(爪の先でカチカチと電卓を叩きながら）山田先生，販売費及び一般管理費の6,320千円には，何が含まれますか？　私の計算だと，家賃1,200千円，給与3,600千円，賞与300千円，交際費500千円，寄附金120千円の5,720千円となるのですが？

山田：Kさん，会計の勉強をするのに実際に電卓を叩くのはいい習慣です。ただし，爪はもう少し短くした方がいいと思いますが……ヒントを言えば，差額はいくらになっていますか？

K：600千円です。

山田：600千円という数字に何かを思い出しませんか？

K：車両の減価償却費です。

山田：正解はそうですが，復習も込めて，どうして当期の費用が，3,000千円ではなく，600千円となるのでしょうか？

K：えーと，この車両は，間接的ではありますが，5年間で，収益を獲得することに貢献するので，費用収益対応の原則により，当期の費用は1年分の600千円となります。

山田：よくできました。しかし，繰り返しになりますが，今までやったところは，法人税を勉強する前に知っておかなければいけない会計の勉強でした。さあ，いよいよ法人税の勉強に入りましょう。

水戸：ありがとうございました。しかし，何だか棘のある言い方ですね……

山田：すみません。しかし，会計の理解なくして，法人税の勉強はできませんから……，Kさん，この話はよく復習しておいてください。

K：はい。本当にありがとうございました（深々と）。

2．法人税法22条の意味

山田：さあ，これから本格的に法人税法の学習に入りましょう。いきなりですが，また法人税法22条（修正版）（＜スライド3－5＞）を見てみましょう。Kさんまた，読んでいただけますか？

K：はい。（声を出して読む）

山田：会計を学習した後で，22条を読んでみると，どうでしょうか？

K：下線が引いてある「別段の定めのあるもの」を除き，22条は会計の損益計算書の体系を説明しています。

山田：そうですね。それでは，復習も兼ねて実現主義や費用収益対応の原則と絡めて2項及び3項の内容を説明できますか？

K：はい。第2項は，益金は基本的には収益の額であり，資産の販売，資産の譲渡，役務の提供となっていますから，実現主義が前提にあると思います。また，第3項は，損金は基本的には費用及び損失の額であり，1号は当期の収益に係る売上原価や完成工事原価のことを言っていますので，費用収益対応の原則のうちの個別対応が前提となっており，2号は販売費及び一般管理費，3号は損失で，いずれも費用収益対応の原則のうちの期間対応が前提になっています。

山田：よくできました。

K：あのう，この22条の「……」となっている部分は無視してもよいのでしょうか？　法律家としては，とても気になるのですが。

山田：それはそうですよね。しかし，今の段階では，その「……」の部分は無いものとして，22条の体系を理解してください。ここは，ひとつ私を信じてついてきてください。

K：分かりました。

○ 法人税法の学習は「別段の定め」を学習すること

山田：「……」の箇所を無いものという前提で，「別段の定め」を除けば，法人税法の課税所得の計算と会計の期間損益の計算は一致します。換言すれば，法人税法の学習とは，この「別段の定め」を学習することになります。22条2項に関係して，ある取引が別段の定めに該当する場合とは，①会計上は収益なのに法人税法上は益金ではない場合か，反対に②会計上は収益でないのに法人税法上は益金になる場合です。例えば，以前説明しました受取配当がこの①の例に当てはまります。他社から配当を受け取った場合，会計上は収益（営業外収益）ですが，別段の定め，すなわち，法人税法23条の規定によって益金不算入となります。Kさん，益金不算入とは，収益として会計上利益を増加させるものなのに課税所得を構成しないので，納税者にとって非常に有利な計らいだと思いますが，どうして法人税法はこんな有利な計らいを認めてくれているのでしょうか？　以前に説明したと思いますが……。

K：えーと，二重課税を回避するためです。

山田：その通りです。配当を払う他の法人では，既に法人税が課された後の税引き後の金額を配当として支払うからです。二重課税という用語は税務を勉強する上でポイントになりますから忘れないでください。

K：はい。

○ 決算調整と確定決算主義

山田：収益と益金，費用と損金は共通するものが多いものの，（主として）別段の定めがあるため，必ずしも一致はしません。会計では，発生主義，実現主義，費用収益対応の原則に基づいて，収益及び費用の金額が計算されますが，法人税法では，課税の公平性，適正な税負担の調整や産業政策上の配慮等により，様々な調整が必要となるからです。課税所得の金額を計算するためには，会計上の収益・費用から税務上の益金・損金に調整していく調整作業が必要となります。この調整作業は「税務調整」と呼ばれ，「決算調整」と「申告

調整」に分けられますが，まず「決算調整」から説明しましょう。
「決算調整」とは，損金経理要件とも言われ，会社法上の確定決算において費用（あるいは，損失）として処理しない場合には，課税所得金額の計算においても損金として認めないとする項目です。具体的な項目としては，減価償却費の計上，繰延資産の償却，未払費用の計上，貸倒引当金の繰入，交換による圧縮記帳等があります。減価償却のケースを例にとると，法人税法においては，課税の公平性の観点から，固定資産の種類ごとに各年の減価償却ができる限度額を定めていますが，損金となる金額は，会社の決算（会計）において費用計上した金額までとされています。例えば，法人税法上で定められた減価償却の限度額が100であっても，会社の決算において70しか費用計上しない場合には，損金に計上できる金額は70となります。この「損金経理」の規定により，経営者は，税金を払わないか，あるいは，会計上の利益を計上するのかの二者択一の選択を強いられることになるのです。

水戸：それは事実上，税務が会計に影響を与えることになりますね。

○ 逆基準現象

山田：その通りです。法人税法74条1項が，「確定した決算に基づき，申告書を提出しなければならない」と規定し（確定決算主義），また，今説明しましたように，減価償却等の一部の費用項目の損金となる条件として，会計上も費用処理していることを要請していること（損金経理），さらに，税法の基準や通達等が会計より詳細で具体的な規定を有しているということにより，日本においては，法人税法の規定が実質的に会計の慣行に影響を及ぼすという，いわゆる逆基準現象が生じていると言われています。

水戸：法人税法22条4項は，法人所得計算の基礎となる収益・費用の金額は，「一般に公正妥当と認められる会計処理の基準」に従って計算されると定め，また，会社法431条は，「株式会社の会計は，一般に公正妥当と認められる企業会計の慣行に従うものとする」と定めていることを考えると，条文上は「企業会計の慣行→会社法の会計規定→法人税法の所得計算」という流れになってい

ますが，実務においては逆の流れになっているわけですね。

山田：その通りです。

水戸：何か変ですね。確定決算主義や費用の損金経理要件は，外国の法人税法でも採用されているのでしょうか？

山田：例えば，アメリカの法人税法ではこの規定がありません。アメリカでは，会計は単独で会計上の利益を計算し，税務は単独で課税所得の計算をするという規定になっています。ただし，確定決算主義は日本の独特な制度ではなく，ヨーロッパの多くの国でも確定決算主義を採用しています。一般論として，アメリカの経営者は，会計上は目一杯の利益を出した上で，別途タックス・プランニングをしっかりして税金を払わないようにするという傾向が強いと思います。

水戸：日本企業の利益率がアメリカの企業より低いのは，そういうことも影響しているかもしれませんね。

山田：否定はできません。日本の法人税法が確定決算主義を採用する表向きの理由として，企業に計算の事務負担をなるべく少なくするためであると説明されていますが，真の理由は会計上の利益の金額を多く計上したいという経営者のモチベーションを利用して，課税所得を確保することを狙ったものと考えられます（＜スライド3－10＞参照）。

3－10 ＜監査人 vs 税務署＞

＜会計における"儲け"の計算＞ 　収益－費用＝利益	＜法人税における"儲け"の計算＞ 　益金－損金＝所得
＜経営者のモチベーション＞ 　収益↑－費用↓＝利益↑	＜経営者のモチベーション＞ 　益金↓－損金↑＝所得↓
＜監査人のチェック・ポイント＞ 　収益↓－費用↑＝利益↓	＜税務当局のチェック・ポイント＞ 　益金↑－損金↓＝所得↑

○ 国際会計基準と確定決算主義

水戸：日本が国際会計基準を導入すべきか否かで，この確定決算主義は問題になりませんか？

山田：日本が国際会計基準を導入するに当たって，解決すべき問題はたくさんありますが，個別財務諸表に対して国際会計基準を適用できない最大の障害は，この確定決算主義にあると思います。

水戸：前提としている会計が変わってしまうと，今の税法の体系を維持することができないということですよね。とすれば，国際会計基準の導入は難しいってことですね。

山田：そうですね。したがって，現在は法人税の課税所得の計算と関係のない連結財務諸表のみに国際会計基準を適用するという動きになりそうです。

○ 課税所得の計算と４つの申告調整のパターン

山田：最終的な法人税の課税所得の計算は，決算調整をしたか否かにかかわらず，法人税用の確定申告書において，会計上の利益の金額に加算（加えること），減算（差し引くこと）により計算します。この作業のことを「申告調整」と言いますが，申告調整する項目には，以下のように４つのパターンがありえます。

① 会計上は収益でないのに，税務上益金になるもの（加算）
② 会計上は収益であるのに，税務上益金にならないもの（減算）
③ 会計上は費用であるのに，税務上損金にならないもの（加算）
④ 会計上は費用でないのに，税務上損金になるもの（減算）

例えば，受取配当益金不算入は，上記②のパターンに分類されますが，実務で行われるほとんどの調整は，上記③のパターンに属するものです。この関係をまとめたものが**＜スライド３−11＞**になります。

水戸：実務で行われる調整のほとんどが③のパターンに属するということは，会計上の利益より，課税所得が大きくなる傾向にあるということですか？

山田：さすが，水戸先生，その通りです。

3-11 ＜会計上の利益と課税所得の関係＞

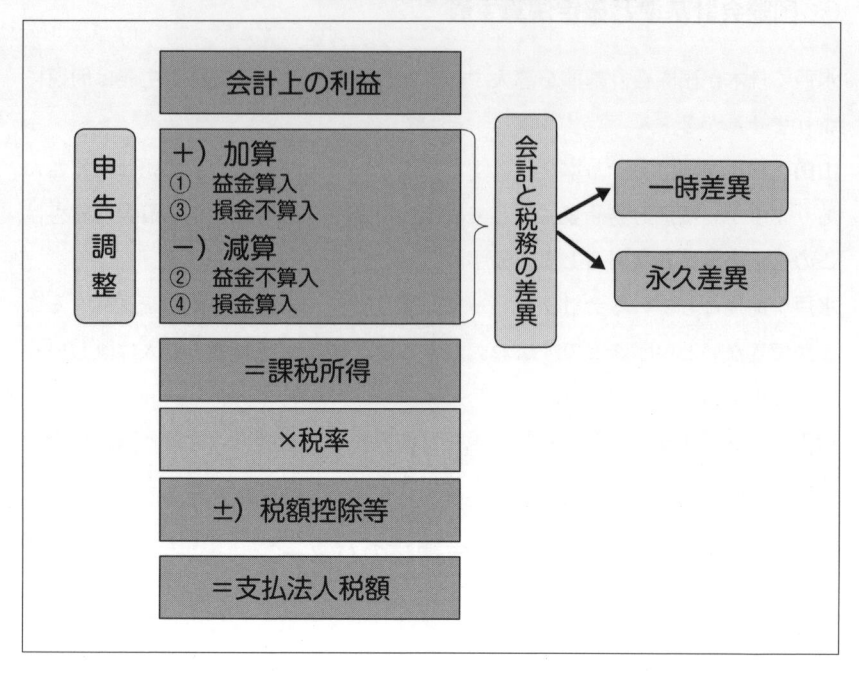

```
申告調整
  ＋）加算
   ① 益金算入
   ③ 損金不算入
  －）減算
   ② 益金不算入
   ④ 損金算入
```

会計上の利益

会計と税務の差異 → 一時差異／永久差異

＝課税所得
×税率
±）税額控除等
＝支払法人税額

水戸：ありがとうございます。日本の税務当局は厳しいのですね。

○ 課税所得の計算

山田：＜K商事の設立初年度の取引一覧Ⅲ＞の調整②の欄を見てください。この調整②は，会計上の利益計算から課税所得の計算のために調整項目を示しています。具体的には，加算項目として，役員賞与の損金不算入，交際費の損金不算入，寄附金の損金不算入，減価償却の損金不算入，貸倒損失の損金不算入の5つを，また減算項目として，受取配当の益金不算入を示しています。これらの項目は実務においてよく出てくる調整項目です。このように，法人税の課税所得（3,530千円）は，会計上の利益（2,180千円）に，別段の定めによって規定される，加算項目（5つの調整の合計で2,350千円）を足し，同様な減算項目（1,000千円）を引くことによって計算されます。調整すべきそれぞれの

第3章 法人税法

＜K商事の設立初年度の取引一覧Ⅲ＞

(単位：千円)

取引No.	取引の概要	現金収支	調整①	会計(損益計算書)	調整②	法人税法(課税所得)
1	資本金100,000千円で会社設立	100,000	(100,000)	0		0
2	車両購入（3,000千円，見積耐用年数5年）	(3,000)	2,400	(600)	100	(500)
3	家賃の支払い（100千円/月×12ヶ月）	(1,200)		(1,200)		(1,200)
4	給与の支払い（Kさん：200千円/月×12月，A子さん：100千円/月×12ヶ月）	(3,600)		(3,600)		(3,600)
5	賞与の支払い（Kさん200千円，A子さん100千円）	(300)		(300)	200	(100)
6	交際費の支払い（年間500千円）	(500)		(500)	450	(50)
7	寄附金の支払い（年間120千円）	(120)		(120)	100	(20)
8	商品の購入（500千円/個×10個）	(5,000)	500	(4,500)		(4,500)
9	商品の販売（B社への現金売上：1,500千円×7個＝10,500千円，C社への掛け売上：1,500千円×2個＝3,000千円）	10,500	3,000	13,500		13,500
10	C社に対する売掛金のうち，半額が入金，半額が貸倒れ	1,500	(3,000)	(1,500)	1,500	0
11	D社株式を購入（50,000千円）	(50,000)	50,000	0		0
12	D社から配当金を受領（1,000千円）	1,000		1,000	(1,000)	0
	合計	49,280	(47,100)	2,180	1,350	3,530

税務申告書のイメージ

税引前利益	2,180
加算：	
役員賞与損金不算入	200
交際費損金不算入	450
寄付金損金不算入	100
減価償却費損金不算入	100
貸倒損失損金不算入	1,500
小　計	2,350
減算：	
受取配当益金不算入	(1,000)
課税所得	3,530

中身はさておいて，法人税の課税所得は，会計上の利益に，別段の定めによって規定される，加算項目を足し，減算項目を引くことによって計算されるという大まかな流れは理解してください。

K：了解しました。ところで，この設例ですと，大体どれくらいの法人税を払

わなければいけないのでしょうか？

山田：この会社は資本金が1億円ですから，法人税法上，中小法人ということになりますので年800万円の所得までは税率が15％，それを超える所得に対しては25.5％の税率が適用されます。

K：ということは，3,530,000×15％で529,500円ということですか？　案外安いですね。

山田：試験範囲には含まれていませんが，法人の所得には国税である法人税だけではなく，地方税である住民税や事業税等も課されますので，そんなに安くはありません。法人の所在地等によって地方税の税率が異なりますが，東京都を前提とすれば，地方税も含めた法人が結果的に負担する実効税率は35.64％ぐらいになります。

水戸：我々は，法人税の所得に対して3分の1強は，税金でもっていかれるとイメージしておけばいいですね？

山田：そうですね。ちなみに平成23年までは，日本の法人に対する実効税率は40％を超えており，米国と同水準で世界最高値でした。

水戸：日本政府も，この法人に対する実効税率の高さが日本の産業の空洞化につながると，税制改正をしたんですよね？

山田：そうです。しかし，これでも日本の法人に対する実効税率はまだまだ高い水準にあると言わざるをえません。

K：それではまだまだ下がる予定ですか？　私が起業する頃にはなくなればいいのに！

山田：そこまでにはならないでしょう。

3．5日目のまとめ

山田：Kさん，まずは今日やった会計入門講座をまとめてみてください。この一連の取引におけるキーワードは分かりますか？

K：「発生主義」，「実現主義」，「費用収益対応の原則」……で合っています

か？

山田：その通りです。じゃあそれを詳しく説明してみてください。

K：会計とは，適正な期間損益を計算するために，事実の発生に基づいて現金の動きを修正する手続きであり（「発生主義」），収益は「実現主義」に基づき，商品や製品の引渡しが取引の相手方にされ，この対価として現金のみならず売掛金や受取手形等の現金等価物を取得した段階で収益を認識し，この収益に対応する費用は，「費用収益対応の原則」に基づき，商品・製品の売上原価は「個別対応」によって，また，販売費やその他の管理費や損失は，期間を媒介とした「期間対応」によって認識することになります。

山田：法人税法の学習のポイントは何かな？

K：法人税法22条の「別段の定め」を学習することです。

山田：そう。では，23条の「益金不算入」のポイントは？

K：二重課税の回避です。

山田：その通りです。「二重課税」という用語は税務を勉強する上でポイントとなるのでしっかりと覚えておいてください。

山田：最後に，課税所得の計算と申告調整について説明してみてください。

K：① 会計上は収益でないのに，税務上益金になるもの（加算）
　② 会計上は収益であるのに，税務上益金にならないもの（減算）
　③ 会計上は費用であるのに，税務上損金にならないもの（加算）
　④ 会計上は費用でないのに，税務上損金になるもの（減算）

山田：もうちょっとスラスラ言えるように頑張りましょう。

K：はい！

水戸：大丈夫かなぁ。

—5日目終了—

第6日目

1．受取配当益金不算入に関する過去問
（平成24年　第1問　問題2）

山田：それでは，実務でよく出てくる代表的な6つの調整項目を説明していこうと思います。まずは減算項目からですが，その代表例が受取配当益金不算入です。受取配当益金不算入の制度の趣旨は二重課税の排除ということは何度も説明してきました。せっかくですから，平成24年第1問問題2（問③）を解きながら解説しましょう。Kさん，受取配当に関する条文は何条ですか？

3-12　＜平成24年　租税法　第1問　問題2＞

> 次の事案について，以下の問いに答えなさい。
> 　X社は，Y株式会社（以下「Y社」という。）の発行済株式総数の90%を平成20事業年度から保有している。X社，Y社とも暦年を事業年度とする内国法人である。
> 　平成23年4月に，X社は，Y社から配当100万円を受け取った。
> （問い）　以下の税務処理に関する各記述のうち，正しい場合には○，誤っている場合には×を，解答欄の○×欄に記入しなさい。また，当該各記述に係る税務処理が正しい場合はその処理の根拠条文，誤っている場合は正しい税務処理及び根拠条文を，解答欄の「記述欄」に記入しなさい。なお，同族会社の行為計算否認規定の適用はないものとする。
> 　③　X社の平成23事業年度の所得の金額の計算上，X社がY社から受け取った配当の50%が益金不算入とされる。

K：（法規集をめくりながら）23条です。

山田：それでは，23条を見ながら，問題文を読んでみましょう（条文は＜スライド3－13＞に掲載）。

K：（＜スライド3－12＞の問題文を読む）

3－13 ＜法人税法23条（抄）と23条の2（抄）＞

（受取配当等の益金不算入）

第23条　内国法人が次に掲げる金額を受けるときは，その配当等の額（完全子法人株式等及び関係法人株式等のいずれにも該当しない株式等に係る配当等の額にあっては，当該配当等の額の100分の50に相当する金額）は，その内国法人の各事業年度の所得の金額の計算上，益金の額に算入しない。
　①　剰余金の配当若しくは利益の配当又は剰余金の分配の額
　②　中間配当に規定する金銭の分配の額
　③　公社債投資信託以外の証券投資信託の収益の分配の額のうち，内国法人から受ける第1号に掲げる金額から成るものとして政令で定めるところにより計算した金額
6　第1項に規定する関係法人株式等とは，内国法人が他の内国法人の発行済株式又は出資の総数又は総額の100分の25以上に相当する数又は金額の株式又は出資を有する場合として政令で定める場合における当該他の内国法人の株式又は出資をいう。

（外国子会社から受ける配当等の益金不算入）

第23条の2　内国法人が外国子会社（当該内国法人が保有しているその株式又は出資の数又は金額がその発行済株式又は出資の総数又は総額の100分の25以上に相当する数又は金額となっていることその他の政令で定める要件を備えている外国法人をいう。）から受ける前条第1項第1号に掲げる金額がある場合には，当該剰余金の配当等の額から当該剰余金の配当等の額に係る費用の額に相当するものとして政令で定めるところにより計算した金額を控除した金額は，その内国法人の各事業年度の所得の金額の計算上，益金の額に算入しない。

山田：この問題のポイントは，X社がY社に対する保有比率です。それを踏まえて考えてみましょう。

K：X社はY社を90％保有しています。したがって，1項に出てくる関係法人株式等に該当します。その場合には，受取配当の全額が益金不算入になります。

山田：繰り返しになりますが，さすがに弁護士の先生ですね。条文の読み方には慣れていますね。

K：はい！（満面の笑み）当然ですよ。

水戸：出たっ，上から目線。

山田：この23条の条文の書き方は少し複雑で，受取配当金は原則的に全額益金不算入だと規定していますが，括弧書きで，完全子法人や関係法人株式等に該当しない場合には，配当金の半分だけを益金不算入にするとされています。また，関係法人株式の定義は，第6項で25％以上の保有比率となっています。

水戸：要するに，25％以上の保有比率の場合は全額が，それ未満の保有比率の場合は半額のみが益金不算入になるということですね？

山田：その通りです。

水戸：このように保有比率によって，益金不算入の割合を変化させる趣旨は何でしょうか？

山田：保有比率が高い場合には，出資先法人で行っているビジネスが明確に分かり，二重課税が生じていることがより明確になるからではないでしょうか。

水戸：しかし，配当金は税引後の利益から拠出されるものですから，保有比率が低いと言っても，二重課税は二重課税ですよね？

山田：税法というのは，形式的にある程度の理念を守ろうとしますが，本音のところでは，税収確保ということが随所に見られるものです。

水戸：税法にそういう考えがあるというのは，想像がつきますね。

山田：あと，この問題では，実はY社が内国法人というのもポイントになります。もし，Y社が外国法人でも，同様に益金不算入の取扱いを受ける可能性があるのですが，その場合の条件は，23条の2に規定されています。23条も23条の2も配当金の益金不算入の規定ですが，そのもともとの趣旨は違います。23

条の場合は，国内のビジネスにおける二重課税は回避しなければいけないという理念の下に創設されていますが，23条の2が想定する海外で行ったビジネスに対する二重課税（外国と日本の二重課税）は，本来的には回避しなくてもいいものですが，国際的なビジネスの展開に妨げになるということで，政策的に設けられたものです。なお，23条の2が対象としている国際的な二重課税は，外国税額控除制度によって対処してきましたが，平成22年より益金不算入制度に変更されました。

水戸：おっと，それは重要ですね。そこのところ，もう少し詳しく伺いたいですね。

山田：この説明をやり始めると，せっかく法人税法の体系を理解しようしているのに，横道に外れることになりますから，今は止めておきましょう。ここでは，23条の2，すなわち，外国子会社配当益金不算入制度は，23条とは元々の趣旨が異なるものであり，配当が益金不算入となる外国子会社とは，持株割合が25％以上で，かつ，保有期間が6ヶ月以上の外国法人で，益金不算入額となる金額は，配当等の額から5％に相当する金額を控除した金額，すなわち，95％であると理解してください。

水戸：分かりました。とにかく外国子会社からの配当は，95％が益金不算入になると覚えておけばいいですね。

山田：そうです。

2．代表的な加算項目―役員給与の損金不算入

山田：それでは，代表的な加算項目を説明していこうと思います。まずは，役員給与の損金不算入から説明していきます。関連する条文は34条です（条文は＜スライド3－14＞に掲載）。役員給与は，役員の職務の執行の対価として支払われる費用ですので，基本的には事業経費として損金の額に算入されるべきものですが，使用人の場合と比較して，役員の場合は給与の額を自由に決定することが可能です。したがって，役員給与が不相当に高額である場合には，そ

3−14 ＜法人税法34条（抄）＞

（役員給与の損金不算入）
第34条　内国法人がその役員に対して支給する給与のうち（使用人としての職務を有する役員に対して支給する当該職務に対するものを除く。），次に掲げる給与のいずれにも該当しないものの額は，その内国法人の各事業年度の所得の金額の計算上，損金の額に算入しない。
① 　その支給時期が一月以下の一定の期間ごとである給与
② 　その役員の職務につき所定の時期に確定額を支給する旨の定めに基づいて支給する給与
③ 　同族会社に該当しない内国法人がその業務執行役員に対して支給する利益連動給与で次に掲げる要件を満たすもの
　イ　その算定方法が，当該事業年度の利益に関する指標を基礎とした客観的なもの
　　(1)　確定額を限度としているものであり，かつ，他の業務執行役員に対して支給する利益連動給与に係る算定方法と同様のものであること。
　　(2)　政令で定める日までに，報酬委員会が決定をしていることその他これに準ずる適正な手続として政令で定める手続を経ていること。
　　(3)　その内容が，有価証券報告書に記載されていることその他財務省令で定める方法により開示されていること。
　ロ　その他政令で定める要件
2　内国法人がその役員に対して支給する給与の額のうち不相当に高額な部分の金額として政令で定める金額は，損金の額に算入しない。
3　内国法人が，事実を隠ぺいし，又は仮装して経理をすることによりその役員に対して支給する給与の額は，損金の額に算入しない。
4　前3項に規定する給与には，債務の免除による利益その他の経済的な利益を含むものとする。
5　第1項に規定する使用人としての職務を有する役員とは，役員（社長，理事長その他政令で定めるものを除く。）のうち，部長，課長その他法人の使用人としての職制上の地位を有し，かつ，常時使用人としての職務に従事するものをいう。

の不相当に高額である部分の金額は損金の額に算入しないこととしています。また，平成18年改正前は，定期の給与か臨時の給与かという支給の形態によって損金算入の可否を区別していましたが，改正後は，役員給与が，その職務執行前にあらかじめ支給時期及び支給額が定められていたものに基づくものであるか否かによって損金算入の可否を区別することとされました。具体的には，①定期同額給与，②事前確定届出給与及び③利益連動給与の3形態が，職務執行前にあらかじめ支給時期・支給額が定められている支給形態として認められています。これらのいずれにも該当しない場合は，損金の額に算入しないとされています。K商事の場合，社長であるKさんに払われる賞与が，上記3形態として認められず，全額損金の額に算入されず加算されます（＜スライド3－15＞参照）。

水戸：この立法趣旨は，いわゆる会社法で言う役員報酬の「お手盛り防止」と同じですかね？

山田：そうですね。ただし，注意すべきは，平成18年改正前までは，役員賞与というものは全て損金不算入だったのですが，改正後には上記3形態になると認められれば，役員賞与も損金として認められるということです。

K：確認ですが，従業員へ払う賞与は何の制限もなく損金になりますよね？

水戸：そうだよ。だから，さっきの例で言うと，自分の賞与を減らして，もっと友達のA子さんの賞与を増やした方が会社のためだよ。

3－15 ＜役員給与課税のまとめ＞

損金算入が認められる役員給与
(1) 定期同額給与 　　一定の期間ごとに定額の支給 (2) 事前確定届出給与 　　所轄税務署長にあらかじめ届ける (3) 利益連動給与 　　報酬委員会等が決定，有価証券報告書等で開示する等の条件あり

山田：その通りです（笑）。

K：……。

3．代表的な加算項目—交際費の損金不算入

山田：次に交際費の損金不算入について説明します。関連する条文は，租税特別措置法61条の4です（条文は＜スライド3－16＞に掲載）。

3－16　＜租税特別措置法61条の4（抄）＞

（交際費等の損金不算入）

第61条の4　法人が平成18年4月1日から平成26年3月31日までの間に開始する各事業年度において支出する交際費等の額については，当該事業年度の所得の金額の計算上，損金の額に算入しない。
① 当該交際費等の額のうち600万円に当該事業年度の月数を乗じてこれを12で除して計算した金額（次号において「定額控除限度額」という。）に達するまでの金額の100分の10に相当する金額
② 当該交際費等の額が定額控除限度額を超える場合におけるその超える部分の金額

3　第1項に規定する交際費等とは，交際費，接待費，機密費その他の費用で，法人が，その得意先，仕入先その他事業に関係のある者等に対する接待，供応，慰安，贈答その他これらに類する行為のために支出するもの（次に掲げる費用のいずれかに該当するものを除く。）をいう。
① 専ら従業員の慰安のために行われる運動会，演芸会，旅行等のために通常要する費用
② 飲食その他これに類する行為のために要する費用（専ら当該法人の役員若しくは従業員又はこれらの親族に対する接待等のために支出するものを除く。）であつて，その支出する金額を基礎として政令で定めるところにより計算した金額が政令で定める金額以下の費用
③ 前2号に掲げる費用のほか政令で定める費用

水戸：交際費の損金不算入は有名ですよね。

山田：法人が支出する交際費等については，原則としてその全額が損金不算入とされます。ただし，資本金が1億円以下の法人については，定額控除限度額（6,000千円）以下の金額の10％と定額控除限度額を超える金額の100％の合計額が損金不算入となります。K商事の場合，資本金がちょうど1億円で，年間の交際費が500千円ですから，損金不算入額は45万円となります（500千円－500千円×10％）。なお，平成25年4月1日以後に開始する事業年度においては，定額控除限度額が8,000千円となりましたので，全額損金算入となります（＜スライド3－17＞参照）。

水戸：どうして交際費の損金不算入制度ってあるの？　どうも納得できないんだけど……。

山田：交際費であっても，事業遂行上必要な費用と考えられますから，会計上は費用として認識されており，基本的には税法上も本来は損金性を有するものと考えられています。

水戸：その通りですよ。我々も交際費を使って新規の顧客を獲得しています。どうして法人税法は交際費の損金算入を認めていないのですか？

山田：交際費損金不算入制度が設けられたのは，昭和29年度の税制改正によるものですが，その立法趣旨は，交際費の相当部分は営業上の必要に基づくものであると認めつつも，役員及び従業員の私的関係者に会社の経費で接待をするとか，事業関係者に対しても事業上の必要を超えた接待をする傾向があり，企業の資本蓄積が阻害されると説明されています。

水戸：交際費を使うことが企業の資本蓄積を阻害する？　それは全く納得できない理由ですね。

山田：ええ，ですから，代表的な調整項目なのに，交際費課税は法人税法ではなく，租税特別措置法に時限立法として規定されています。

K：こんな有名な制度が，法人税法本法ではなくて，時限立法なんですね。

山田：税務当局も苦しいところなんでしょうね。

水戸：ところで，Kさん，設立初年度から500千円の交際費とは，高級レスト

3-17 ＜交際費課税のまとめ＞

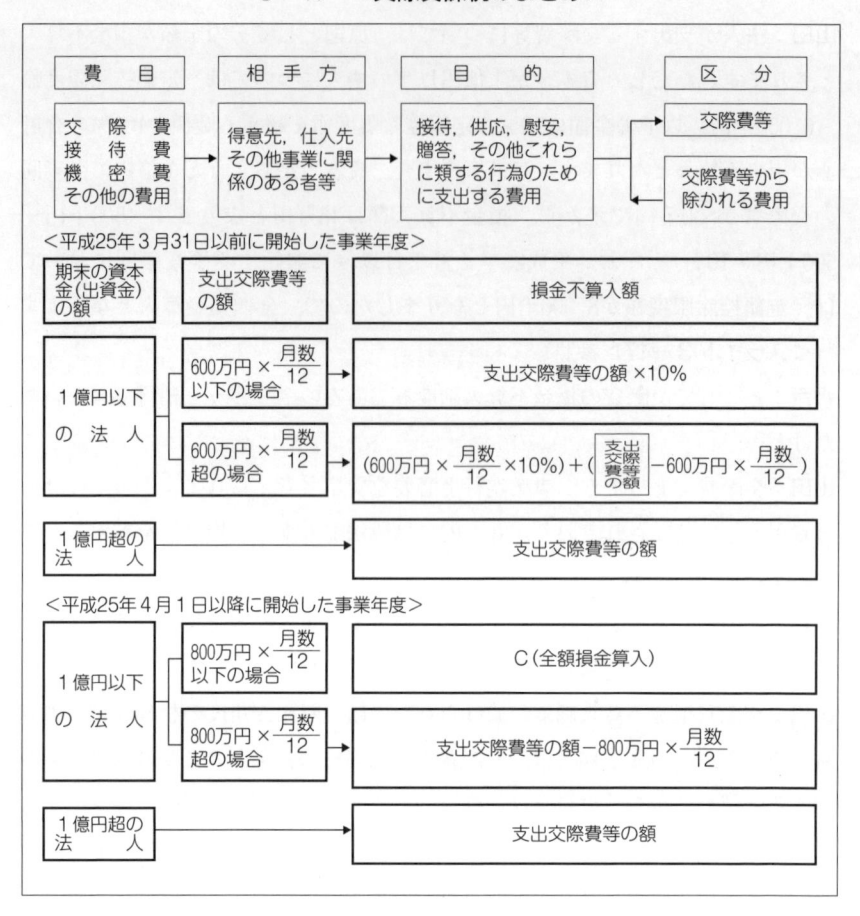

費目	相手方	目的	区分
交際費 接待費 機密費 その他の費用	得意先，仕入先その他事業に関係のある者等	接待，供応，慰安，贈答，その他これらに類する行為のために支出する費用	交際費等 交際費等から除かれる費用

＜平成25年3月31日以前に開始した事業年度＞

期末の資本金(出資金)の額	支出交際費等の額	損金不算入額
1億円以下の法人	600万円 × $\frac{月数}{12}$ 以下の場合	支出交際費等の額 × 10%
	600万円 × $\frac{月数}{12}$ 超の場合	(600万円 × $\frac{月数}{12}$ × 10%) + (支出交際費等の額 − 600万円 × $\frac{月数}{12}$)
1億円超の法人		支出交際費等の額

＜平成25年4月1日以降に開始した事業年度＞

1億円以下の法人	800万円 × $\frac{月数}{12}$ 以下の場合	C（全額損金算入）
	800万円 × $\frac{月数}{12}$ 超の場合	支出交際費等の額 − 800万円 × $\frac{月数}{12}$
1億円超の法人		支出交際費等の額

ランに行き過ぎじゃない？

K：そんなこと，ないですよ。水戸先生こそ，いつも美味しいところにばかり行ってるじゃないですか。

水戸：私は安くて美味しい店に行ってるんだよ。

K：嘘だ。絶対高いところに決まっています。

山田：税負担を考えれば，500千円の交際費は1,000千円近い費用を使ったことと同じですからね。

4．代表的な加算項目―寄附金の損金不算入

山田：次に寄附金の損金不算入について説明します。関連する条文は37条です（条文は＜スライド３－18＞に掲載）。寄附とは，反対給付のない財産の出捐ですので，それは企業活動とは無縁のものとして損金の額に算入する必要はないと言えます。また，寄附金を損金の額に算入することで法人税が軽減される

３－18　＜法人税法37条（抄）＞

（寄附金の損金不算入）
第37条　内国法人が各事業年度において支出した寄附金の額の合計額のうち，その内国法人の当該事業年度終了の時の資本金等の額又は当該事業年度の所得の金額を基礎として政令で定めるところにより計算した金額を超える部分の金額は，当該内国法人の各事業年度の所得の金額の計算上，損金の額に算入しない。
２　内国法人が各事業年度において当該内国法人との間に完全支配関係がある他の内国法人に対して支出した寄附金の額は，当該内国法人の各事業年度の所得の金額の計算上，損金の額に算入しない。
７　前各項に規定する寄附金の額は，寄附金，拠出金，見舞金その他いずれの名義をもつてするかを問わず，内国法人が金銭その他の資産又は経済的な利益の贈与又は無償の供与（広告宣伝及び見本品の費用その他これらに類する費用並びに交際費，接待費及び福利厚生費とされるべきものを除く。次項において同じ。）をした場合における当該金銭の額若しくは金銭以外の資産のその贈与の時における価額又は当該経済的な利益のその供与の時における価額によるものとする。
８　内国法人が資産の譲渡又は経済的な利益の供与をした場合において，その譲渡又は供与の対価の額が当該資産のその譲渡の時における価額又は当該経済的な利益のその供与の時における価額に比して低いときは，当該対価の額と当該価額との差額のうち実質的に贈与又は無償の供与をしたと認められる金額は，前項の寄附金の額に含まれるものとする。

こととなれば，寄附金の一部を法人税の減少という形で国庫が負担することと同一の結果となってしまいます。そこで，寄附金のうち，もっぱら公益的な性格を帯びているものについては，無条件に損金の額に算入するが，その他の寄附金については，法人の資本規模及び各事業年度の所得金額を基礎として一定の限度額を設け，その範囲内で損金の額に算入させることとしたものです。

水戸：交際費の損金不算入の制度と比べて納得がいきますね。

山田：しかし，法人税法上の寄附金の定義は非常に広く，そのことが重要な論点になるのですが，それは後で説明することにしましょう。いずれにしても，ここではＫ商事には，簡便的に寄附金の控除が認められる限度額が20千円だとして，支払った寄附金のうち100千円（120千円－20千円）が損金不算入になったと考えておいてください（＜スライド３－19＞参照）。

3-19 ＜寄附金課税のまとめ＞

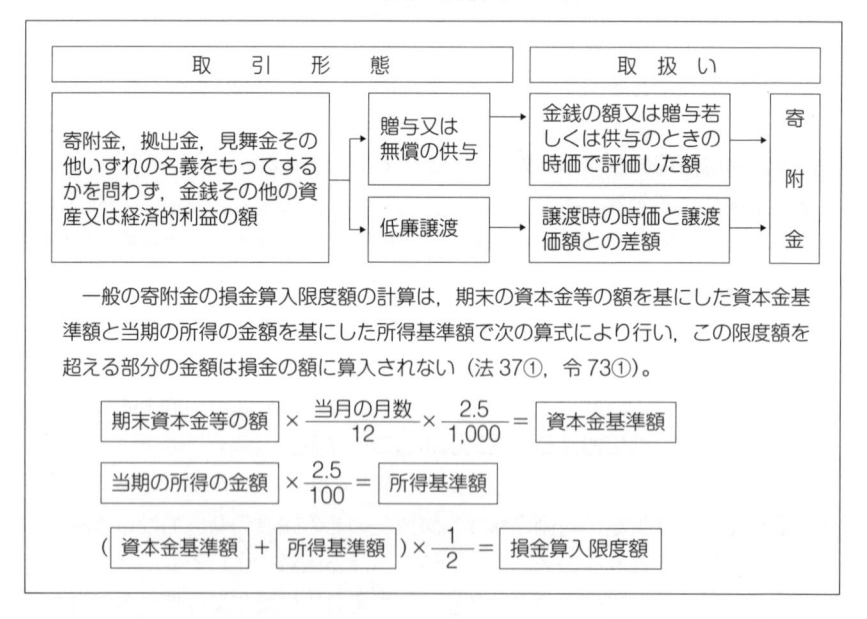

取引形態		取扱い	
寄附金，拠出金，見舞金その他いずれの名義をもってするかを問わず，金銭その他の資産又は経済的利益の額	贈与又は無償の供与	金銭の額又は贈与若しくは供与のときの時価で評価した額	寄附金
	低廉譲渡	譲渡時の時価と譲渡価額との差額	

一般の寄附金の損金算入限度額の計算は，期末の資本金等の額を基にした資本金基準額と当期の所得の金額を基にした所得基準額で次の算式により行い，この限度額を超える部分の金額は損金の額に算入されない（法37①，令73①）。

$$期末資本金等の額 \times \frac{当月の月数}{12} \times \frac{2.5}{1,000} = 資本金基準額$$

$$当期の所得の金額 \times \frac{2.5}{100} = 所得基準額$$

$$(資本金基準額 + 所得基準額) \times \frac{1}{2} = 損金算入限度額$$

5．代表的な加算項目—減価償却費の損金不算入

山田：次は減価償却費の損金不算入に関して説明します。企業会計原則によれば，有形固定資産に対する減価償却は，耐用期間に応じて，一定の償却方法によって計算され，また，無形固定資産についても，一定の償却方法によって償却することが定められています。しかし，企業会計原則上は，減価償却について，耐用年数や具体的な償却方法等については何も定めておらず，企業の合理的な判断に委せています。このように，減価償却は企業の自由な意思によってその額が決定できるので，損金に算入する金額を企業の任意に決定できることになり，課税の公平が害されることになります。そこで法人税法は，企業が実態に応じた柔軟な会計処理をすることを前提とした上で，確定した決算において償却費として計上した金額のうち，一定の償却限度額に達するまでの金額のみを損金の額に算入することとしています。

水戸：税務は経済実態を尊重してくれないんだね。それでは結局，会計も税務にあわせた処理になっていくのでは。

山田：常にそうでもないですが，まあ，そういう面はあるでしょうね。K商事の場合，会計上は車両の耐用年数を5年と見積もって年間600千円（3,000千円÷5年）の減価償却費を計上していたが，仮に法人税法上は，その車両の耐用年数が6年であると規定されており，償却限度額が500千円（3,000千円÷6年）だとして，100千円が損金不算入額として加算されることになります。

K：要するに，法人税法の考えは，同一の車両なら毎年同一の減価償却費の計上しか認めないけれど，会計は使用状況によって減価償却費を変えてよい，ということですか。

山田：その通りです。税法は課税の公平を重視し，会計は経済実態を重視するということですね。

6．代表的な加算項目—貸倒損失の損金不算入

山田：それでは，最後に貸倒損失の損金不算入について見ていきましょう。会計の基本的な考え方に従えば，実際に現金が入ってこなくても，商品を得意先に引き渡し，販売代金をもらう約束が成立した時点で売上を認識することになります。もし，将来において売掛金が回収されなかった場合には，「貸倒損失」という費用を認識することになります。会計の基本原則の一つに「保守主義の原則」というものがあります。これは，利益をなるべく多く計上しようとする経営者に対して，「保守的な立場で利益の計算をすべきである」とする，言わば"戒めの原則"です。この原則に従えば，貸倒れが起こる可能性が生じた段階で，積極的に貸倒損失を計上しなければいけないし，そうしなければ，粉飾決算として問題になります。この状況を例えて言うならば，会計の考えは，「病気の疑いあり」と健康診断書で書かれた段階で，何らかの対処を事前にしなければいけないということを意味しています。

K：はい，そのニュアンスはよく理解できます。

山田：しかし法人税法では，そのような段階で，簡単に損金の計上を認めてくれません。税金の世界では保守主義の原則は存在しないのです。なぜなら，そのようなあいまいな状況で損金の計上を認めると，税金を払いたくないと考える経営者は，あれもこれも損金になると主張し，税収の確保ができなくなってしまうからです。課税の公平性を保つためには，厳格で，かつ，統一の条件で，損金性を判断するルールを定めておく必要があります。課税所得の計算上，貸倒損失が損金として認められるのは，貸し倒れることが客観的に判断できる段階であり，単に「相手の会社が払わない」とか，「督促の連絡をしても返事がない」といった状況証拠だけでは，損金として計上することが認められません。つまり，相手方が正式に倒産や破産でもして，絶対に回収できないということが客観的に分からなければいけません。例えて言うならば，税務上の損金算入の条件は，「昏睡状態である」という診断書でも不充分で（いくら昏睡状態で

あっても回復するかもしれないので），死亡診断書の入手が必要ということになります。

K：なるほど，分かりやすいたとえですね。

山田：K商事の場合，C社への売掛金の半分（1,500千円）をC社の社長が単に「払えない」と言ったので，会計上，貸倒損失を計上しただけで，C社が何ら法的なアクションをとっていなかった状況と想定してください。したがって貸倒損失は全額加算しました。

水戸：この論点は，興銀事件（最高裁平成16年12月24日判決（民集58巻9号2637頁））と同じですよね。興銀側は事実上，貸倒れが生じていると主張し，課税当局は貸倒れが客観的に証明できる証拠がないと……（興銀事件に関しては＜スライド3-20＞参照）。

3-20　＜興銀事件＞

1．事件の概要

経営の破たんした住宅金融専門会社の設立母体である銀行が放棄した同社に対する貸付債権相当額が法人税法22条3項3号にいう「当該事業年度の損失の額」として損金の額に算入されるべきであるとされた事例

2．判決要旨

法人の各事業年度の所得の金額の計算において，金銭債権の貸倒損失を法人税法22条3項3号にいう「当該事業年度の損失の額」として当該事業年度の損金の額に算入するためには，当該金銭債権の全額が回収不能であることが客観的に明らかでなければならず，そのことは，債務者の資産状況，支払能力等の債務者側の事情のみならず，債権回収に必要な労力，債権額と取立費用との比較衡量，債権回収を強行することによって生ずる他の債権者とのあつれきなどによる経営的損失等といった債権者側の事情，経済的環境等も踏まえ，社会通念に従って総合的に判断されるべきである。

＜法人税基本通達９－６－２（回収不能の金銭債権の貸倒れ）＞

> 法人の有する金銭債権につき，その債務者の資産状況，支払能力等からみてその全額が回収できないことが明らかになった場合には，その明らかになった事業年度において貸倒れとして損金経理をすることができる。この場合において，当該金銭債権について担保物があるときは，その担保物を処分した後でなければ貸倒れとして損金経理をすることはできないものとする。

山田：その通りです。しかし，興銀事件においては，最高裁までいって，最終的に興銀が逆転勝訴判決を得ました。この判決は，当時の実務の状況から考えると非常に画期的なものでした。この判例があるとはいえ，租税公平主義を考えると，課税当局は実質よりも形式を重視することを常に意識しておく必要があると思います。

水戸：この辺も，税務というものに対する会計士や税理士と弁護士の感覚が違うところですね。私のお客さんからも，会計士の先生から，「この売掛金，もう回収できないなら貸倒処理してください」と言われ，会計上の費用は増えて利益は減るのに，税務上は損金にはならない，で困った，という話を聞いたことがあります。

7．一時差異と永久差異

山田：そうだと思います。ところで，法人税法の学習とは，会計上の利益と課税所得との差異を学習することだと説明してきましたが，この差異は「一時差異」と「永久差異」という２つの差異に分類することができます。
Ｋ：一時差異？　永久差異??　初めて聞きました。
水戸：初めて聞くことばかりだろ。
山田：この一時差異・永久差異という分類は，あまり法人税法の本には書いていないのですが，この分類方法を覚えることは，法人税法の体系の理解をし易

くするので紹介しておきます。例えば，設立後必ず3年で解散するという会社が存在するとしましょう。どうせ3年間の存続期間だからと，毎年の財務諸表を作成するのを止めれば利益の計算は簡単です。以前にも説明しましたが，全ての資産や負債を整理して，最終的に残ったお金から当初の資本金の金額を差し引いたものが，その会社の儲けということになります。会社の設立から解散までを一つの会期期間だとすれば，会計上の利益と現金の収支残の金額は必ず一致します。会計期間という人為的な時間の区切りを設けるから，現金の動きと会計上の処理との間にズレが生じますが，しかし，これはタイミングの差でしかありません。

K：分かります。……何となく。

山田：ところが，毎年の会計上の利益の合計と課税所得の合計は一致しません。例えば，配当金を受け取れば，会計上は収益ですが，法人税法上は益金に算入されません。この差異はタイミングの差ではなく，会計と税務の永久の差となります。このような差を「永久差異」と呼びます。

K：会計のルールと税法の規定がそもそも異なるからですね。

水戸：おっ，分かってきたな。

山田：それでは，Kさん，先ほど説明した貸倒れについての会計と税法との違いは，一時差異でしょうか，永久差異でしょうか。

K：はい，会計は「病気の疑いあり」の診断書で足りるのに対して，税務は「死亡診断書」が必要なので，永久差異です。

水戸：違うだろー！

山田：貸倒れは，会計上はその危険性があった場合に費用として計上しますが，税務上は客観的な証拠が揃わないと損金に算入できません。しかし，証拠が揃えば損金となります。要するに貸倒損失はタイミングの問題です。このようなことで生じる差異を「一時差異」と呼びます。

K：回復の見込みがあっても，一時差異なんですね。

山田：はい，ここはそのように理解しておいてください。さて，ここで質問です。あなたがもし試験委員だったら，どちらの差異を聞きますか？

K：私が法人税法の試験委員だったら，「永久差異」ですね。

山田：その通りです。一時差異が生じる理由は，課税公平主義の観点から，客観的な証拠に基づき課税をしようということのみで，法人税法特有の論点ではありません。しかし，永久差異というのは，法人税法特有の論理が背景にあります。したがって，勉強方法も違ってきます。永久差異を理解するために一番重要なのは，立法趣旨です。なぜ法人税法がこの差異を認めているのかを考えることが重要です。

水戸：永久差異を間違えるということは，法人税法を理解していないことになるわけですね。

山田：その通りです。そういうこともあって，ここまでは，永久差異である，受取配当益金不算入，役員給与損金不算入，交際費損金不算入，寄附金損金不算入に関しては，その立法趣旨まで詳しく説明してきましたが，一時差異である減価償却や貸倒損失に関しては，そんなに詳しく説明してきませんでした。

K：山田先生の説明を聞いて，法人税法の教科書は会計と税務の差異を説明しているというのは理解できましたが，その差異が永久差異なのか一時差異なのかを理解して勉強した方がいいということでしょうか？

山田：その通りです。Kさんは本当に素直でいい生徒ですね（笑）。

水戸：そうでもないよ。

K：どういう意味でしょう？

山田：まあまあ。話は脱線しますが，税法に限らず，例えば人間関係においても，付き合いが上手くいかない場合には，それが一時差異なのか永久差異なのかを考えてみるといいですよ。

水戸：山田先生と私が出会った頃は，ぎくしゃくしていましたが，今では良い関係になっていますね。いわば一時差異だったわけですよ。

K：それに比べて私と山田先生の間には初めから差異はありませんよ。

山田：それでは，Kさん，＜スライド3－21＞にまとめましたが，「別段の定め」が存在する理由は，以下の3種類あると思いますが，このうち，永久差異はどれに当たるでしょうか？

3-21 <「別段の定め」が存在する理由>

理　由	収益⇒益金	費用⇒損金
① 公正処理基準の内容を確認するため	・資産の評価益の益金不算入（25条）	
② 公正処理基準を前提としながら，画一的あるいは一定の制限をするため		・棚卸資産の売上原価等の計算及びその評価の方法（29条） ・減価償却資産の償却費の計算及びその償却の方法（31条） ・繰延資産の償却費の計算及びその償却の方法（32条） ・資産の評価損の損金不算入（33条） ・圧縮記帳による損金算入（42条，45条，47条，48条，50条） ・貸倒引当金（52条） ・返品調整引当金（53条）
③ 租税政策上，公正処理基準の例外を定めるため	・受取配当等の益金不算入（23条） ・外国子会社から受ける配当等の益金不算入（23条の2） ・還付金の益金不算入（26条）	・役員給与の損金不算入（34条） ・寄附金の損金不算入（37条） ・法人税額等の損金不算入（38条，39条） ・不正行為等に係る費用等の損金不算入（55条） ・交際費の損金不算入（措置法61条の4） ・使途秘匿金の損金不算入（措置法62条）

① 公正処理基準の内容を確認するため
② 公正処理基準を前提としながら，画一的あるいは一定の制限をするため
③ 租税政策上，公正処理基準の例外を定めるため

K：③だと思います。

山田：その通りです。①はそもそも差異ではないですし，②は一時差異です。したがって，③が永久差異です。よくできました。

水戸：山田先生，弁護士は「別段の定め」とくると，ああ，例外ね，と本能的に考えるんですよ。一時差異・永久差異の相違が分かってなくても。

K：……次第に，水戸先生と私の関係が永久差異になりつつあります。

山田：ハハ，そこは修復しておいてください。いずれにせよ，租税法の理論問題では，③から出題される可能性が大きいと思ってください。
K：それはいい情報ありがとうございました。

8．一時差異に準じるもの

山田：法人税は，事業年度を計算期間として課税所得の計算をしています。したがって，前事業年度の益金の額は，決して当事業年度の益金の額に算入されませんし，また，同様に前事業年度の損金の額は，当事業年度の損金の額に算入されません。しかし，数年に一回しか収益が獲得できない事業を行っている会社もあります。このような会社と毎期平均的に収益を獲得する会社で，租税負担が著しく不均衡になってしまう可能性が生じます。したがって，法人税法は，当期が黒字であっても，過去に赤字が発生していた場合には，当期の黒字と過去の赤字を相殺することを，青色申告書を提出する法人に限り認めています（青色繰越欠損金制度）。法人税の納税額は，相殺後の黒字額に税率をかけて計算することになりますので，過去の赤字が将来の税負担を軽減させることになります。過去の赤字の累積額がその年の黒字額を上回っていれば，その年の法人税はゼロとなり，相殺しきれなかった赤字の累積額は，翌年以降に繰り越すことができますが，9年（平成23年税制改正までは7年）がその限度となっています。繰越欠損金は将来における法人税等を減額する効果があるので，「一時差異に準じるもの」と呼ばれています。
水戸：少し前のテレビゲームのソフトメーカーはそうでしたね。ソフト開発に数年かかるので収益が発生するのが，数年に一度しかない，ということもありましたね。
山田：日本に限らずほとんどの国が，繰越欠損金の制度を有しています。ここでは多くは説明しませんが，繰越欠損金を有している会社は，将来の節税が約束されているので，それだけで価値があります。したがって，日本に限らず世界の至るところで，単なる節税目的で繰越欠損金を有する会社の買収が行われ

ています。もちろん，各国の税務当局もそのような租税回避行為を規制する税制を整備して対抗していますが，いたちごっことなっています。

9．一時差異と永久差異の相違が分かる過去問
   （平成21年　第1問　問題1（問2））

山田：一時差異と永久差異の違いがよく分かる問題として，平成21年第1問問題1（問2）がありますので，その問題を見てみましょう。

K：（＜スライド3－22＞の問題文を読み上げる）

3－22　＜平成21年　租税法　第1問　問題1＞

> 　A社は，建設業を営む普通法人（非同族会社）であり，その事業年度は4月1日から翌年3月31日までである。A社について，法人税法に関する以下の問いに答えなさい。なお，租税特別措置法上の措置については考慮しないものとする。
>
> （問2）　A社が平成15年4月に購入し，事業の用に供していた建設機械が平成20年4月に故障し，修理不能の状態になったことから，A社は，その建設機械をそのまま放置していた。当該建設機械の平成20年事業年度末の帳簿価額から処分見込価額を控除した金額は，60万円である。同事業年度の確定申告にあたり，A社が当該60万円全額を一括して損金計上することは許されるか。その理由についても述べなさい。

山田：これは会計と税務の一時差異を問う問題です。建設機械が問題文にあるような修理不能となった場合には，会計上は積極的に評価減を行わなければいけません。しかし，税務は，このような主観的な状況だけで評価減の損金計上を認めていません。Kさん，33条1項及び2項の条文を読んで，このことを法律的に説明してみてください。

K：（＜スライド3－23＞掲載の33条1項及び2項の条文を読んで）まず，33条1項は，資産の評価換えを認めていません。ただし，例外的に，同法2項で，

3−23 ＜法人税法33条（抄）と31条（抄）＞

> （資産の評価損の損金不算入等）
> 第33条　内国法人がその有する資産の評価換えをしてその帳簿価額を減額した場合には，その減額した部分の金額は，その内国法人の各事業年度の所得の金額の計算上，損金の額に算入しない。
> 2　内国法人の有する資産につき，災害による著しい損傷により当該資産の価額がその帳簿価額を下回ることとなったことその他の政令で定める事実が生じた場合において，その内国法人が当該資産の評価換えをして損金経理によりその帳簿価額を減額したときは，その減額した部分の金額のうち，その評価換えの直前の当該資産の帳簿価額とその評価換えをした日の属する事業年度終了の時における当該資産の価額との差額に達するまでの金額は，前項の規定にかかわらず，その評価換えをした日の属する事業年度の所得の金額の計算上，損金の額に算入する。
> （減価償却資産の償却費の計算及びその償却の方法）
> 第31条　内国法人の各事業年度終了の時において有する減価償却資産につきその償却費として第22条第3項の規定により当該事業年度の所得の金額の計算上損金の額に算入する金額は，その内国法人が当該事業年度においてその償却費として損金経理をした金額のうち，その取得をした日及びその種類の区分に応じ，償却費が毎年同一となる償却の方法，償却費が毎年一定の割合で逓減する償却の方法その他の政令で定める償却の方法の中からその内国法人が当該資産について選定した償却の方法に基づき政令で定めるところにより計算した金額に達するまでの金額とする。

「災害による著しい損傷により当該資産の価額がその帳簿価額を下回ることとなったことその他の政令で定める事実が生じた場合にのみ」資産の評価換えを認めています。

山田：問題文のように単に修理不能の状態は，33条2項の例外的状況に当てはまりそうですか？

Ｋ：政令で定める事実が何だか分かりませんが，どうも違いそうです。

山田：ここでは政令の内容まで議論しませんが，33条2項の「災害による著しい損傷」とは，機能的な故障というより，物理的な損傷を指します。しかも，原因が災害で，かつ，その程度が著しい場合であると限定しています。したがって，問題文のような状況では，33条1項の原則的規定により，法人税法上は評価損の計上が認められず，31条1項の規定により，減価償却により毎期費用化していくことになります。一時的な評価減は認められませんが，減価償却によって耐用年数にわたり費用化していきますので，これは会計と税務における費用化するタイミングの差，すなわち一時差異が生じている事例となります。

水戸：法人税法がこのような一時差異が生じるような状況を強いるのは，損金の計上条件を客観的にしたいということですか？

山田：その通りです。今日は盛り沢山のことを勉強しましたが，Kさん，今日のまとめをお願いします。今日は，実務でよく出てくる代表的な6つの調整項目をみてきましたね。何がありましたか？

K：まずは減算項目として，受取配当益金不算入があります。また，加算項目として，役員給与の損金不算入，交際費の損金不算入，寄附金の損金不算入，減価償却の損金不算入，貸倒損失の損金不算入がありました。

山田：いいですね〜。では，受取配当益金不算入について説明してみてください。何条に規定されていますか？

K：23条です。23条では，受取配当金は原則的に全額益金不算入だと規定されていますが，括弧書きで，完全子法人や関係法人株式等に該当しない場合には，配当金の半分だけを益金不算入にすると規定されています。6項と併せて読むと，25％以上の保有比率の場合は全額が，それ未満の保有比率の場合には半額のみが益金不算入になります。この規定の趣旨は「二重課税の防止」です！

山田：重要ですね。しっかりと復習をしましょう。では，加算項目も説明してください。

K：34条1項に規定されている役員給与の損金不算入があります。また，同条2項で，役員給与が不相当に高額である場合には，その不相当に高額である部分の金額も損金の額に算入しないこととされています。

山田：損金算入の可否はどうやって区別されているの？

K：え～っと。①定期同額給与，②事前確定届出給与，③利益連動給与の3形態のみが，職務執行前にあらかじめ支給時期・支給額が定められている支給形態として認められており，損金算入できることになっています。

山田：まー，合格です。他の加算項目は？

K：租税特別措置法61条の4に規定されている，交際費の損益不算入があります。法人が支出する交際費等については，原則として全額が損益不算入とされています。例外的には，資本金が1億円以下の法人については，定額控除限度額（8,000千円）以下の金額の10％と定額控除限度額超の金額の100％の合計額が損益不算入となります。

水戸：これはスラスラ言えるね（笑）。

K：交際費は重要ですよ，ね，水戸先生！

あと，37条に規定されている寄附金の損金不算入もあります。これは，寄附金のうち専ら公益的な性格を有するものは無条件に損金の額に算入するが，その他の寄附金については一定の制限を設けています。

山田：なかなかいいですね。では最後の加算項目は何ですか？

K：貸倒損失の損金不算入です。会計の原則では，貸倒れが起こる可能性が生じた段階で，積極的に貸倒損失を計上しなければなりませんが，法人税法では，絶対に回収できないということが客観的に分からなければ，損金として計上することはできません。

K：最後に，一時差異と永久差異をやりました。試験では永久差異が問われるので，差異の内容に着目して勉強しなければいけませんね！　ポイントは「立法趣旨です」！

- 6日目終了 -

第7日目

1. 22条関連の過去問（その①）
（平成18年　第10問　問題1）

山田：昨日までで，法人法の基礎的な構造が大体説明できたと思いますので，どんどん実際の過去問を解いていくことにしましょう。まずは平成18年の第10問です。

K：（＜スライド3-24＞の問題文を読み上げる）（問1）は，「損金計上時期の判定基準を論じろ」ということなので，山田先生から教えていただいた，22条の3項の規定の内容を説明すればいいのではないでしょうか？

○ **債務確定主義**

水戸：今までの流れを理解していれば，これは簡単な問題ではないでしょうか？

山田：私の説明は今まで，便宜上「……」のある22条の条文を用いて説明してきました。「……」がある前提では，法人税法上の損金計上の判定基準は，別段の定めがあるものを除き，会計上の費用と計上時期が一致します。しかし，ここで22条の条文全文を見てもらいたいのですが（条文全文は＜スライド3-25＞に記載），実は，22条3項2号には，括弧書きで，「償却費以外の費用で当該事業年度終了の日までに債務の確定しないものを除く」と規定されています。費用の認識に関しては，会計は発生主義及び費用収益対応の原則が基本ルールですが，この規定により，法人税法は，損金の認識に関して「債務確定基準」に修正していると言われます。

3-24 ＜平成18年　租税法　第10問　問題1＞

　法人税法上の損金に関する以下の問いに答えなさい。
（問1）　法人税法22条に定める損金計上時期の判定基準について論じなさい。
（問2）　宅地開発業を営むA社は，B県内の林野を購入し，造成のうえ宅地として販売することを企図した。B県知事は，この宅地造成に許可を与えたが，これと共に，宅地造成地域周辺の道路整備・雨水排水路の改修工事を行うように指導した。A社は，許可対象地域を宅地造成のうえ販売し，その収益を平成17事業年度（平成17年4月1日から平成18年3月31日までの事業年度をいう。）の益金に算入した。また，宅地造成地域周辺の道路整備等の工事については，平成17年5月に，C建設会社から1億5,000万円の工事費見積額の連絡を受け，同社との間で請負契約を締結した。その後，道路整備等の工事に対しては，環境の悪化を懸念する付近住民からの反対があり，B県において，住民の意向を踏まえて地域整備計画の一部変更を検討することとなったため，A社の平成17事業年度中には，この工事は実施されなかった。
　　以上の事実関係に基づき，A社は，工事費見積額1億5,000万円を平成17事業年度の損金に算入することができるか。理由を明示して答えなさい。

水戸：そもそも会計においては，債務が確定していなくても費用の計上をするのですか？

山田：弁護士の先生方に説明するので，損害賠償請求を例にとりたいと思いますが，会計では，正式な判決や和解が成立していなくても，会計期末の段階で，例えば，合理的に見積もって将来1億円の損害賠償金を支払わなければいけないことが予想される場合には，1億円の費用を計上しなければいけません。そのような状況で費用計上をしない場合には，反対に粉飾決算であると監査人に指摘されることになります。しかし，法人税法は，単に金額を合理的に見積も

3-25 ＜法人税法22条（正）＞

> **（各事業年度の所得の金額の計算）**
> 第22条　内国法人の各事業年度の所得の金額は，当該事業年度の益金の額から当該事業年度の損金の額を控除した金額とする。
> 2　内国法人の各事業年度の所得の金額の計算上当該事業年度の益金の額に算入すべき金額は，別段の定めがあるものを除き，資産の販売，有償又は無償による資産の譲渡又は役務の提供，無償による資産の譲受けその他の取引で資本等取引以外のものに係る当該事業年度の収益の額とする。
> 3　内国法人の各事業年度の所得の金額の計算上当該事業年度の損金の額に算入すべき金額は，別段の定めがあるものを除き，次に掲げる額とする。
> 　①　当該事業年度の収益に係る売上原価，完成工事原価その他これらに準ずる原価の額
> 　②　前号に掲げるもののほか，当該事業年度の販売費，一般管理費その他の費用（償却費以外の費用で当該事業年度終了の日までに債務の確定しないものを除く。）の額
> 　③　当該事業年度の損失の額で資本等取引以外の取引に係るもの
> 4　第2項に規定する当該事業年度の収益の額及び前項各号に掲げる額は，一般に公正妥当と認められる会計処理の基準に従って計算されるものとする。

れるだけでは，法的に債務が確定したわけではありませんので，損金計上が認められません。このような税法特有な債務確定主義を踏まえて，この質問に解答するとしたら，どうなりますか？

K：えーと，私なら，まず22条4項の条文を引用して，基本的には各事業年度の収益の額は，一般に公正妥当と認められる会計処理の基準に従って計算されると一般論を説明した上で，22条の3項の条文を引用して，1号，2号そして3号の具体的な内容を説明します。そして，これらの一般的な規定の例外として，別段の定め及び債務確定主義による修正を説明します。

山田：それは完璧な答案の流れだと思います。

K：ありがとうございます。どんどん褒めてください。褒められて伸びるタイプなんです，私。

水戸：こっちを見ない。

山田：しかし，そこであえて，質問ですが，債務確定主義による修正は，全ての損金に及ぶものでしょうか？

K：いいえ，条文を見る限り，2号，すなわち，販売費，一般管理費その他の費用のみに対する修正だと思います。

山田：1号，すなわち，売上原価や完成工事原価に対する修正ではないということでしょうか？

K：そうだと思いますが……

山田：それでは，（問2）を見てみましょう。

K：（声を出して，（問2）を読み上げる）

山田：実は，この質問は最高裁（第二小法廷）平成16年10月29日判決（刑集58巻7号697頁）に基づき作成されたものですが，そちらの判旨も読んでみてください。

水戸：（＜スライド3－26＞の判旨を読んで）これは，要するに，売上原価にも債務確定主義による修正があるか否かを聞いているわけですね。この判例を知らなくても，債務確定主義による修正が2号のみにかかっていることが分かれば，解答できますね。

山田：その通りです。しかし，この問題を見た受験生は，もし，この判例の存在を知らなかったら，2つの落とし穴に落ちた可能性があります。一つ目の落とし穴は，純粋に会計の問題ですが，この改修工事が，売上原価になるのか，販売費及び一般管理費になるのか，判断できたかということです。

K：売上原価って，商品の仕入原価のようなものですよね。工事は売上原価にならないんじゃないですか。

水戸：工事だろうがなんだろうが，宅地を売る仕事をしているんだから，そのための工事は売上原価だよ。

3-26 ＜最高裁(第二小法廷)平成16年10月29日判決 (刑集58巻7号697頁)＞

> (1) **事件の概要**
> 　被告会社が土地を造成し宅地として販売するに当たり，地方公共団体から都市計画法上の同意権を背景として開発区域外の排水路の改修工事を行うよう指導された場合において，その費用の見積金額が，法人税法22条3項1号にいう「当該事業年度の収益に係る売上原価」の額として損金の額に算入することができるかどうかが争われた事例。
>
> (2) **判　　旨**
> 　被告会社が，A市内の土地を造成し宅地として販売するに当たり，A市から都市計画法上の同意権を背景として開発区域外の排水路の改修工事を行うよう指導された場合において，①事実上その費用を支出せざるを得ない立場であったこと，②同工事を請け負わせる建設会社に被告会社が支出すべき費用の額を見積もらせるなど，土地の販売に係る収益の額を益金の額に算入した事業年度の終了時点において既にその支出を見込んでいたこと等の状況を勘案すれば，債務が確定していないときであっても，法人税法22条3項1号にいう「当該事業年度の収益に係る売上原価」の額として当該事業年度の損金の額に算入することができる。

山田：その通りです。この取引は宅地という商品を販売しており，改修工事はこの商品を作るための原価ですから，個別対応をしています。

K：私は化粧品の販売はやりますけど，工事はやらないですから。

水戸：そういう問題じゃない！

山田：二つ目は，お二人のような法律の専門家にはあまり関係ないのですが，我々のような会計の専門家が陥り易い落とし穴です。財務諸表論のような会計理論を勉強した人間は，会計の原則との比較で，日本の税務は債務確定主義が原則だと理解していることが多いのです。そこでつい，債務が確定していないものは，損金にはならないと漠然と考えてしまいがちです。実は私もこの問題を最初に見た時そう思いました。法人税法は法律ですから，しっかりと条文を読まなければいけないと反省しました。

K：そうすると，この問題は，会計士や税理士には難解だけど，弁護士には簡単だったということになりますね。

水戸：キミ，分かってなかったじゃん！

山田：ところで，ここで今までの総復習として，現金収支，会計上の利益及び課税所得との関係を＜スライド３－27＞と＜スライド３－28＞にまとめてみましたので参考にしてください。

水戸：これは大作ですね。

山田：費用から損金への修正で「債務確定主義」を入れていますが，この問題で学習した通り，それは販売費及び一般管理費に限定されますことを忘れないでください。

3-27 ＜現金収支，会計上の利益，課税所得の関係＞

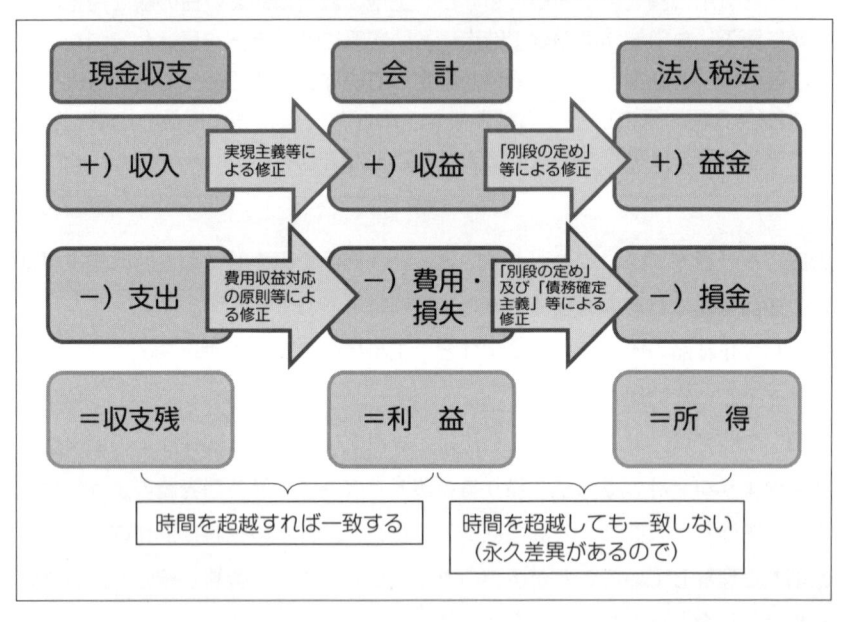

現金収支	会 計	法人税法
＋）収入	＋）収益	＋）益金
－）支出	－）費用・損失	－）損金
＝収支残	＝利 益	＝所 得

収入→収益：実現主義等による修正
収益→益金：「別段の定め」等による修正
支出→費用・損失：費用収益対応の原則等による修正
費用・損失→損金：「別段の定め」及び「債務確定主義」等による修正

収支残と利益：時間を超越すれば一致する
利益と所得：時間を超越しても一致しない（永久差異があるので）

3−28 ＜法人税法22条3項及び4項の解説＞

(1) 公正処理基準
　・22条4項は，各事業年度の費用の額は，「一般に公正妥当と認められる会計処理の基準」に従って計算されるものとしている。
(2) 公正処理基準に対する例外
　・しかし，22条3項は，①「別段の定め」による例外の存在を定め，また，②販売費一般管理費については，償却費を除けば，債務確定主義への修正を定めている。

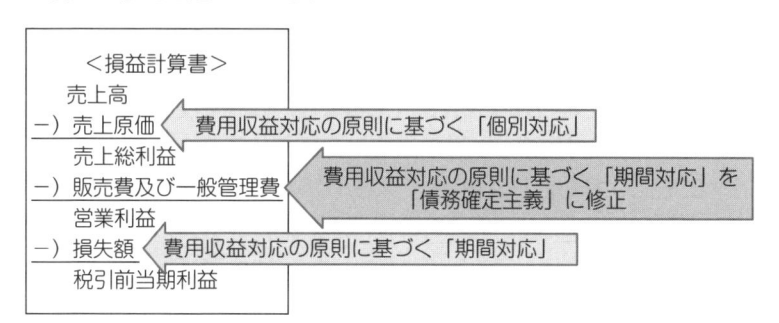

```
＜損益計算書＞
　売上高
−）売上原価    ← 費用収益対応の原則に基づく「個別対応」
　売上総利益
−）販売費及び一般管理費  ← 費用収益対応の原則に基づく「期間対応」を「債務確定主義」に修正
　営業利益
−）損失額    ← 費用収益対応の原則に基づく「期間対応」
　税引前当期利益
```

2．22条関連の過去問（その②）
（平成19年　第1問　問題1）

山田：それでは，次に平成19年第1問問題1を見ていきましょう。実は，この問題も22条に関する質問で，しかも「……」の部分を聞いているものです。まずは（問1）から見ていきましょう。

K：（＜スライド3−29＞の（問1）の問題文を読み上げる）

水戸：22条の2項は，無償で資産を譲渡した場合も益金が発生すると言っているのですね。このような取扱いは会計上も同様ですか？

山田：例えば，70円で仕入れた商品が通常の取引ならば100円で売却できるとして，これを無償で譲渡した場合，会計上どう扱うかということですよね。お

3-29 ＜平成19年　租税法　第1問　問題1＞

　法人税法に関する以下の問いに答えなさい。なお，租税特別措置法上の措置については考慮しないものとする。
（問1）　法人税法22条2項は，「内国法人の各事業年度の所得の金額の計算上当該事業年度の益金の額に算入すべき金額は，別段の定めがあるものを除き，資産の販売，有償又は無償による資産の譲渡又は役務の提供，無償による資産の譲受その他の取引で資本等取引以外のものに係る当該事業年度の収益の額とする。」と定めている。この規定によって資産の無償譲渡から収益が発生するとされている理由を答えなさい。
（問2）　金融業を営むA株式会社（上場会社）は，平成15年10月1日に1株300円で取得した取引先銀行の株式10万株を，平成18年6月30日に1株あたり320円で，A社の100％子会社であるB株式会社に対して売却した。売却時の株価は1株400円であった。売却額と時価との差額は，実質的に贈与をしたと認められる。A・B両社ともに事業年度は，毎年4月1日から翌年3月31日までである。
　以上の事実関係の下で，A・B両社の平成18事業年度における本件株式取引に係る課税上の取扱いはどうすべきか。法人税法上の根拠も併せて述べなさい。

そらく会計上は2つの考えがあると思います。一つ目は，無償で譲渡したのだから，売上はゼロとする考えです。二つ目は，全ての取引が時価で取引が行われるという前提に立ち，いったん30円の売却益を計上し（100円-70円），本来なら譲渡先から100円の現金を得なければならないところを，その100円を譲渡先に贈与したとする考え方です。
水戸：法人税法は，その二番目の考え方をとっているということですね？
山田：その通りです。したがって，この22条2項の規定は，会計が一番目の考えだとすると，会計の原則を修正する規定だということになりますし，会計が二番目の考えだとすると，会計の原則を確認する目的で規定されたことになり

ます。いずれにしても，法人税法がこのように時価取引を前提とする理由は何でしょうか？

K：ぜんぜん分かりません。

水戸：あきらめが早い。

山田：法人税法上，取引価額を自由に設定できたら，どのような不都合が課税当局に生じますか？

K：税金の取りっぱぐれが生じるということでしょうか？

山田：そうです。取引価額を操作することによって，例えば黒字の会社から，赤字の会社に贈与が行われると，赤字の会社では課税が生じないため，課税当局としては，その利益に対する課税権を失うことになります。

K：なるほど，理解できます。

山田：それでは，次に（問2）をみていきましょう。

K：（＜スライド3－29＞の問2の問題文を読み上げる）

山田：問題では，A社とB社の両方の課税上の取扱いを尋ねられていますが，まずA社に絞って考えてみましょう。

水戸：A社は，1株300円で買った銀行株を，400円の時価があるにもかかわらず，320円で子会社であるB社に売却したということですね。（問1）でやったように，法人税法は時価で取引を行ったと仮定するので，いったん400円で売却して，売却益を100円（400円－300円）を計上し，本来譲渡代金である400円をB社から得るべきところを，320円しか得ていないので，80円（400円－320円）はA社からB社へ贈与したと考えるのではないでしょうか？

山田：その通りですね。しかし，このように考える根拠は何でしょうか？

水戸：それは，先ほどの22条の2項ではないですか？

山田：しかし，22条2項の規定は，無償の取引が行われた場合の問題点をカバーしていますが，A社は無償ではなく1株当たり320円で譲渡していますよ。

水戸：無償の場合は課税するけれど，1円で譲渡したら課税しないというのは，それではあまりに杓子定規でしょう。この条文の正当な解釈としては，無償の場合のみならず，時価と違う金額で取引した場合の課税関係を全て規定してい

ると考えるべきではありませんか？

山田：実は，この問題は，最高裁平成7年12月19日判決（民集49巻10号3121頁）を参考に作られています。その判旨を読んでみてください。

水戸：（＜スライド3－30＞の判旨を読んで）やっぱり，「無償譲渡の場合と公平を欠く」ということですね？

山田：その通りです。

3－30　＜最高裁平成7年12月19日判決（民集49巻10号3121頁）＞

(1) 事件の概要
　本件は，時価に比して低額の譲渡価額で代表者個人に法人保有の株式が譲渡された場合に，譲渡価額と時価との差額に相当する金額が法人税法22条2項にいう無償による資産の譲渡に係る収益に該当するか否かが争われた事案である。

(2) 判旨
　法人税法22条2項は，内国法人の各事業年度の所得の金額の計算上，「無償による」資産の譲渡に係る当該事業年度の収益の額を当該事業年度の益金の額に算入すべきものと規定しており，資産の無償譲渡も収益の発生原因となることを認めている。この規定は，法人が資産を他に譲渡する場合には，その譲渡が代金の受入れその他資産の増加を来すべき反対給付を伴わないものであっても，譲渡時における資産の適正な価額に相当する収益があると認識すべきものであることを明らかにしたものと解される。したがって，たまたま現実に収受した対価がそのうちの一部のみ（低額）であるからといって適正な価額との差額部分の収益が認識され得ないものとすれば，無償譲渡の場合との間の公平を欠くことになる。益金の額に算入すべき収益の額には，当該資産の譲渡の対価の額のほか，これと右資産の譲渡時における適正な価額との差額も含まれるものと解するのが相当である。また，このように解することは，同法37条7項が，資産の低額譲渡の場合に，当該譲渡の対価の額と当該資産の譲渡時における価額との差額のうち実質的に贈与をしたと認められる金額が寄付金の額に含まれるものとしていることとも対応する。

○ 低額譲渡と寄附金の関係

K：（判旨を見ながら）この，最後の方に書いてある37条7項の説明は何でしょうか？

山田：次にそれを説明しようと思いましたが……。

K：えっ，失礼しました！

山田：では，37条は何の規定でしたか？

K：（あわてて，法規集を広げて）寄附金の規定です。

山田：寄附金と言えば，何だったでしょうか？

K：損金不算入の代表的な例です。

山田：どうして判旨はここで寄附金の規定を持ち出しているのでしょうか？

K：さぁ？…………

山田：37条7項の規定はどうなっていますか？

K：（＜スライド3－18＞の37条7項を何度も読みながら）経済的な利益の贈与も寄附金となるからです。

○ 寄附金の概念は広い

山田：そうです。法人税法上損金不算入となる寄附金とは，世間一般で言われている「寄附金」よりその概念が非常に広く，その名義や形式を問わず，法人が行う経済的な利益の贈与を全て寄附金と呼ばれています。繰り返しになりますが，法人税法の中で最も重要な条文は22条ですが，その次に重要な条文は37条，特に7項であると思います。先ほどの水戸先生の分析によると，A社はB社に対して，1株当たり80円の贈与をしたことになりますが，この贈与は法人税法上，寄附金として一定の損金限度額を超える金額が損金不算入となります。22条2項の解釈により，1株当たり100円の売却益を認定しても，もしこの80円の全額が損金算入できるのであれば，追加で20円（100円－80円）しか課税できません。仮に売却金額が300円で，かつ，B社が赤字ならば，税務当局は，この含み益に対する課税をA社からもB社からも行うことができなくなります。

Kさん，このことを前提に，A社の課税上の取扱いを説明してください。

K：えーっと，いったん400円で売却したと仮定し，売却益を100円（400円－300円）計上しますが，譲渡代金を320円しか得ていないので，差額の80円（400円－320円）はA社からB社への寄附金として処理され，一定の損金限度額を超える金額が損金不算入となります。

山田：このように，時価と異なる譲渡した場合は，時価で譲渡したと仮定した場合に生じる譲渡損益と，経済的利益の贈与は損金不算入の対象となる寄附金となるという2つの論点があることを忘れないでください。

K：はい。

山田：それでは，次に低廉譲渡を受けたB社の税務上の処理はどうなりますか？　ヒントとしては，法人税法の基本的な考えは，譲渡した会社が時価で取引したと仮定して処理方法を決めるのだから，譲り受けた会社も時価で取引したと考えます。

K：400円の時価の株式を取得したのだから，取得した株式は400円ということになります。

山田：その通りです。しかし，1株当たり320円しか払っていませんが，差額の80円はどのように処理されますか？

K：この80円は，A社がB社に寄附したものですよね。

山田：その通りです。B社においてこの80円は益金ですか，損金ですか？

K：B社は経済的利益を受けたので，益金だと思います。

山田：株式を時価より安く購入しただけなのに，課税を受けるのですか？

K：……そうです。

山田：B社が課税を受ける根拠条文は何でしょうか？

K：えーっと……

水戸：22条2項じゃないですか？　「無償による資産の譲受け」も益金になると書いてあります。

山田：B社は無償の取引をしたわけではありませんが？

水戸：それは，A社の時と同様に，「無償による資産の譲受けの場合と公平を

3-31 ＜平成19年　租税法　第1問　問題1（問2）の解説＞

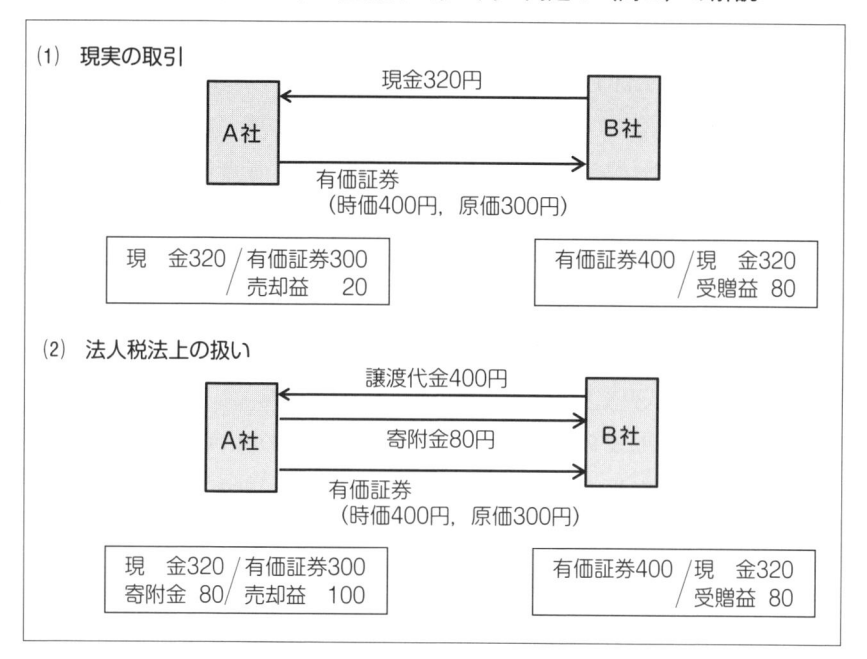

(1) 現実の取引

A社 ←現金320円— B社
A社 —有価証券→ B社
（時価400円，原価300円）

A社：現　金320／有価証券300
　　　　　　　／売却益　20

B社：有価証券400／現　金320
　　　　　　　／受贈益　80

(2) 法人税法上の扱い

A社 ←譲渡代金400円— B社
A社 —寄附金80円→ B社
A社 —有価証券→ B社
（時価400円，原価300円）

A社：現　金320／有価証券300
　　　寄附金 80／売却益　100

B社：有価証券400／現　金320
　　　　　　　／受贈益　80

欠く」ということです。

山田：その通りです。このように低廉譲渡取引が生じた場合には，法人税法上は，譲渡した会社に時価取引を前提とした売却損益と損金の対象とならない寄附金が認定され，譲り受けた会社に受贈益が認定されます（＜スライド3－31＞参照）。

○ 低額譲渡の場合のダブルリスク

水戸：時価取引を前提とするという考え方は分からないではありませんが，特に低廉な価格で譲渡した会社に課税問題が生じるというのは，ある意味衝撃的ですね。

山田：実は，会計士試験においては，この問題のように，無償または低額で行われた取引を行った場合の税務上の処理を問う質問が繰り返し出題されていま

す。その理由は2つあると思います。一つは，法人税法における最重要条文が22条と37条であるからです。もう一つは，実務において，ある取引を実行することを計画して，会計士や税理士から「税務上のリスクがある」と指摘されるのは，多くの場合，このように時価と違う金額で取引を行う場合だからです。この問題の例で考えて，もしA社からB社への株式の譲渡代金が時価である400円だったら，どうでしょうか？ A社は100円の売却益（益金）を計上しなければいけませんが（400円－300円），それは320円で譲渡した場合も400円で売価したと仮定し譲渡益を計算するので同じ結果になります（別途寄附金が80円計上されるが，一定の損金控除額を超えると損金とならない）。一方，B社は時価の400円で取引をした場合，単に400円で株式を購入したというだけで一切の課税関係は生じません。問題文にあるように，320円で購入した場合には80円の受贈益が認定され課税を受けます。したがって，低廉譲渡は，時価を前提とした譲渡益課税を受けるという譲渡会社側のリスクと，受贈益課税という譲受け会社側のリスクというダブルのリスクが生じることになるわけです。

K：確かに，時価と違う取引をする場合には税務上のリスクがあると，経理の人が言っていました。それはこういうことなんですね。

水戸：それにしても，時価と異なる取引に対する税務の厳しさは，尋常ではない気がしますね。税法は，それだけ恣意的な無償譲渡や低廉譲渡を税金逃れの手段として警戒しているということですね。我々法律家は，法的安定性と具体的妥当性のバランスをとることが大事と教わるのですが，税法では法的安定性ばかりが重視されている気がします。

山田：我々会計士や税理士からすれば，それは公平な課税のためであり，特に違和感はありませんが，弁護士さんからみると具体的妥当性を無視してしまっているような印象なのですね。

水戸：ええ，何と言ってもフランス革命以来の「契約自由の原則」というのがあり，いくらで譲渡しようが，贈与しようが，自由である，というのが大原則ですから。

山田：税法もやるなとは言っていないんですよ。ただ，税金払ってね，と。

水戸：同じことですよ。せっかく相手のことを思ってタダまたは安く売ってあげようとしたら，こちらにまで課税するぞ，というのでは，誰もやらないですよ。

K：山田先生，この問では，B社はA社の子会社となっていますが，このような問題は親子関係のような関係会社間の取引に限定されるのでしょうか？

山田：取引金額が恣意的に決定されやすい関係会社間の取引において問題にされることが多いですが，理論上は第三者間の取引でも，何らかの理由で明らかに時価とは違う取引を行った場合にも生じます。ただし，上場株式等のように市場時価が明確な場合を除けば，そもそも第三者間でつけられた取引金額こそが時価だとも言えますので，現実的には少ないと思います。

水戸：第三者間取引の場合には，そもそも時価がいくらかという問題を解決しなければいけないので，税務当局もなかなか手を出せないということですね。

山田：そうですね。

3．22条関連の過去問（その③）
（平成22年　第1問　問題1）

山田：22条に関する問題は，平成22年にも出題されています。

水戸：平成22年に22条のことを尋ねるのは，しゃれですかね？

山田：そうかもしれませんが，22条は会計士試験の租税法の中で最も重要な条文ですから，何度も聞かれています。まず，（問1）からみていきましょう。

K：（＜スライド3－32＞の問題を読み上げて）先ほど解いた平成19年の問題で学習したように，22条2項で「無償による資産の譲受け」も益金になると書いてありますので，税法は時価で取引を行ったと考えるという基本原則に従って，広告宣伝の時価を見積もってA社の益金に計上するのではないでしょうか？

山田：Kさんのような解答があったら，出題者はきっとほくそ笑むことでしょう。

水戸：どうして？　私もＫさんの解答と同じでしたが……。
山田：22条2項では，確かに「無償による資産の譲受け」は収益の額とすると書かれていますが，「無償で役務の提供を受ける場合」に関しては，何も規定されていませんね。
Ｋ：これって条文に「無償による役務の提供」の文言を入れるのを忘れたのではないですか？
水戸：いや，その直前が「有償又は無償による資産の譲渡又は役務の提供」となっているので，忘れることはないでしょう。
山田：「無償による資産の譲受け」と「無償による役務の譲受け」について，法人税法は区別しているのです。無償で役務を提供してもらうことによって経済的便益を得ますが，同時にそれは役務ですので，追加的な費用が発生します。要するに，この取引を時価取引を行ったと仮定して修正してみると，広告宣伝の時価相当分を追加的な収益として計上し，同時に同額の追加的な費用を計上することになるので，結果的には追加収益と追加費用が相殺されるので，このようなみなし取引の計上を要請していないのです。
水戸：ツーペーということですね。
Ｋ：えっ，水戸先生，今，何て言いました？
水戸：だから，ツーペー。
Ｋ：なんですか？　そのツーパーって。
水戸：ツーペーだってば。知らないの？　山田先生知ってますよね。Two Pay？　To Pay？　それとも麻雀用語かな？
山田：行って来い，見合い，ギヴ・アンド・テイク，のような意味ですね。
Ｋ：へー。
水戸：「無償による資産の譲受け」の場合は，資産を取得しても，追加的な費用の発生がないから，収益計上だけを要請しているわけですか？
山田：そういうことです。「無償による役務の譲受け」は，追加的な費用と収益のツーペー取引だから，追加的な益金計上の要請はないけど，「無償による資産の譲受け」は，資産を取得しただけでは費用の発生とはならないので，追

加的な益金計上を要請しているのです。これは非常にトリッキーな問題です。
それでは次に（問2）を見ていきましょう。

Ｋ：（＜スライド3-32＞の（問2）の問題文を読み上げて）これは，不当利得も所得になるかという問題ですか？

山田：まあ，そうです。

Ｋ：難しいですね……。

水戸：でも，どうせ税務の考えは，何でもかんでもとにかく所得にするという

3-32 ＜平成22年　租税法　第1問　問題1＞

　A社は，不動産販売を目的とする内国法人であり，その事業年度は毎年1月1日に始まり12月31日に終わる。以下の問いに答えなさい。

（問1）平成22年1月に，A社は，その不動産販売に関する広告を，広告制作会社に無償で制作してもらうとともに，同月から3月にかけて，放送局に無償で放送してもらった。A社は，確定申告にあたり，このような無償による広告宣伝を，法人税法上どのように取り扱ったらよいか。その理由についても述べなさい

（問2）平成21年4月に，A社は，資金繰りの苦しくなった取引先に対し，利息制限法の定める利率を大幅に超える利率で，1,000万円を貸し付けた。A社は，平成22年4月に，元本全額と利息の支払を受け，利息制限法の定める利率を超える利息部分の全額（平成21年4月からの1年分）を平成22事業年度の益金の額に算入することとした。法人税法上，このような処理は許されるか。その理由についても述べなさい。

（問3）A社は，消費電力計量装置の不具合が原因で，平成20事業年度において，電気料金を過大に支払い，これを費用として損金の額に算入していた。平成21年11月に，過大支払の事実が発覚したが，その正確な金額は不明であった。その後，電力会社側の調査を経て，具体的な返戻金額につき最終的な合意が平成22年5月になされた。A社は，この返戻金に係る収益の額を，法人税法上どの事業年度の益金の額に算入すべきか。その理由についても述べなさい。

ことじゃないの？　そうしなければ，税金の徴収なんてできないでしょう？

K：でもそれだと，税法が不当利得を得ることを推奨しているようにも感じますが……。

山田：最高裁昭和49年3月8日判決（民集第28巻2号186頁）（＜スライド3－33＞に判旨を掲載）は，不当利得であっても，現実に支払いを受けた場合には，後で返還することが予想されても，いったんは収益を計上し，返還が確定した段階で費用に計上すべきと言っています。

水戸：その論理からすると，利息制限法で定める利率を超える未収利息部分については益金に入れる必要がないということになりますね？

山田：そういうことになります。

水戸：考えてみれば，税務当局にとって最悪なシナリオは，不当利得を得た者が，これは不当利得だから所得ではないと主張された上で，不当利得も返さないということでしょうね。そう考えると，税法の考えでは，たとえ不当利得であっても，現金を受領しているような状況では，課税の網をかける必要があるのですね。

K：なるほど，そうですね。

3-33　＜最高裁（第二小法廷）昭和49年3月8日判決（民集第28巻2号186頁）＞

> **1．事件の概要**
> 　旧所得税法のもとにおいて雑所得として課税の対象とされた金銭債権が後日回収不能となった場合と徴収税額についての不当利得の成否について
> **2．判　　旨**
> 　旧所得税法のもとにおいて，雑所得として課税の対象とされた金銭債権が後日貸倒れによって回収不能となった場合に，その貸倒れの発生と貸倒額とが客観的に明白で，課税庁に格別の認定判断権を留保する合理的必要性がないと認められるときは，当該課税処分そのものが取消又は変更されなくても，国は，同処分に基づいて先に徴収した所得税のうち貸倒額に対応する税額を不当利得として納税者に返還すれば足りる。

第3章 法人税法

山田：それでは，次に（問3）を見ていきましょう。

K：（＜スライド3－32＞の（問3）の問題文を読み上げて）これは，返戻金額が平成22年に確定したのだから，平成22年度の益金の額に算入するしかありませんよね？

山田：そうですね。それ以前は金額が確定していないので，どうしようもありません。それでは，これで7日目の勉強を終わりますが，Kさん，今日のまとめをお願いします。あっ，ツーペーの話はまとめに入れなくいいですから。まずは，平成18年第10問問題1に関連してお願いします。

K：ポイントは，「債務確定主義」です。22条3項2号には括弧書きで「償却費以外の費用で当該事業年度終了の日までに債務の確定しないものを除く」という規定があるので，費用の認識に関して会計は発生主義及び費用収益対応の原則が基本ですが，法人税法は損金の認識に関しては，債務確定主義に修正しています。

山田：この修正で覚えておかなければならないことは？

K：債務確定主義への修正は，第2号に定める「販売費，一般管理費その他の費用」のみに限定されるということです！

山田：ばっちりですよ！　じゃあ調子が上がってきたところで，平成19年第1問問題1についてもまとめをお願いします。

K：これも22条関連の問題で，無償で資産を譲渡した場合も益金が発生することを定めた22条2項に関する問題でした。法人税法上，取引価格を自由に設定できたら税金の取りっぱぐれが生じる可能性があるため，公平の観点から，22条2項は無償の場合のみならず時価と違う金額で取引した場合にも適用される規定だったと思います。

山田：判例も見たと思うけど。

K：最高裁平成7年12月19日判決（民集49巻10号3121頁）を見て，たしか……寄付金との関係を見たと思います。

山田：寄付金は，一定の限度額を超えた金額が損金不算入でしたよね。なぜ判例が寄付金の規定を持ち出したのか覚えていますか？

147

K：う〜ん……（読みながら）法人税法上損金不算入となる寄附金とは，その名義や形式を問わず法人が行う経済的な利益の贈与の全てを指します。あっ，思い出してきました。時価と異なる価格で譲渡した場合には，時価で譲渡したと仮定した場合に生じる譲渡損益と，経済的な利益の贈与は損金不算入の対象となる寄附金となるんですよね！　そして譲り受けた会社には受贈益が認定されるんですよね！　ダブルリスク！

山田：そのとおりです。今一度，法人税法における最重要条文である22条と37条はしっかりとチェックしておいてくださいね。

K：は〜い！

山田：じゃあ，最後に平成22年第1問問題1を説明してください。

K：ツーペーが重要だったと……

山田：いやそれ以外で。

K：「無償による資産の譲受け」と「無償による役務の譲受け」について，法人税法は区別していることがポイントだったと思います。無償で役務を提供してもらう場合には，経済的便益を得ますが，同時に費用化されて……ツーペーだったと。

山田：本当に分かっているかな……。その他に押さえておくポイントは？

K：不当利得も所得になるということです。最高裁昭和49年3月8日の判決では，不当利得であっても現実に支払いを受けた場合には，後で返還されることが予想されてもいったん収益を計上して，返還が確定した段階で費用に計上すべきだと言っています。

山田：よくできました。復習はしっかりとやってくださいね。

K：……。はい……。

－ 7日目終了 －

第8日目

1．寄附金に関する過去問（その①）
　（平成20年　第1問　問題）

山田：法人税法の基礎的な構造は説明済みですので，どんどん過去問を解いていきましょう。

K：了解です。

山田：次は平成20年第1問の問題1です。（問1）から見ていきましょう。

K：（＜スライド3－34＞の問題文を読み上げる）

山田：寄附金の問題ですね。どこの条文を見たらいいでしょうか？

K：（＜スライド3－18＞に掲載の法人税法37条を見ながら）平成19年度の過去問で学習したように，37条7項では名義・形態を問わず，経済的な利益の供与を行った場合にも寄附金として取り扱っています。

山田：この問題を解くヒントですが，37条7項の括弧書きの部分です。37条では寄附金の範囲を非常に広く捉えていますが，一方で括弧書きでその範囲を限定しています。

K：広告宣伝費，見本費，交際費，接待費，福利厚生費とされるべきものは除くとなっています。

山田：この問題文を見て，消去法的に，寄附金にならないものはどれでしょうか？

K：2と3は従業員のために行われるものだから，福利厚生費だと思います。4は交際費的なものだと思いますし，5も接待費か販売促進のための費用だと思います。

149

3－34 ＜平成20年　租税法　第1問　問題1＞

　　法人税法に関する以下の問いに答えなさい。
（問1）　以下の項目のうち，法人税法上，寄附金として扱うのが最も妥当なものを一つ選び，解答用紙の所定欄に番号を書きなさい。
　　1．取引先に対する売掛金の全額放棄
　　2．従業員慰安のための社内運動会の費用負担
　　3．会社創業30周年の記念品代の支出
　　4．同業者団体に対する加入金の支出
　　5．駐車場を利用した観光バス乗務員へのドライブインからのチップの交付
（問2）　次の事例を読み，問いに答えなさい。
　　　X建設会社（非同族会社）は，同社の創業者で，同社を現在の規模にまで発展させるのに極めて大きな功績があったAが本年（平成20年）8月に金婚式を迎えるに際して，500万円の祝金を贈ることにした。Aは，10年前にX社の一切の役職から退き，保有していたX社株式のすべてを譲渡し，現在は妻と共に悠々自適の生活を楽しんでいる。
　　　X社による本件祝金の支出は，法人税法上，どのように取り扱われるべきか。法文上の根拠を明らかにしながら，述べなさい。

山田：ということは，Kさんは，1が寄附金に当たると考えますか？
K：そうだと思います。
水戸：私も消去法的なアプローチからすると，Kさんの意見に賛成ですが，売掛金を放棄することが，世間一般の常識から考えると，寄附金に該当するというのは多少の違和感がありますね。
K：売掛金を放棄するということは，貸倒損失を計上することではないでしょうか？　貸倒損失が損金不算入となる寄附金になるというのは，ちょっと頭が混乱してきました。
山田：確かにこの問題は少し不親切なところがあると思いますが，おそらく1

は，法人税法上貸倒損失の計上が認められるほど客観的証拠が得られない状況で，売掛金を放棄したような状況を前提にしているのだと思います。

K：回収できるかもしれない状況で売掛金を放棄してしまうということですね。それなら経済的利益の供与に当たりますので，寄附金に該当すると思います。

山田：この問題は法人税法上の要件を満たさない段階で，簡単に売掛金を放棄したら，法人税法上寄附金として処理され，損金算入が認められない可能性が生じるという極めて実務でよくある状況を聞いています。また，水戸先生がおっしゃるように世間の常識から考えると違和感があるからこそ，問題にしているのだと思います。それでは（問2）に進みましょう。

K：（＜スライド3-34＞の問題文を読み上げる）

山田：この問題のヒントは，逆説的にAがX社の役員であったり，あるいは，株主だったら，この祝金はどのように扱われるだろうと考えてみることです。

K：AがX社の役員であった場合は，この祝金は，追加的な役員給与と扱われますし，株主だったなら，株主として追加的にもらえる金銭ということで配当として扱われるのではないでしょうか？

山田：その分析は正しいと思います。それでは，Aは役員でも株主でもなく，また取引相手でもないのに，過去の功績を讃えて払われる金品は法人税法上どのように扱われるでしょうか？

K：そうなると寄附金ではないでしょうか？ AはX社の創業者ではありますが，現在はX社と何ら関わりがありませんので，単なる金銭の供与でしかありません。しかも，（問1）が寄附金の範囲のことを尋ねているので，その流れで（問2）も寄附金のことを尋ねていると考えるのは，試験テクニック上当然のことだと思いますが……。

山田：さすが弁護士，洞察力が鋭いですね。正解です。

水戸：Kさんは，試験テクニックだけで試験に受かったんじゃないの？

K：そんなことはありません。

2．寄附金に関する過去問（その②）
　　（平成23年　第1問　問題1）

山田：平成23年第1問問題1を見てみましょう。まずは，(問1) からです。
K：(＜スライド3－35＞の (問1) の問題文を読み上げて) これは，A社からB社に対する経済的便益の供与ですので，A社の課税所得の計算上，寄附金として扱われます。
山田：正解ですが，寄附金として扱われた場合にはどうなりますか？
K：A社の寄附金の損金算入限度額を超える金額が損金不算入となります。
山田：A社とB社とはどんな資本金関係ですか？
K：完全子会社とあります。
山田：37条の2項の規定を読んでみてください。
K：(＜スライド3－18＞の37条2項の条文を読んで) あっ，相手が完全支配関係がある内国法人の場合には，全額損金不算入になると書かれています。
山田：そうです。寄附金を渡す相手方が完全子会社の場合には，親子間で寄附金を渡すことによる課税回避行為に利用され易いということで，たとえ損金算入限度額という損金算入ができる枠があっても，その全額が損金不算入となります。このように完全子会社との取引は，平成22年に新設された「グループ法人課税」として規制がされています。
水戸：この規制は新しい税制なんですね？
山田：その通りです。法人税税法も年々複雑になっていきます。それでは次に，(問2) を見ていきましょう。
K：(＜スライド3－35＞の (問2) の問題文を読み上げて) これも寄附金ではないでしょうか？
山田：法人税法の扱いを検討するのに，まず寄附金かどうか疑ってみることはいいことですが，問題文にある集会所や公園の整備費は，本当に見返りのない費用でしょうか？

3-35 ＜平成23年　租税法　第1問　問題1＞

> 次の事案について，以下の問いに答えなさい。
> 　A株式会社（以下「A社」という。）は，主として建設業を営む内国法人である。A社の資本金の額は2億円であり，A社の事業年度は暦年である。
> 　A社は，平成23事業年度に，その完全子会社である内国法人B株式会社（以下「B社」という。）が使用する倉庫代を，全額肩代わりした。この倉庫代は，B社の業績が好調であるため，その事業を更に拡張させる目的で，A社が負担した。
> 　A社は，平成23事業年度において，近隣住民の理解を得て宅地開発を円滑に進めるために，5,000万円の費用をかけ，主として近隣住民が利用する集会所及び公園を整備した。
> （問1）　A社がB社との関係で負担した倉庫代は，A社の平成23事業年度における所得の金額の計算上，どのように取り扱うべきか。その理由についても述べなさい。
> （問2）　A社が負担した集会所及び公園の整備費用は，A社の平成23事業年度における所得の金額の計算上，どのように取り扱うべきか。その理由についても述べなさい。

K：問題文では，近隣住民の理解を得て宅地開発を円滑に進めるためとありますので，この費用は全く見返りがない費用とも言い切れません。

山田：法人税法における寄附金の概念は非常に範囲が広いものではありますが，法人に何らかの見返りがあるものは寄附金には含まれません。ヒントとしては，問題文に法人税法施行令14条1項が記載されていますが，それを読んでみてください。

K：（＜スライド3-36＞に掲載の法人税法施行令14条1項を読んで）そうですね。6号のイにあてはまります。

山田：とすると，そのような費用は何になると規定されていますか？

K：繰延資産というものになると規定されています。

3-36 ＜平成23年　租税法　第1問　問題1＞

* 法人税法施行令第14条第1項
  法第2条第24号（繰延資産の意義）に規定する政令で定める費用は，法人が支出する費用（資産の取得に要した金額とされるべき費用及び前払費用を除く。）のうち次に掲げるものとする。
  ① 創立費（発起人に支払う報酬，設立登記のために支出する登録免許税その他法人の設立のために支出する費用で，当該法人の負担に帰すべきものをいう。）
  ② 開業費（法人の設立後事業を開始するまでの間に開業準備のために特別に支出する費用をいう。）
  ③ 開発費（新たな技術若しくは新たな経営組織の採用，資源の開発又は市場の開拓のために特別に支出する費用をいう。）
  ④ 株式交付費（株券等の印刷費，資本金の増加の登記についての登録免許税その他自己の株式（出資を含む。）の交付のために支出する費用をいう。）
  ⑤ 社債等発行費（社債券等の印刷費その他債券（新株予約権を含む。）の発行のために支出する費用をいう。）
  ⑥ 前各号に掲げるもののほか，次に掲げる費用で支出の効果がその支出の日以後1年以上に及ぶもの
    イ 自己が便益を受ける公共的施設又は共同的施設の設置又は改良のために支出する費用
    ロ 資産を賃借し又は使用するために支出する権利金，立ちのき料その他の費用
    ハ 役務の提供を受けるために支出する権利金その他の費用
    ニ 製品等の広告宣伝の用に供する資産を贈与したことにより生ずる費用
    ホ イからニまでに掲げる費用のほか，自己が便益を受けるために支出する費用

山田：はい，では繰延資産に該当するとしたら，どうなりますか？

Ｋ：（あわてて法規集を開いて）えーと，32条により，その償却限度額以下の金額を償却費として損金経理した場合には，その金額まで損金が認められます（＜スライド３－37＞に条文記載）。

山田：正解ですが，このような規定のされ方は何と似ていますか？

Ｋ：えーと……。

山田：私の質問の意味は，例えば，会計上計上した費用の金額が70で，税法の規定により計算される限度額が100であっても，税法上損金の金額として認められる金額が70になってしまうような費用が他になかったか？　ということですが。

Ｋ：確か減価償却の時と同じです。

山田：そうです。減価償却とは，目に見える有形固定資産に対応する手続きでしたが，このように目に見えない単なる費用の支出であっても，その支出の効果が１年以上にわたる費用は，支出時の費用とはせず，減価償却と同じように，税法が定めた期間に応じて費用化していくことになります。

３－37　＜法人税法32条（抄）＞

（繰延資産の償却費の計算及びその償却の方法）

第32条　内国法人の各事業年度終了の時の繰延資産につきその償却費として第22第３項の規定により当該事業年度の所得の金額の計算上損金の額に算入する金額は，その内国法人が当該事業年度においてその償却費として損金経理をした金額のうち，その繰延資産に係る支出の効果の及ぶ期間を基礎として政令で定めるところにより計算した金額（「償却限度額」）に達するまでの金額とする。

3．寄附金に関する過去問（その③）
（平成21年　第1問問題1（問3）及び（問4））

山田：この問題は，最高裁（第一小法廷）昭和43年10月17日判決（民事92号607頁）に基づいて出題されたということですので，まず，その判例を見ていきましょう。

水戸：（＜スライド3－38＞の判旨を読んだ上で）この判決は極めて常識的ですよね。会社が損害を被った場合，一義的には賠償請求権を計上しろということですよね。税法的には，賠償請求権を計上する以上，その段階で何らかの収益を計上しろということですね。

山田：その通りです。それでは，この判例を踏まえて，Kさん，（問3）はどうなりますか？

K：（＜スライド3－39＞の（問3）の問題文を読み上げて）A社はBに対して2,000万円の債権を計上するとともに同額の益金を計上すべきです。

山田：正解です。先ほどの判例を知っていたら簡単ですね。それでは，（問4）はどうでしょうか？

K：（＜スライド3－39＞の（問4）の問題文を読み上げて）えーと，返還が事実上困難というレベルでは貸倒損失は認められないし，経済的メリットをBに与えたので寄附金として扱われると思います。

山田：BとA社との関係は？

K：BはA社の役員でした。

山田：会社が役員に渡す経済的なメリットは寄附金ですか？

K：そうか，役員給与です。

山田：その役員給与は損金になりますか？

K：（あわてて34条の条文を見ながら）いいえ，34条1項の1号から3号の条件を満たしていませんので，損金不算入となります。

水戸：もし，Bが単なる従業員で，返還が事実上困難というレベルで返還を求

3-38 ＜最高裁（第一小法廷）昭和43年10月17日判決（民事92号607頁）＞

(1) 事件の概要

本件は，Ａ社の代表取締役Ｂが，業務上保管していたＡ社の金員を着服横領しながら，これをＡ社の法人税申告上，経費に計上していたので，税務当局がＡ社の法人税の計算につき，横領額の経費を否認するとともに，これと同額をＢに対する仮払金として計算すべきであるとして法人税を更正決定したことにつき争われた事件である。

(2) 判　旨

「犯罪行為のために被った損害の賠償請求権でもその法人の有する通常の金銭債権と特に異なる取扱いをなすべき理由はないから，横領行為のために被った損害額を損金に計上するとともに右損害賠償請求権を益金に計上したうえ，それが債務者の無資力その他の事由によってその実現不能が明白となったときにおいて損金となすべき旨の原判示は，犯罪行為のために被った損害を損害賠償請求権の実現不能による損害に置き換えることになるものであるが，犯罪行為に基づき法人に損害賠償請求権の取得が認められる以上，その経理上の処理方法として十分首肯しうるものといわなければならない。」

① 損害の発生　　　　　損　失　×××／現金等　×××
② 賠償請求金の発生　　未収入金　×××／雑収入　×××
③ 賠償請求金の貸倒　　役員給与　×××／未収入金　×××

めなかった場合にはどうなりますか？

山田：一時に追加的に2,000万円もの報酬を従業員に払うというのは通常考えられませんので，給与として損金算入を認めず，寄附金として扱われると思います。ところで，以上３問が寄附金に関する問題でしたが，寄附金は一時差異でしたか，永久差異でしたか？

Ｋ：永久差異です。

山田：正解です。前にも言いましたが，試験には永久差異の方が出題され易いです。次も永久差異である役員給与に関する問題です。

Ｋ：すみません。少し頭がこんがらがってきました。いわゆる「寄附金」，つ

3-39 ＜平成21年　租税法　第1問　問題1＞

> 　A社は，建設業を営む普通法人（非同族会社）であり，その事業年度は4月1日から翌年3月31日までである。A社について，法人税法に関する以下の問いに答えなさい。なお，租税特別措置法上の措置については考慮しないものとする。
>
> （問3）　平成21年4月1日になって，A社の役員Bが平成20年5月から同年6月にかけて2,000万円の売上金額を除外し，この金額を個人的に費消していたことが判明した。A社は，平成20事業年度の確定申告にあたり，法人税法上どのような取扱いをすべきか。そのような取扱いをする理由についても述べなさい。
>
> （問4）　A社の役員会は，平成21年6月，役員BのA社に対するこれまでの貢献を考慮するとともに，Bの資力状態からみて返還が事実上困難であると判断し，上記2,000万円の返還を求めないこととした。A社は，平成21事業年度の確定申告にあたり，法人税法上のどのような取扱いをすべきか。そのような取扱いをする理由についても述べなさい。

まり現金による寄附の場合の課税関係はどうなるか，念のため説明してください。

山田：ごめんなさい。Kさんが何を悩んでいるのかが分かりませんが……。

K：えーと，一定の限度額を超える寄附の金額は原則として損金にならないことは37条7項で分かりました。

山田：はい。それで？

K：22条2項との関係はどうなりますか？　資産の譲渡はいったん時価取引をしたと考えて，ただし，利益分を相手方に贈与したと考えて益金に立てますよね。ある資産を無償で譲渡（贈与）すればその時価分全額が益金になることになりますよね……。

山田：ふむふむ。

K：ですので，現金はその金額自体が時価といえますから，その全額を贈与し

たものとして益金を立てることになりますか？

山田：ほほう。

水戸：ということは，せっかく寄附しても損金にならないだけでなく，益金として課税されてしまう？ それは大変だ。

山田：Kさんの悩みがやっと分かりました。現金による寄附の場合は，22条2項の問題でありません。22条2項の規定は，時価取引をしていたなら課税できる譲渡損益を回避されるのを防ぐものです。そもそも現金という資産は，時価と簿価が異ならないので，現金の移動から譲渡損益が計上されるものではありませんので，22条2項が想定している問題が存在しません。少し複雑な問題ばかり解いてきたので誤解したのかもしれませんが，現金を寄附した場合には，会計上は費用ですが，法人税法上は一定の限度額を超えた金額は損金にならないと，単純に理解してもらえればいいと思います。

4．役員給与に関する問題（その①）
（平成24年 第1問 問題1（問1）及び（問2））

山田：平成24年第1問問題1を解いてみましょう。この問題は役員給与に関する問題ですが，役員給与に関する問題は，基本的には34条さえ読めば分かります（条文は＜スライド3－14＞に掲載）。

K：（＜スライド3－40＞の（問1）及び（問2）の問題文を読み上げる）

山田：まず，（問1）ですが，ここで考えるべきことは何でしょうか？

K：えーと，まず，法人税法上相当とされる金額が年間1億円だということでしょうか？

山田：そうですね。ここは何を聞きたいのでしょうか。

K：34条2項の規定により，不相当に高額な部分は損金の額に算入しないということです。

山田：それでは，1億2千万円の給与のうち2千万円は損金にならないということですね。

3-40 ＜平成24年　租税法　第1問　問題1＞

次の事案について，以下の問いに答えなさい。

A株式会社（以下「A社」という。）は，主として自動車販売業を営む内国法人であり，その事業年度は暦年である。A社は同族会社であり，有価証券報告書を提出しておらず，また，所定の時期に確定額の役員給与を支払う旨の届出を所轄税務署長にしていない。

A社は，経営の刷新を狙い，平成21事業年度において，当時営業部長であり，その有能さを十分に発揮しているBを代表取締役社長に選任すると共に，Bに営業部長職を引き続き兼務させた。

平成23事業年度において，A社はBに毎月1,000万円の給与を支払った。この給与のうち，200万円は営業部長としての職務に対する給与であり，残額800万円は代表取締役社長としての職務に対する給与である。また，A社は，平成23年2月に，かねてBが入手を希望していたA社保有の展示用クラシックカー甲（時価2,000万円）を，500万円で売却した。この売却は，BのこれまでのA社への貢献に報い，また今後の活躍への期待を込めて，行われたものである。なお，職務内容や同業種類似法人の給与支給状況などに照らすと，Bに対する給与として法人税法上相当とされる金額は，年間1億円である。

（問1）　A社がBに毎月支払った1,000万円（年間合計1億2,000万円）の給与は，A社の平成23事業年度の所得の金額の計算上，どのように取り扱うべきか。根拠条文を示しつつ，述べなさい。

（問2）　A社がBに対して行った甲の売却は，A社の平成23事業年度の所得の金額の計算上，どのように取り扱うべきか。根拠条文を示しつつ，述べなさい。

K：はい。

山田：Aが営業部長と代表取締役社長を兼ねているということはどうですか。

K：1項の規定で，使用人としての職務を有する役員に対して支給する当該職務に対する給与は34条の規制の対象外となっていますので，営業部長としての給与2,400万円は従業員の給与として損金の額に算入することが認められます。

山田：それでは残りの社長分は？

K：毎月同額の金額を支給しているので，定期同額給与として損金の金額になります。しかし，2千万円は不相当に高額ですので損金になりません。

水戸：代表取締役社長が営業部長を兼ねるなんて，あるかなぁ。

山田：グッドポイントです。

○ 使用人兼務役員とは

山田：Kさん，34条5項の規定を読んでください。

K：（34条5項の規定を読んで）あっ，「社長，理事長その他政令で定めるものを除く」となっていますね。Aは社長ですので，使用人としての職務を有する役員にはなりませんね。

山田：法人税法上は，使用人兼務役員という概念を認め，使用人の職務に対して支給される給与は，役員給与に対する制限をかけていません。しかし，社長や理事長のような特定の肩書を持つ役員は使用人兼務役員とはなれません。

水戸：まあ，常識的な考え方ですね。

山田：以上のことを踏まえて，Aに支払われた給与の税務上の扱いはどうなりますか？

K：そうすると，全額役員給与として考えることになるわけですが……，いずれにしても毎月同額の金額を支給しているので，2千万円は損金になりませんが，残りの金額は，定期同額給与として損金の金額になります。

山田：それが正解です。それでは（問2）はどうでしょうか？

K：これは，4項の規定により，役員に対する経済的便益の供与となりますので役員給与となりますので，1,500万円（2,000万円－500万円）は追加の役員給与となります。

山田：それは損金算入が可能でしょうか？

K：あっ，そのことも説明する必要がありました。えーと，それは，定期同額給与にも，当然ながら，事前確定届出給与にも利益連動給与にも当たりませんので，損金不算入です。

山田：その通りです。

水戸：このように，事後的に，追加の役員給与だと認定される場合は，定期同額給与，事前確定届出給与，利益連動給与に該当しないので，必ず損金不算入ということになりますね？

山田：そうなりますね。

K：ところで，不相当に高額な部分はどうやって計算されるのでしょうか？

山田：当該役員の職務内容や類似会社における役員給与の支給状況等を総合的に勘案して計算することになっていますが，この問題文のように簡単に計算することは難しいでしょうね。

水戸：極端な状況でなければ，実務ではあまり問題にされないと考えておいていいのでしょうか？

山田：まあ，そうですね。

5．役員給与に関する問題（その②）
（平成24年　第1問　問題2）

山田：平成24年には役員給与に関する問題がもう一題出題されています。問題文を見てみましょう。

K：（＜スライド3－41＞の問題文を読み上げて）これは架空の手数料を払った形にして裏金を作り，その裏金で取締役Cに給与を払っていたという問題ですね？

山田：そうです。これに関連する条文はありますか？

K：（＜スライド3－14＞掲載の34条の条文を見ながら）ああ，3項にあります。事実を隠ぺいし，または仮装することによって役員に支給する給与は損金に算入しないとあります。

山田：役員給与に関しては，34条の条文を見る習慣をつけておけば，この問題は簡単ですね。

水戸：役員給与ときたら，34条。「役員さんよ(34)！」と覚えよう。

3-41 ＜平成24年 租税法 第1問 問題2＞

> 次の事案について，以下の問いに答えなさい。
> 　X社は，平成23事業年度の人件費率を一層引き下げるため，Y社への架空の手数料として毎月60万円を支払ったように経理し，それによって捻出した金額を毎月Cへの給与として支払った。
> （問い）　以下の税務処理に関する各記述のうち，正しい場合には○，誤っている場合には×を，解答欄の○×欄に記入しなさい。また，当該各記述に係る税務処理が正しい場合はその処理の根拠条文，誤っている場合は正しい税務処理及び根拠条文を，解答欄の「記述欄」に記入しなさい。なお，同族会社の行為計算否認規定の適用はないものとする。
> ②　X社は，Cに支払った720万円を，支払手数料としてではなく，定期同額給与として損金に算入できる。

K：何ですか，それ。

水戸：ミト・メソッド（笑）。

6．外国税額控除制度の趣旨

山田：法人税に関する問題で最後になるのは，外国税額控除制度です。外国税控除は法人税法の69条に定められています。

K：（＜スライド3-42＞の法人税法69条1項を読み上げる）

山田：外国税額控除制度の立法趣旨は，日本と外国との二重課税の防止にあります。例えば，＜スライド3-43＞のように，ある会社がニューヨークに支店を有していたとします。日本の法人税法の考えは，ニューヨーク支店の稼いだ所得だろうと，国内の支店が稼いだ所得と同様に課税します（居住地国課税）。一方，アメリカにおいては，日本企業といえどもアメリカ内で支店まで開設してビジネスをしているので，当該ニューヨーク支店に対して他のアメリカ企業と同様にアメリカの法人税を課そうとします（源泉地国課税）。したがっ

て，当該ニューヨーク支店の所得に対しては，日本の法人税とアメリカの法人税が課され，二重課税の状態となります。そこで，日本の法人税では，いったんニューヨーク支店の所得を課税所得に含めて日本企業全体の法人税額を計算するものの，その法人税額からアメリカで納税した税額を控除する制度を認めています。これが外国税額控除制度と呼ばれるものです。外国税額控除は，居住地国課税と源泉地国課税によって生じる国際間の二重課税を防ぐものですが，このような二重課税は，海外に支店を開設した時ばかりではなく，海外から得る利子，配当，使用料（ロイヤリィティ）に対して相手国で源泉税が課された場合にも生じます。このような場合も，外国税額控除制度によって二重課税が生じることを防ごうとしています。

水戸：先ほど，「日本の法人税法の考えは，ニューヨーク支店の稼いだ所得だろうと，国内の支店が稼いだ所得と同様に課税します（居住地国課税）」と言われましたが，このような課税方法をとらない国もあるのでしょうか？

山田：多くの先進国では，日本と同様に，全世界所得を課税所得に含め，そのために生じる二重課税を外国税額控除制度によって調整する方法をとっています。しかし，例えば，香港は，基本的に香港内で獲得した所得のみを課税し，

3－42 ＜法人税法69条（抄）と41条（抄）＞

（外国税額の控除）

第69条　内国法人が各事業年度において外国法人税を納付することとなる場合には，当該事業年度の所得でその源泉が国外にあるものに対応するものとして政令で定めるところにより計算した金額（「控除限度額」）を限度として，その外国法人税の額を当該事業年度の所得に対する法人税の額から控除する。

（法人税額から控除する外国税額の損金不算入）

第41条　内国法人が第69条第１項（外国税額の控除）に規定する控除対象外国法人税の額につき同条の規定の適用を受ける場合には，当該控除対象外国法人税の額は，その内国法人の各事業年度の所得の金額の計算上，損金の額に算入しない。

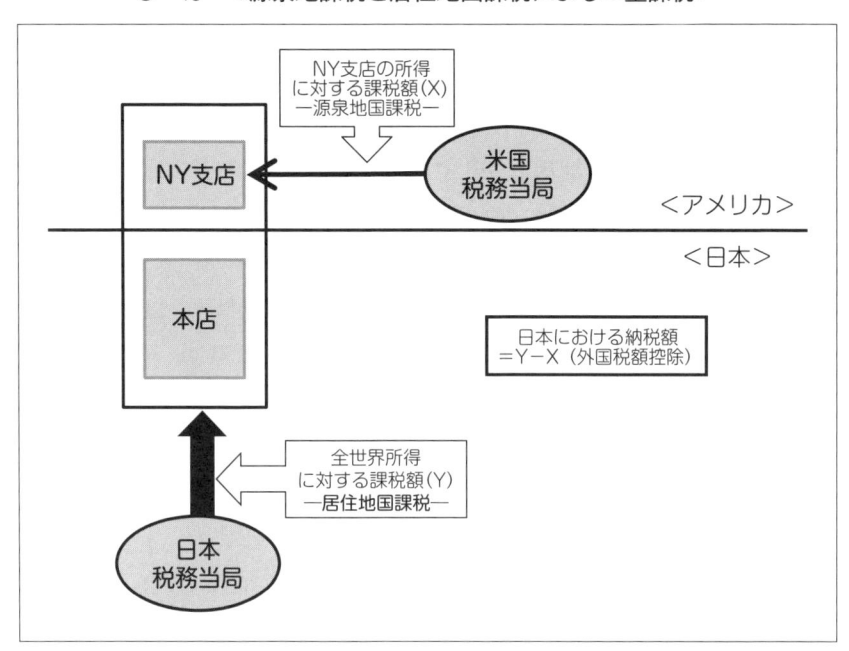

3-43 ＜源泉地課税と居住地国課税による二重課税＞

[図：NY支店の所得に対する課税額(X) —源泉地国課税—／米国税務当局→NY支店（アメリカ）／本店（日本）／全世界所得に対する課税額(Y) —居住地国課税—／日本税務当局／日本における納税額＝Y－X（外国税額控除）]

香港外で稼いだ所得の課税を免除しています。したがって，そもそも二重課税は生じません。

水戸：香港は税率も低いし，税金面でも色々とメリットがありますね。

山田：外国税額控除制度において，注意しなければいけない点は，外国で払った税額が全て控除できるわけではないということです。69条にある「控除限度額」までしか控除できません。

水戸：控除限度額はどのように計算するのですか？

山田：ものすごく簡単に説明すれば，先ほどのアメリカ支店の場合ですと，アメリカ支店で獲得した所得に日本の法人税率を乗じた金額が控除限度額になります。それ以上の限度枠を認めることは，日本国内で稼いだ所得に対する税額を犠牲にして外国で支払った税額を控除することになるためです。

K：要するに，「もしアメリカ支店が日本の法人税を課されたら」，と考えて，その額が限度になる，と考えるのですね。

山田：はい，そう考えてよいです。

水戸：外国税額控除は，二重課税を防ぐ制度であるものの，納税者に追加的なメリットを与える制度ではないということですね。

7．外国税額控除制度に関する過去問
　　（平成24年　第1問　問題2）

山田：その通りです。もう一つ注意すべきことは，これが平成24年第1問問題2に尋ねられているポイントですが，外国で税金を払った時は，納税者には，外国税額控除制度を利用して税額控除の対象とするか，外国税額を費用として損金算入するかの選択が認められています。所得税の時に説明したように，前者はcreditで，後者はdeductionなので，通常，外国税額控除の方が有利になるのですが，法人税法41条で，外国税額控除の限度額を超過した，すなわち控除できなかった外国税額は損金に算入することができないと規定されています。

水戸：両方獲りができないということですね。

K：（＜スライド3－44＞の問題文を読みながら）この問題は，私には難しすぎました。

山田：そうですね。この問題はそもそも外国税額制度の立法趣旨を理解していないと解けなかったと思います。

水戸：外国税額控除制度の趣旨は，二重課税の防止ということでしたが，それは受取配当益金不算入の趣旨と同じと考えていいのでしょうか？

山田：それは，いい質問です。確かに両方の制度趣旨は，二重課税の防止にありますが，外国税額控除制度は，外国の税金との間で生じた二重課税を調整しているので，日本国としては必ず調整しなければいけないというものではありません。しかし，受取配当益金不算入の制度は，内国法人間，すなわち，日本国内だけで生じる二重課税ですので，本来的に調整しなければいけないものですから，その点では趣旨が異なっています。

K：すみません。前に習った外国子会社配当益金不算入制度はどう考えたらい

3－44 ＜平成24年　租税法　第1問　問題2＞

> 次の事案について，以下の問いに答えなさい。
> 　X社は，平成23事業年度に，D国に納付した600万円の税額につき，控除対象外国法人税の額として，日本の外国税額控除の規定の適用を受けた。この外国法人税の額のうち200万円については，控除限度額を超過していた。
> （問い）　以下の税務処理に関する各記述のうち，正しい場合には○，誤っている場合には×を，解答欄の○×欄に記入しなさい。また，当該各記述に係る税務処理が正しい場合はその処理の根拠条文，誤っている場合は正しい税務処理及び根拠条文を，解答欄の「記述欄」に記入しなさい。なお，同族会社の行為計算否認規定の適用はないものとする。
> ④　X社は，外国税額控除の限度額を超過した200万円について，損金に算入することができない。

いのでしょうか？

山田：外国子会社配当益金不算入制度は，平成21年の税制改正で導入されたものです。それまでは，外国子会社からの配当金は，間接外国税額控除という制度で二重課税を調整していました。子会社形態で進出して日本に税引き後の利益を配当した場合，相手国で課された税金が結果的に二重課税になり，税制上は子会社形態ではなく支店形態で進出した方が有利となってしまうので，これを避けるために支店と同様に外国税額控除を認めていたわけです。これが間接外国税額控除です。

水戸：なるほど。

山田：しかし，平成21年の税制改正で，外国子会社から配当を得た場合は益金不算入となりました。これは，いわば，日本も香港のように外国で稼いだ所得に対して課税を免除する方式に変更されたのと同じです。

K：難しいですね。

水戸：まあ，外国子会社配当益金不算入制度と受取配当益金不算入制度は，似

た制度だけど，置かれた趣旨が少し違う，と覚えておけばよいのですね？
山田：その程度でよいでしょう。

8．8日目のまとめ

K：今日のまとめも必要ですか？
水戸：当たり前でしょう。
K：えー。きびしー。だって，ほとんど条文通りだと思うんですけど……。
水戸：文句言わない。山田先生がこうして時間を割いてくれてるんだから。
K：はーい。寄附金に関しては，ほぼ条文通りに当てはめれば行けると思うんですが，1点，注意すべきは，売掛金等の債権について，未だ回収の見込みがないとの判断ができない段階で放棄すると，寄附金に当たってしまうということでしょうか。

　あとは，役員報酬についても，34条（役員給与の損金不算入）等の関連規定に当たることができれば大丈夫かな，と。役員報酬は原則として損金不算入になるんだけど，報酬額の恣意性をできるだけ排除する方向で，税法は損金算入が認められる規定を定めています。また，不相当に高額な役員給与は損金算入が認められませんが，役員報酬のどの分がどういう理由で不相当に過大であるなどというという計算はしにくい，と。つまり，狙いは分かるんですが，実務では絵に描いた餅ということですね。

山田&水戸：シニカルだなぁ……。
K：外国税額控除については，国内と海外での二重課税防止のために69条のような規定が設けられています。もっとも，二重の課税防止の反面として，控除や損金不算入のいいとこどりができないように41条（法人税額から控除する外国税額の損金不算入）のような制限が設けられています。
山田：はい，よくできました。今日はお疲れ様でした。

－8日目終了－

第9日目

第4章　消費税法

1．消費税法の概要

山田：それでは今日から消費税法の説明に入っていきましょう。消費税は，昭和63年12月30日に消費税法が施行され，平成元年4月1日から適用された，いわば「平成の税」です。また，平成9年4月1日から地方消費税が適用され，税率が3％から5％になっています[1]。

K：地方消費税とは何でしょうか？

山田：Kさんが現在買物をすると，5％の消費税が課されていますね？

K：はい。

○ 4％の消費税と1％の地方消費税

山田：実は，5％のうち4％は国税である消費税分で，残りの1％，正確に言うと，国税である消費税の25％（4％×25％＝1％）が地方消費税として消費税と同時に回収され，最終消費地の都道府県の税収となるように各都道府県に分配されています。また，各都道府県に分配された額の半分は，都道府県内の各市町村に再分配されています。

K：恥ずかしながら，消費税が2つの税金から成り立っていることを知りませんでした。

水戸：最初が3％だったから，今でも国税としての消費税は3％で，地方消費

---

[1] 消費税法の改正により，平成26年4月1日より，税率が5％から8％に，また平成27年10月より，8％から10％となる予定であるが，ここでは5％を前提に説明を行っている。

税が2％と勘違いしている人もいますね。
山田：税率が3％から5％に変わった時には大騒ぎされましたが，そのことを忘れている国民も多いと思います。消費税等は，＜スライド4－1＞にあるように，二つの課税対象があります。一つ目は国内取引で，国内での物品の販売，サービスの提供が課税対象となります。二つ目は輸入取引で，保税地域から引き取られる外国貨物です。消費税は，日本国内における消費一般に広く薄く負担を求める間接税です。輸入取引に関しては，輸入した段階で消費税が課されるということで，複雑な論点はありませんので試験でもあまり出題されません。国内取引は，＜スライド4－2＞の内容を理解することが重要です。
K：（＜スライド4－2＞を見ながら）大体この流れは理解できます。

○ 内税か外税か

K：初歩的な話かもしれませんが，内税とか外税って，消費税法に書いてあるのですか。
山田：それはいい質問ですね。水戸先生，いかがですか。
水戸：消費税は消費に課される税ですので，消費者，買主，つまりお金を払う人が負担する税ですが，消費税法のたてつけを見ていくと，納税義務者は「課税資産の譲渡等を行った事業者」（消費税法5条1項），すなわち，売主でお金を受け取った事業者となっており，消費税分を価格に上乗せするかどうかは売主が自由に判断できることとなっています。価格に上乗せ（転嫁）する場合は外税となり，上乗せしない場合は内税となります。内税の場合は，結局，消費税額分，金額が下がった，売主の利益が減った，ということになります。
K：水戸先生，相変わらずざっくりとした説明ですね……。
水戸：Kさんにも分かるように説明しているんですよ（笑）。
K：はい，よく分かりました！

第4章 消費税法

4-1 ＜消費税の課税標準＞

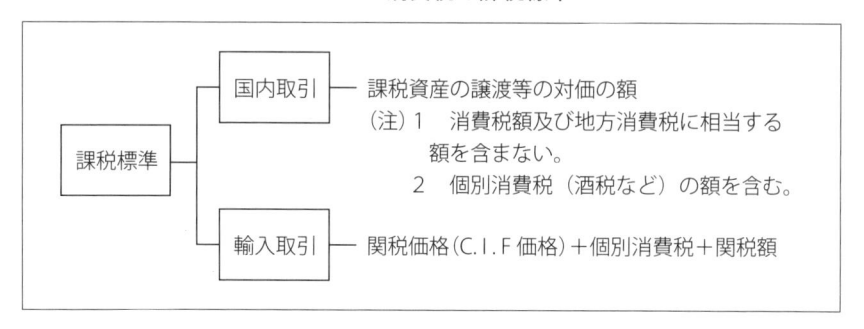

課税標準
├─ 国内取引 ─ 課税資産の譲渡等の対価の額
│　　　　　　（注）1　消費税額及び地方消費税に相当する
│　　　　　　　　　　　額を含まない。
│　　　　　　　　　2　個別消費税（酒税など）の額を含む。
└─ 輸入取引 ─ 関税価格(C.I.F価格)＋個別消費税＋関税額

4-2 ＜消費税の仕組み＞

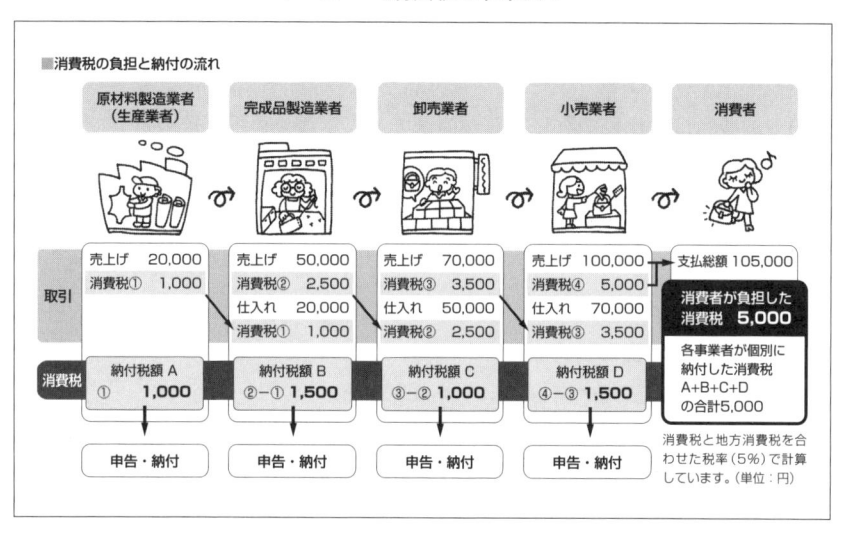

■消費税の負担と納付の流れ

原材料製造業者（生産業者） → 完成品製造業者 → 卸売業者 → 小売業者 → 消費者

取引：
- 原材料製造業者：売上げ 20,000／消費税① 1,000
- 完成品製造業者：売上げ 50,000／消費税② 2,500／仕入れ 20,000／消費税① 1,000
- 卸売業者：売上げ 70,000／消費税③ 3,500／仕入れ 50,000／消費税② 2,500
- 小売業者：売上げ 100,000／消費税④ 5,000／仕入れ 70,000／消費税③ 3,500
- 消費者：支払総額 105,000／消費者が負担した消費税 5,000

消費税：
- 納付税額 A　①　1,000
- 納付税額 B　②－①　1,500
- 納付税額 C　③－②　1,000
- 納付税額 D　④－③　1,500
→ 申告・納付

各事業者が個別に納付した消費税 A+B+C+D の合計5,000

消費税と地方消費税を合わせた税率（5％）で計算しています。（単位：円）

＜財務省HPより抜粋＞

○ 間接税としての消費税

山田：スライドの例では，消費者が最終的に税抜価格で100,000円の商品を購入していますので，消費者が負担する消費税は5,000円になります。しかし，総額5,000円の消費税を税務署に納めにいくのは，最終消費者ではなく，原材料製造業者が1,000円，完成品製造業者が1,500円，卸売業者が1,000円，小売

業者が1,500円と，取引の段階に合わせて分割して納付することになります。このように負担者と納税者が異なる税金を間接税と言います。復習となりますが，所得税も法人税も直接税で，負担者と納税者は一致していましたね。

水戸：現在，消費税率を上昇させようという動きになっていますが，それは間接税だからですかね？ 正直な話，所得税や法人税のような直接税はこれ以上税率が上がると重税感は否めないですからね。

K：しかし，消費税率が欧州の付加価値税（VAT）のように20％近くになったら耐えられないですよ。

水戸：Kさん，買い物しすぎなんだよ。国家財政が逼迫していずれにせよ国民負担で賄わなければならないなら，消費税が多少高くても，まあ，仕方ないかと諦めがつくけどなあ。

山田：消費税は，比較的課税計算が簡単で，広く薄く負担を求める点で国民の賛成を得やすいと言われています。一方で，税負担の逆進性が欠点であると言われています。収入が低くても高くても税額が同じということで。Kさんには失礼ですが，水戸先生よりKさんが消費税の増税に反対なのは，教科書通りの状況となっていますね。

K：私は消費税増税に反対です！

水戸：だから，買い物でお金使いすぎだってば。

2．消費税の原則的な計算方法と簡易課税方式

山田：消費税の納付額の原則的な計算方法は，実に簡単で，＜スライド4－3＞に示すように，売上の取消や貸倒れ等の特殊事情が生じなければ，売上に係る消費税額（課税売上高の4％）から，仕入に係る消費税額（課税仕入高×4％）を控除すればいいだけです。しかし，基準期間の課税売上高が5,000万円以下の事業者は，事業区分に応じた「みなし仕入率」を使って仕入に係る消費税額を計算する「簡易課税制度」を選択することが認められています（＜スライド4－4＞参照）。なお，基準期間とは，その事業年度（課税期間）の

4-3 ＜消費税額の計算＞

納付税額 ＝ 課税標準額に対する消費税額 － 課税仕入等に係る消費税額（原則(一般)：全額控除／個別対応方式／一括比例配分方式、特例：簡易課税方式） － 売上対価の返還等に係る消費税額 － 貸倒れに係る消費税額

4-4 ＜みなし仕入率＞

事業区分	みなし仕入率	該当する事業
第一種事業（卸売業）	90%	卸売業（他の者から購入した商品をその性質及び形状を変更しないで，他の事業者に販売する事業）
第二種事業（小売業）	80%	小売業（他の者から購入した商品をその性質及び形状を変更しないで販売する事業で，第一種事業以外のもの）
第三種事業（製造業等）	70%	農業，林業，漁業，鉱業，建設業，製造業（製造小売業を含む。），電気業，ガス業，熱供給業及び水道業（第一種事業又は第二種事業に該当するもの及び加工賃その他これに類する料金を対価とする役務の提供を除く。）
第四種事業（飲食店等）	60%	第一種事業，第二種事業，第三種事業及び第五種事業以外の事業。例えば，飲食店業等が該当する。
第五種事業（サービス業）	50%	第一種事業から第三種事業までの事業以外の事業のうち，不動産業，運輸通信業，サービス業（飲食店業に該当する事業を除く。），金融・保険業が該当する。
第六種事業（不動産業）※	40%	不動産業

※ 平成26年度より新設

前々事業年度をいいます。

水戸：みなし仕入率によって計算された仕入に係る消費税額が実際に支払った消費税額を上回る場合は，差額分の消費税額が儲かってしまうことになりますね。

山田：その通りです。ですので，これを「益税」と言ったりします。本来消費

税とは，最終消費者が全額を負担し，事業者は取引段階に応じて預かった税額を税務署に納めるだけで，事業者自体が消費税によって損も得もしないことが原則です。しかし，水戸先生が言われるように，結果的に消費税で利益を得ることも可能なのです。現在の消費税の増税論議においても，このような益税を避けるべきだということになっています。

3．課税・不課税（課税対象外）・非課税・免税

山田：それでは，試験対策として，もう少し詳しい消費税の内容に入っていきます。消費税の処理を考える場合，取引が，課税・不課税（課税対象外）・非課税・免税のいずれに該当するかを判定することが重要です。

K：了解です。

山田：まず，課税取引ですが，国内において事業者（法人も当然事業者です）が事業として対価を得て行う資産の譲渡等が，原則として課税取引とされます（消費税法4条＜スライド4－5＞参照）。この課税取引の定義からすると，寄附のような対価性を有しないと考えられる取引や，配当のような資産の譲渡等の対価とは考えられない取引は，「不課税」取引（課税対象外取引）になります。

水戸：また寄附金の話が絡んでくるんですか？　税務って本当に寄附金の話が好きですね。

山田：言われてみればその通りですね……。消費税に話を戻せば，消費税は消費にかかる税ですので，消費になじまない取引（例えば，土地の譲渡及び貸付け等）や政策的に配慮すべき取引（例えば，社会保険医療等）は，限定的に「非課税」とされています。

山田：また，先ほどの資産の譲渡等には，国内の通常の取引のみならず，輸入取引や輸出取引も含まれると解されており，課税取引に当たります。ただし，輸出取引については課税取引ですが，特別に「免税」とされています。

K：結局，輸入取引には消費税が課されるが，輸出取引は免税とされている，

4-5 <消費税法4条（抄）>

（課税の対象）
第4条　国内において事業者が行った資産の譲渡等には，この法律により，消費税を課する。
2　保税地域から引き取られる外国貨物には，この法律により，消費税を課する。
3　資産の譲渡等が国内において行われたかどうかの判定は，次の各号に掲げる場合の区分に応じ当該各号に定める場所が国内にあるかどうかにより行うものとする。
　① 資産の譲渡又は貸付けである場合　当該譲渡又は貸付けが行われる時において当該資産が所在していた場所
　② 役務の提供である場合　当該役務の提供が行われた場所
4　次に掲げる行為は，事業として対価を得て行われた資産の譲渡とみなす。
　① 個人事業者が棚卸資産又は棚卸資産以外の資産で事業の用に供していたものを家事のために消費し，又は使用した場合における当該消費又は使用
　② 法人が資産をその役員に対して贈与した場合における当該贈与

4-6 <消費税の課税対象>

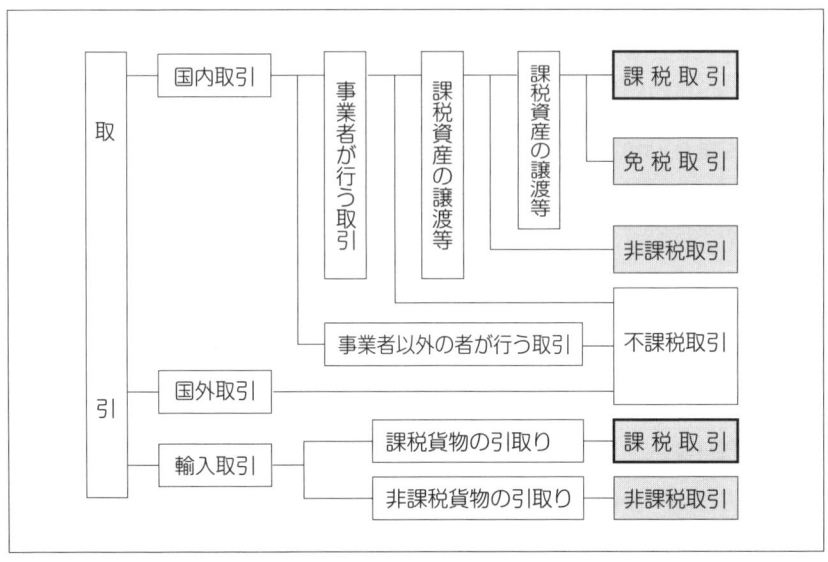

```
                                                       ┌─ 課税資産の譲渡等 ─┬─ 課税取引
                       ┌─ 国内取引 ─ 事業者が行う取引 ─ 課税資産の譲渡等 ─┼─ 免税取引
                       │                                              └─ 非課税取引
取引 ─┤                 └─ 事業者以外の者が行う取引 ─ 不課税取引
      ├─ 国外取引
      └─ 輸入取引 ─┬─ 課税貨物の引取り ─ 課税取引
                   └─ 非課税貨物の引取り ─ 非課税取引
```

ということですね？

山田：そうです，不課税（課税対象外）・非課税・免税の相違が理解できましたか？

K：ややこしいですね。

山田：これらの内容をまとめると，＜スライド4－6＞のようになります。

水戸：確かにこれはややこしいですね。

山田：と言われると思いましたので，不課税取引は＜スライド4－7＞に，非課税取引は＜スライド4－8＞にまとめておきました。

K：残念ながら，これでも私には難しいですね。

山田：残念ながら，これくらいは暗記してください。

4－7　＜消費税の不課税取引＞

課税の対象となる国内取引の要件のいずれかを欠き，かつ，輸入取引にも該当しない取引は，消費税法の適用の対象とはならない。

不課税取引	サラリーマンの自家用車の売却	事業者が事業として行うものではないので，課税されない。
	寄附金，祝金，見舞金，補助金	対価として授受されるものではないので，原則として課税されない。
	試供品，見本品の提供	無償で提供する限り，課税されない。
	保険金，共済金の受領	資産の譲渡，資産の貸付け，役務の提供のいずれにも該当しない。
	剰余金の配当，出資の分配金など	株主や出資者としての地位に基づいて支払われるものであり，課税されない。
	資産の廃棄，盗難，滅失	資産の譲渡，資産の貸付け，役務の提供のいずれにも該当しない。
	損害賠償金	心身又は資産に対して加えられた損害に対するものは課税されない。
	国外取引	国内において行われる取引ではないので，課税の対象とならない。

4－8 ＜消費税の非課税取引＞

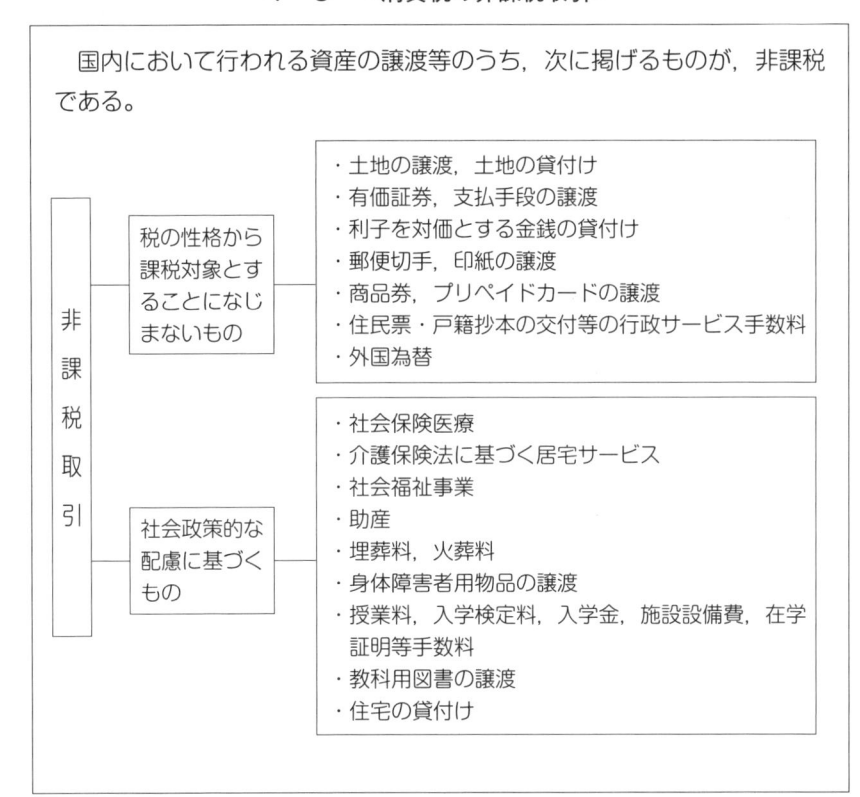

```
国内において行われる資産の譲渡等のうち，次に掲げるものが，非課税
である。
```

非課税取引	税の性格から課税対象とすることになじまないもの	・土地の譲渡，土地の貸付け ・有価証券，支払手段の譲渡 ・利子を対価とする金銭の貸付け ・郵便切手，印紙の譲渡 ・商品券，プリペイドカードの譲渡 ・住民票・戸籍抄本の交付等の行政サービス手数料 ・外国為替
	社会政策的な配慮に基づくもの	・社会保険医療 ・介護保険法に基づく居宅サービス ・社会福祉事業 ・助産 ・埋葬料，火葬料 ・身体障害者用物品の譲渡 ・授業料，入学検定料，入学金，施設設備費，在学証明等手数料 ・教科用図書の譲渡 ・住宅の貸付け

4．非課税取引に関する過去問
（平成21年 第1問 問題2（問2））

山田：平成21年の第1問問題2の（問2）は，まさにこのややこしい論点を尋ねていますので，解いてみましょう。

Ｋ：（＜スライド4－9＞の問題文を読んで）答えは②ですね。

山田：その通りです。その理論的根拠は？

Ｋ：土地の譲渡は消費になじまない取引だからです。

4-9 ＜平成21年　租税法　第1問　問題2＞

　次の事例を読み，以下の問いに答えなさい。なお，租税特別措置法上の措置については考慮しないものとする。
　（中略）その結果，Aは，平成20年3月，不動産業者Dに3億円で同土地を売却することができた。

（問2）　不動産業者D（基準期間の課税売上高は3,000万円）がAから購入した上記土地を販売する行為については，消費税は課されない。その理由として正しいものを一つ選び，解答用紙の所定欄に番号を書きなさい。また，Dの上記販売行為について消費税が課されない理論的根拠をあげなさい。
　① 　Dは，個人であるAから土地を購入したから。
　② 　Dが販売するのは土地であるから。
　③ 　Dが個人事業者であるから。
　④ 　Dが提供しているのは，役務（サービス）にすぎないから。
　⑤ 　Dは，いわゆる免税事業者に該当するから。

山田：完璧です。というか，＜スライド4-8＞の非課税取引の明細には，土地の取引が一番先頭に書かれていますからね。

K：⑤の「免税事業者」とは何ですか？　免税取引である輸出取引をする事業者のことですか？

水戸：言葉の感覚として，免税事業者と言うからには，納税義務の免除でしょうから，免税取引をする業者とは違うのでは？

山田：水戸先生のおっしゃる通りです。ここで言う「免税事業者」とは，消費税法第9条に定める「小規模事業者に係る納税義務の免除」に該当する事業者のことで，基準期間の課税売上高が1,000万円以下である者は，消費税を納める義務を免除されています（条文は＜スライド4-10＞参照）。これは，小規模零細事業者の事務負担を軽減する等のために設けられたもので，当初は3,000万円以下の事業者が対象でしたが，平成16年から免税点が1,000万円に引き下がりました。したがって，平成21年度の問題が平成16年以前に出題されていた

4－10 ＜消費税法9条（抄）と28条（抄）＞

（小規模事業者に係る納税義務の免除）
第9条　事業者のうち，その課税期間に係る基準期間における課税売上高が千万円以下である者については，第5条第1項の規定にかかわらず，その課税期間中に国内において行った課税資産の譲渡等につき，消費税を納める義務を免除する。
2　前項に規定する基準期間における課税売上高とは，次の各号に掲げる事業者の区分に応じ当該各号に定める金額をいう。
　①　個人事業者及び基準期間が1年である法人　基準期間中に国内において行った課税資産の譲渡等の対価の額（第28条第1項に規定する対価の額をいう。）の合計額から，イに掲げる金額からロに掲げる金額を控除した金額の合計額を控除した残額
　　イ　基準期間中に行った第38条第1項に規定する売上げに係る対価の返還等の金額
　　ロ　基準期間中に行った第38条第1項に規定する売上げに係る対価の返還等の金額に係る消費税額に100分の125を乗じて算出した金額

（課税標準）
第28条　課税資産の譲渡等に係る消費税の課税標準は，課税資産の譲渡等の対価の額（対価として収受し，又は収受すべき一切の金銭又は金銭以外の物若しくは権利その他経済的な利益の額とし，課税資産の譲渡等につき課されるべき消費税額及び当該消費税額を課税標準として課されるべき地方消費税額に相当する額を含まないものとする。）とする。

ら，Dは免税業者になり，⑤も正解でした。なお，基準期間については，前に説明しましたが，その事業年度（課税期間）の前々事業年度のことを指します。
K：免税事業者も先ほどの益税となりますか？
水戸：お，分かってきたじゃない。
山田：はい，本来納付しなければいけない消費税の納税義務が免除されますので益税と言えます。

5．免税事業者に関する過去問
　（平成23年　第1問　問題1（問4））

山田：実は，免税事業者に関しては，平成23年度にも出題されています。平成23年問題1（問4）も見てみましょう。

K：（＜スライド4－11＞の問題文を読んで頭を抱える）

山田：問題文をよく読んでみましょう。まず，平成21年まではDは免税事業者だったとありますね。平成21年に係る基準期間はいつですか？

4－11　＜平成23年　租税法　第1問　問題1＞

> 　次の事案について，以下の問いに答えなさい。
> 　（中略）A社の下請けのC工務店は，個人Dが事業主としてその経営に従事している。Dの課税期間（平成22年1月1日から同年12月31日。以下「本件課税期間」という。）に係る基準期間（平成20年1月1日から同年12月31日）における総売上高は，1,030万円であった（非課税取引に係る売上高は含まれていない。）。Dは，平成21年までは免税事業者であった。
> 　（問4）　Dは，本件課税期間において消費税の免税事業者に当たるか。その理由についても述べなさい。

＜消費税法等の施行に伴う法人税の取扱いについて（個別通達）（抄）＞

（少額の減価償却資産の取得価額等の判定）

> 9　令第133条（少額の減価償却資産の取得価額の損金算入），令第133条の2（一括償却資産の損金算入）又は令第134条（繰延資産となる費用のうち少額のものの損金算入）の規定を適用する場合において，これらの規定における金額基準を満たしているかどうかは，法人が適用している税抜経理方式又は税込経理方式に応じ，その適用している方式により算定した価額により判定する。

K：基準期間は，前々事業年度ですから平成19年になります。

山田：そうですね。したがって，平成19年以前のDの課税売上高は1,000万円以下であったと仮定できます。同様に本件課税期間（平成22年）の基準期間はいつですか？

K：前々事業年度ですから，平成20年です。

山田：平成20年の売上高はいくらですか？

K：1,030万円です……。1,000万円を上回っていますから，本件課税期間は免税事業者にはなれません。

水戸：しかし，……これだと問題が簡単すぎませんか？

山田：その通りです。実は，この問題は，最高裁（平成17年2月1日）判決（民集59巻2号245頁）が参考となって作問されています。

水戸：（＜スライド4－12＞の判旨を読みながら）28条で基準売上高は税抜きで計算するということなんですね。すると，この問題においても，税抜きで基準期間の売上を計算すると，1,000万円以下となるということですね。しかし，裁判所は，基準期間が免税業者の場合には，そもそも免税事業者なんだから税込みで基準売上を計算するのが法律の趣旨ということでしょうか。

K：その理由，あまりピンとこないのですが……。

山田：判旨にあるように，免税点は免税事業者に該当すべきか否かの規模の大きさを示すだけなので，わざわざ税抜き処理をする必要はないと考えるべきであるということのようです。

水戸：この判例は何か釈然としませんね。

山田：気持ちは分かります。まあ，そもそも免税事業者という制度が，消費税法全体からすると極めて例外的な特典と考えると，その条件は厳格に考えようということなのかもしれませんね。

水戸：この判例は一種の「権利の濫用を認めず」という論理なのかもしれませんね。

4-12 ＜最高裁平成17年2月1日判決（民集59巻2号245頁）＞

1．事案の概要
　本件は原告Ｘが，平成5年10月1日から同6年9月30日までの課税期間の消費税について，本件課税期間に係る基準期間である同3年10月1日から同4年9月30日までの期間の課税売上高が実際には3052万9410円であったが，本件基準期間において免税事業者に該当しており，課税売上高の算定上，納税義務を免除される消費税に相当する額が上記売上総額から控除されるべきであるとの見解を採っており，免税事業者に該当するとして申告をしなかったところ，被告である税務当局が，免税事業者に該当しないとして，同期間の消費税に係る決定及び無申告加算税賦課決定をしたことから，Ｘがその取消しを求めた事案である。

2．判　　旨
　法9条1項に規定する「基準期間における課税売上高」とは，事業者が小規模事業者として消費税の納税義務を免除されるべきものに当たるかどうかを決定する基準であり，事業者の取引の規模を測定し，把握するためのものにほかならない。また，法9条2項1号は，上記の課税売上高とは，基準期間中に国内において行った課税資産の譲渡等の対価の額の合計額から所定の金額を控除した残額をいうものと規定し，「課税資産の譲渡等に係る消費税の課税標準は，課税資産の譲渡等の対価の額（対価として収受し，又は収受すべき一切の金銭又は金銭以外の物若しくは権利その他経済的な利益の額とし，課税資産の譲渡等につき課されるべき消費税に相当する額を含まないものとする。）とする。」と規定する。法28条1項の趣旨は，課税資産の譲渡等の対価として収受された金銭等の額の中には，当該資産の譲渡等の相手方に転嫁された消費税に相当するものが含まれることから，課税標準を定めるに当たって上記のとおりこれを控除することが相当であるというものである。しかし，消費税の納税義務を負わず，課税資産の譲渡等の相手方に対して自らに課される消費税に相当する額を転嫁すべき立場にない免税事業者については，消費税相当額を上記のとおり控除することは，法の予定しないところというべきである。

6．消費税と法人税の関係に関する過去問
　　（平成21年　第1問　問題1（問1））

山田：消費税特有の問題は以上ですが，先ほどの問題と類似しますが，法人税法の規定の中には取引金額によって処理が異なってくるものがあります。その場合，取引金額とは消費税込みの金額をいうのか，税抜きの金額をいうのかという問題があります。

水戸：例えば，交際費の損金不算入の金額などですよね？

山田：その通りです。期末の資本金の額が1億円以下の法人の場合，支出交際費が600万円を超えるか否かによって，交際費の損金不算入額の金額が異なりますが，その場合の支出交際費の金額は，消費税込みの金額をいうのか，税抜きの金額を言うのかという問題です。

K：なるほど……，随分と細かな話ですね。

山田：その通りです。しかし，本試験に出ています。

K：そうなんですか？

山田：法人税の課税所得金額の計算に当たり，法人が行う取引に係る消費税等の処理については，税込経理方式又は税抜経理方式のいずれの方式も認められています。法人税法上の各種取扱いも，その経理処理方式に応じて決定されることになっています。したがって，原則として，税込経理処理方式を採用している場合には，税込金額で取引金額の判定を行いますし，税抜経理処理方式を採用している場合には，税抜金額で取引金額の判定を行います。その前提で平成21年問題1の（問1）の問題を解いてみましょう。

K：（＜スライド4-13＞の問題文を読んで）これは，簡単ですね。A社は税込処理をしているので，税込価額で10万円未満であるかを判断しなければいけないので，損金の額に算入することができません。

山田：その通りです。この問題は簡単でしたね。

4－13 ＜平成21年　租税法　第1問　問題1＞

　A社は，建設業を営む普通法人（非同族会社）であり，その事業年度は4月1日から翌年3月31日までである。A社について，法人税法に関する以下の問いに答えなさい。なお，租税特別措置法上の措置については考慮しないものとする。

（問1）　A社は，従来から消費税等につき税込経理をしている。A社は，平成20年12月1日に小型掘削機1台を購入し，事業の用に供した。その購入価格が消費税の税込価額で102,900円（税抜価額で98,000円）であったことから，A社は，当該金額を損金経理した。平成20事業年度の確定申告にあたり，A社が当該損金経理した金額を法人税法施行令第133条＊に基づき，損金として計上することは許されるか。その理由についても述べなさい。

　　＊　法人税法施行令第133条の抜粋
　　　内国法人がその事業の用に供した減価償却資産で，……使用可能期間が1年未満であるもの又は取得価額……が10万円未満であるものを有する場合において，その内国法人が当該資産の当該取得価額に相当する金額につきその事業の用に供した日の属する事業年度において損金経理をしたときは，その損金経理をした金額は，当該事業年度の所得の金額の計算上，損金の額に算入する。

7．課税標準に関する過去問
（平成24年　第1問　問題1（問3））

山田：続きまして，平成24年第1問問題1の（問3）を解いてみましょう。

K：（＜スライド4－14＞の問題文を読み上げて）これは消費税の課税標準が時価である2,000万円か，取引価額である500万円かという問題ですか？

山田：その通りです。まず直感でどっちだと思いますか？

K：問題にしているくらいですから，時価である2,000万円だと思います。

山田：それはなかなかいい勘ですね。税法の問題を解く場合は，基本は時価取

4－14　＜平成24年　租税法　第1問　問題1＞

> 次の事案について，以下の問いに答えなさい。
> 　A社は，経営の刷新を狙い，平成21事業年度において，当時営業部長であり，その有能さを十分に発揮しているBを代表取締役社長に選任すると共に，Bに営業部長職を引き続き兼務させた。
> 　A社は，平成23年2月に，かねてBが入手を希望していたA社保有の展示用クラシックカー甲（時価2,000万円）を，500万円で売却した。この売却は，BのこれまでのA社への貢献に報い，また今後の活躍への期待を込めて，行われたものである
> （問3）　A社がBに対して行った甲の売却は，消費税法上どのように取り扱うべきか。根拠条文を示しつつ，述べなさい。

引だと考えることはいいことです。その感覚を持って，消費税の課税標準を定めている消費税法28条を見てみましょう。

K：（＜スライド4－10＞の消費税法28条の条文を読み上げて）課税標準は「対価の額」とあります。

山田：消費税は，取引に課税を行うものなので，課税標準は「対価の額」になっているのです。これは，時価取引主義の例外と覚えてください。

水戸：しかし，28条の後段の「ただし」以下では，法人が役員に資産を譲渡した場合で，対価の額が当該資産の価額（時価）に比して，著しく低い時は，その価額（時価）を対価の額とみなす。という規定がありますよ（＜スライド4－16＞参照）。

K：ということは，この解答は，課税標準は時価の時価である2,000万円ということですか？

山田：そうなります。消費税法としては例外的な扱いですが，税法一般としては原則的な扱いになります。

水戸：例外の例外で，原則に戻って時価取引で，ということですね。

8．課税仕入れに関する過去問
　（平成24年　第1問　問題2）

山田：さて，消費税に関する最後の問題を解いてみましょう。最後の問題は，平成24年の第1問問題2です。

K：（＜スライド4－15＞の問題文を読み上げる）この問題は出向費が消費税法上の課税仕入れになるかということですね？

山田：そうですね。課税仕入れの定義はどこにあるでしょうか？

K：（法規集を眺めながら）あ，第2条の定義の一覧のところにありました（条文は＜スライド4－16＞参照）。

山田：課税仕入れはどのように定義されていますか？

K：（消費税法2条1項12号を読みながら）「給与等を対価とする役務の提供を除く」とあります……。問題文では，「Y社がX社に払った出向費は，同額を直ちにBに支払った」とありますので，実質的にY社がBに給与を支払ったのと同じですので，課税仕入れに該当しないと思います。

山田：問題に対する解答としては正解ですが，復習として，そもそも給与の支払いがなぜ課税仕入れに含まれないのでしょうか？

K：えーと……。

山田：消費税の課税対象は，何だったでしょうか？

K：（あせって，法規集をめくり，消費税4条1項を見つけて）国内において事業者が行った「資産の譲渡等」が課税対象となります（条文は＜スライド4－5＞参照）。

山田：そうですね。その規定から考えて，給与の支払いはどうして課税の対象にならないのでしょうか？

K：給与の支払いは，雇用契約に基づく労働の対価ですので，事業として行う資産の譲渡等の対価に当たらないからではないでしょうか？

山田：正解です。

4-15 ＜平成24年　租税法　第1問　問題2＞

次の事案について，以下の問いに答えなさい。
　X社は，Y社との合意に基づき，Y社の営業強化を目的として，平成23事業年度を通じBをY社に使用人として出向させた。Bは，Y社との雇用関係の下で，この間専らY社の指揮命令の下で労働に従事した。Y社は，当該合意に従い，対価として毎月50万円をX社に支払い，X社は同額を直ちにBに支払った。
（問い）　以下の税務処理に関する各記述のうち，正しい場合には○，誤っている場合には×を，解答欄の○×欄に記入しなさい。また，当該各記述に係る税務処理が正しい場合はその処理の根拠条文，誤っている場合は正しい税務処理及び根拠条文を，解答欄の「記述欄」に記入しなさい。（中略）
　① Y社がBの出向につき平成23事業年度中にX社に支払った600万円の全額が，消費税法上の課税仕入れに該当しない。

4-16 ＜消費税法2条（抄）と28条（抄）＞

（定義）
第2条　この法律において，次の各号に掲げる用語の意義は，当該各号に定めるところによる。
　⑫　課税仕入れ　事業者が，事業として他の者から資産を譲り受け，若しくは借り受け，又は役務の提供（所得税法第28条第1項（給与所得）に規定する給与等を対価とする役務の提供を除く。）を受けることをいう。

（課税標準）
第28条　課税資産の譲渡等に係る消費税の課税標準は，課税資産の譲渡等の対価の額（対価として収受し，又は収受すべき一切の金銭又は金銭以外の物若しくは権利その他経済的な利益の額とし，課税資産の譲渡等につき課されるべき消費税額及び当該消費税額を課税標準として課されるべき地方消費税額に相当する額を含まないものとする。）とする。ただし，法人が資産を第4条第4項第2号に規定する役員に譲渡した場合において，その対価の額が当該譲渡の時における当該資産の価額に比し著しく低いときは，その価額に相当する金額をその対価の額とみなす。

水戸：この問題のように，事業者が使用人を関連会社に出向させるような場合には，不課税取引として，消費税の課税関係が生じないのは理解できますが，人材派遣の場合はどうなるのでしょうか？　人材派遣会社は，人的役務の提供を事業として行っていますよね？

K：どちらも有料でBの労働力を提供している点では同じように思えますが。間に一社入っているかどうかだけの違いかと思います。

山田：まあ，派遣の場合は，Bの労働力を商品や資産としてY社に売っている，というイメージでとらえると違いが分かるかと思います。

水戸：Kさん，労働者派遣法の法律関係はどうだっけ？　説明してみて。

K：はい。（図を描いて）登場人物は，派遣元（X社），派遣先（Y社），派遣従業員（B）の三者です。Bの役務を提供することを内容とする派遣契約は，X社とY社で締結します。Bは派遣元のX社と雇用契約を結んでいます。ただし，派遣契約に基づき，Bは派遣先であるY社の指揮監督の下で働きます。

水戸：おー，正解！　スラスラでてきましたね。この三角関係をしっかり理解していれば難しくないね。

K：結構労働法に関連する業務もやっているので。これくらいは分かりますよ。

水戸：三角関係は得意だもんね。

K：どういう意味でしょう。

山田：まあまあ。今説明してくれた通り，人材派遣契約とは，Bさんの役務の提供を有料で行うことを約する派遣元（X社）と派遣先（Y社）との契約ですので，派遣元（X社）が受け取る人材派遣の対価は消費税の課税対象となり，支払った派遣先（X社）の方は課税仕入れとなります。

K：問題文にある「Bは，Y社との雇用関係の下で」という文言は，これが人材派遣契約ではないことを示唆していたのですね。

山田：その通りです。いずれにせよ，BはY社の指揮命令の下で労働するのですが，雇用契約をどこと結んでいるかがポイントです。これで，消費税に関する説明は終了します。それでは，Kさん，消費税のまとめをお願いします。

9．9日目のまとめ

K：はい。まず，消費税は間接税で，税金の負担者と納税者が異なります。最終的に税金を負担するのは消費者ですが，消費物が消費者に至るまでに関係した事業者が税金を納付します。この際，事業者の消費税納付額の計算方法は，特殊事情がない限り，売上にかかる消費税額から，仕入れに係る消費税額を控除して計算します。ただし，課税売上高が5千万円未満の事業者は，簡易課税方式というみなし仕入れ率を用いた計算方法を使うことができ，この計算方法による場合，実際の仕入れにかかった消費税より，控除額が大きくなる場合があり，事業者が得をしてしまう「益税」となることが起こり得ます。

　消費税が課される取引については，消費税法第4条に規定されていますが，そもそも消費税の課税対象外となる不課税取引と，消費税の性格や，政策的な配慮を理由に，消費税を課さないこととする非課税取引というものがあり，これに加え，消費税が免除される免税という場合があり，消費税法においては，問題となる取引がそもそも課税取引なのか，不課税取引なのか，非課税取引なのか，免税なのかを判断し，各条文に当たる必要があります。

　これらの区別は，暗記するしかありません……。

　ちなみに，消費税の課税標準を決める基準期間は，課税期間の前々年度です。税込経理方式又は税抜経理方式は，事業者が好きに選択することができますが，いったん選択した経理方式は，様々な場面で統一的に用いなければなりません。こんなところでよろしいでしょうか。

山田&水戸：しっかり復習しておきましょう。

－9日目終了－

第10日目

第5章 所得税法・法人税法・消費税法 総合問題

山田：これまでは，所得税，法人税法，消費税と，税法ごとに過去問を見てきましたが，ここでは各税法の枠を取って検討した方がいい問題をとりあげます。ここで取り上げる問題は2つあります。一つはストック・オプションに関するものです。ストック・オプションの税務処理を考える場合，オプションを付与する側（法人）と付与を受ける側（個人）の両方の処理を知っておいた方がいいためです。また，もう一つの問題は，時価と異なった取引をした場合の処理です。この問題は各税法のところで何度も扱ってきたと思いますが，平成23年の問題2は，この問題を所得税法，法人税法及び消費税法という3つの税法から尋ねています。この問題を解くことは，今までの総復習の意味を込めています。

水戸：そろそろ終わりが近づいているということですね？

山田：その通りです。もう少しですから，がんばりましょう。

K：はーい！

1．ストック・オプションに関する税制

○ ストック・オプションとは何か？

山田：ストック・オプションに関する総合問題は，平成22年度の問題2として出題されていますが，その前にまず，ストック・オプションとはどのようなものか説明してください，Kさん。

K：はい。ストック・オプションとは，一般に株式会社が自己の株式を取締役や使用人等に対して，あらかじめ定められた価額（権利行使価額）で，一定期

間（権利行使期間）内に購入することができる権利の付与を言います。

水戸：……レジュメ，読んでるね。

K：本当はストック・オプションをしっかり理解していなくて。

山田：では，この機会に勉強し直しましょう。水戸先生，説明をお願いできますか。

水戸：了解です。簡単に言えば，ストック・オプションとは，報酬として，現金の代わりに，将来株式を購入できる権利を与えるということです。何で現金の代わりにとなるか，と言えば，会社としては今現金は払えないけれど将来成功した際の株式でなら渡してもよいと考える場合があること。もらう方も，今の現金は額面通りの価値だけど，将来の株式は会社が大成功していれば，今の現金以上の利益を得られる場合がある。メデタシ，メデタシ，というわけです。

K：私は現金の方がいいです。絶対に！

水戸：そりゃそうだ。服を買ったり，高級レストランに行ったりすれば現金が必要になるものね。それはさておき，ストック・オプションは，行使期間が決まっているし，株価が必ず値上がりするとも限らないので，不安定，不確実な資産ということは言えますね。ですので，金銭報酬に加えての追加的な報酬として使われることが多いと言えます。

K：ストック・オプションってどうやってもらうんですか？　あと，将来，どうやってストック・オプションを行使するんですか？

水戸：その辺も整理しておきましょう。まず，ストック・オプションは，労働の対価（報酬）として渡すものなので，従業員からお金を払うことはありません。現金報酬に代えて，ストック・オプションを渡すだけです。

K：単純に労働の対価としてもらえるもの……ってことは，労働の内容に比較して過大なストック・オプションを渡すと，寄附金の問題が出そうですね。

水戸：おっ。

山田：Kさん，だんだん，法人税法のアタマになってきましたね。ただ，ここではその問題は置いておきましょう。

K：あれ，寄附金の話は関係ないんですね……。

水戸：ストック・オプションを行使する際は，あらかじめ決められた金銭を会社に支払います。この金額を行使価額と言います。例えば1株の時価が1,000円のときに，報酬として行使価額1,000円のストック・オプションをもらったとします。行使期間内に株式時価が1,500円になっていれば，1,000円で1,500円の株式を買えるので，500円得することになります。

K：500円に課税されるのでしょうか？

水戸：あせらない，あせらない。まずは法律関係をしっかり理解しましょう。ストック・オプションの行使により取得した株式は，いつ処分しようと自由です。もっと値上がりして2,000円になってから売れば1,000円の儲けですし，待っていたら売却時に800円に値下がりしていたとすれば200円の損になります。この①ストック・オプション付与時，②行使時（株式取得時），③株式売却時，の3つのタイミングを押さえておきましょう。ここから先は，山田先生にバトンタッチします。

山田：はい。税務をご説明する前に，ストック・オプションの歴史についても少し触れておきましょう。理解の助けになるはずです。

K：お願いします。

山田：ストック・オプションは，業績（株価）連動型報酬の一種として，主としてアメリカのハイテク産業において採用されました。日本においてこの制度が導入されたのは，平成7年11月に商法の特例として特定新規事業実施円滑化臨時措置法の一部改正がその最初ですが，その後，平成9年5月の商法の一部改正によりストック・オプション制度（自己株式方式と新株引受権方式）が全ての株式会社に認められることとなりましたが，さらにその後，数度の改正が実施されています。

水戸：いやー，ストック・オプションに関する商法や会社法の改正は目まぐるしく行われましたね。

山田：ストック・オプションに関する会計の扱いも随分と変わりました。簡単に言うと，昔の会計基準ですと，ストック・オプションをどれだけ付与しても，付与する企業は費用の計上が義務付けられませんでしたが，現在の会計基準に

よりますと，ストック・オプションを付与した企業は，付与した役員や従業員等に対する報酬として費用を計上することが義務付けられています。

K：ふ〜ん。

山田：ストック・オプションの付与は，経済実質的には，役員や従業員等に対する追加的報酬であったにもかかわらず，以前は費用の計上をしなくて済んだのです。しかも株価が上がれば，既存の株主もストック・オプションを付与された経営者もハッピーになれるということで，特にアメリカにおいては，利害関係者の全てが株価上昇のために動き，企業価値が向上する，という良いことづくめの制度に見えました。さらに，ストック・オプションを付与された役員や従業員等には税制上のメリットがあったので，この動きは加速されました。そういうアメリカにおける動きの中で，日本においても，特に外資系企業の役員等に外国の親会社のストック・オプションが付与されることが頻繁に行われるようになりました。

水戸：最初は会計も税務も，ストック・オプションをどう扱ってよいやら，という感じだったんでしょうね。

山田：一方で，ストック・オプション制度は粉飾会計の温床であるとも非難されました。例えば，粉飾事件で有名なエンロン事件も，経営者が粉飾を行った理由は，経営者にストック・オプションが付与されており，株価を下げたくなかったためだったと言われています。

水戸：そんなことも背景にあって，ストック・オプションに関する有名な判例（最高裁平成17年1月25日判決民集59巻1号64頁）が出るわけですね（判旨は＜スライド5−1＞に掲載）。

山田：その通りです。しかもその判例を受けて，平成18年の税制改正がされていますので，今は原則的にストック・オプションを付与された役員や従業員に税制上のメリットは無くなっています。

K：それでは，現在，ストック・オプションはあまり使われてはいないのですか？

山田：一時期より減ってはいるとは思いますが，現実にキャッシュを使わず，

5－1 ＜最高裁平成17年1月25日判決（民集59巻1号64頁）＞

1．事件の概要

米国法人の子会社である日本法人の代表取締役が親会社である米国法人から付与されたストックオプションを行使して得た利益が所得税法28条1項所定の給与所得に当たるとされた事例

2．判　旨

米国法人の子会社である日本法人の代表取締役が，親会社である米国法人から親会社の株式をあらかじめ定められた権利行使価格で取得することができる権利（ストックオプション）を付与されてこれを行使し，権利行使時点における親会社の株価と所定の権利行使価格との差額に相当する経済的利益を得た場合において，上記権利は，親会社が同社及びその子会社の一定の執行役員及び主要な従業員に対する精勤の動機付けとすることなどを企図して設けた制度に基づき付与されたものであること，親会社は，上記代表取締役が勤務する子会社の発行済み株式の100％を有してその役員の人事権等の実権を握り，同代表取締役は親会社の統括の下に子会社の代表取締役としての職務を遂行していたものということができ，親会社は同代表取締役が上記のとおり職務を遂行しているからこそ上記権利を付与したものであること，上記制度に基づき付与された権利については，被付与者の生存中は，その者のみがこれを行使することができ，その権利を譲渡し，又は移転することはできないものとされていることなど判示の事情の下においては，同代表取締役が上記権利を行使して得た利益は，所得税法28条1項所定の給与所得に当たる。

役員や従業員等にインセンティブを与えることができるので，今でも多くの企業で採用されています。

○ ストック・オプションに関する所得税法上の取扱い

山田：さて，いよいよ，ストック・オプションの税務について見ていきましょう。ストック・オプションに関する税制には変遷がありましたが，ここでは現行の制度についてのみご説明します。現行の所得税法によれば，ストック・オ

プションを付与された役員や従業員は，通常，権利行使価格が権利付与時における株価と同額かそれ以上に設定されることから，権利付与時には課税されません。次に，権利行使を行った場合には，権利行使時の株式の時価と権利行使価額との差額が経済的利益として給与所得等として課税されます。この場合に，会社は所得税の源泉徴収義務を負います。ただし，当該ストック・オプションが税制適格の要件を満たしたストック・オプション（これは適格ストック・オプションと呼ばれています。）の場合には，株式が譲渡されるまで課税が繰り延べられます。この関係を数値例を用いてまとめると，＜スライド5－2＞のようになります。

水戸：（＜スライド5－2＞を見ながら）いずれにしても権利付与時には，課税を受けず，非適格ストック・オプションの場合には，実際に株式を取得した段階で給与所得課税，その後当該株式を売却した段階で譲渡所得になる。一方で，適格ストック・オプションの場合には，株式を譲渡した段階で初めて譲渡所得課税ということですね。

山田：その通りです。ただし，適格ストック・オプションの規定は租税特別措置法29条の2に規定されていますので，試験問題で「租税特別措置法について考慮しないものとする」と書かれている場合には，非適格ストック・オプションの場合のみを想定することになります。

水戸：ここは単なる試験上の制約ということですね。合格のためと思って割り切って覚えるしかないね。

○ ストック・オプションに関する法人税法上の取扱い

山田：その通りです。次に，ストック・オプションを付与する企業側の処理ですが，個人から受ける役務提供の対価として新株予約権を発行した場合は，その個人が給与所得課税等を受ける場合に限り，その課税事由が生じた時に，その役務提供が行われたものとして，法人税法上損金の額に算入することが認められています。したがって，役員や従業員に付与したストック・オプションが適格ストック・オプションであれば，（ストック・オプションを付与された個

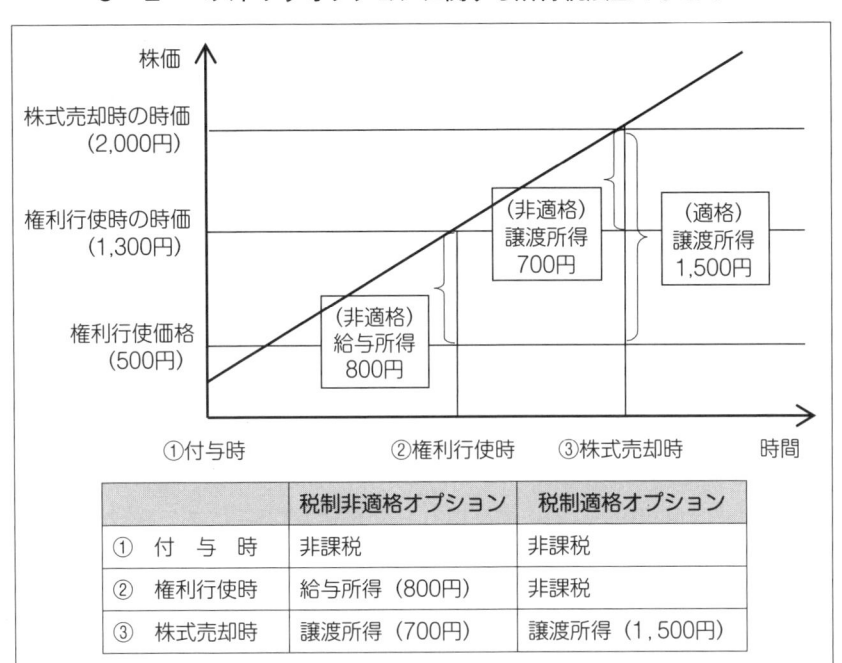

5-2 ＜ストックオプションに関する所得税法上のまとめ＞

```
株価
株式売却時の時価
(2,000円)
権利行使時の時価
(1,300円)                    (非適格)      (適格)
                            譲渡所得     譲渡所得
                             700円       1,500円
権利行使価格        (非適格)
(500円)           給与所得
                  800円

          ①付与時    ②権利行使時  ③株式売却時   時間
```

	税制非適格オプション	税制適格オプション
① 付与時	非課税	非課税
② 権利行使時	給与所得（800円）	非課税
③ 株式売却時	譲渡所得（700円）	譲渡所得（1,500円）

人に給与所得課税は生じませんので）ストック・オプションを付与した企業は損金不算入ということになります。

K：……（頭を抱える）。

山田：Kさん，これは確かにややこしい論点ですので，平成22年第1問問題2を解きながらもう一度考えてみましょう。

K：（＜スライド5－3＞の問題文を読み上げて）「租税特別措置法について考慮しないものとする」と書かれているので，非適格ストック・オプションの場合のみを想定すればいいのですね？

山田：その通りです。

K：非適格ストック・オプションの場合は，実際に株式を取得した段階で権利行使時の株式の時価と権利行使価額との差額を給与所得等として個人が課税さ

5－3 ＜平成22年　租税法　第1問　問題2＞

　以下の事案について，問いに答えなさい。なお，租税特別措置法については考慮しないものとする。
　内国法人であるＡ株式会社（以下，「Ａ社」という。）は，平成18事業年度に係る定時株主総会において，取締役全員に対して，職務執行の対価として譲渡制限等の特別の条件付きの新株予約権を付与することを決議した。その際，当該新株予約権が行使された場合には自己株式を交付することにし，そのために必要な自己株式を平成19年10月までに証券取引所を通じて取得した。なお，Ａ社の事業年度は毎年4月1日に始まり翌年3月31日に終わる。
　Ａ社の取締役を務めるＢ（居住者）は，前記の決議に基づき，Ａ社の新株予約権を付与された。Ｂに対して職務執行の対価として支払われるべき金額は250万円，付与された新株予約権の行使によって取得できる株式数は300株，1株当たりの権利行使価額は1万円，である。
　Ａ社の業績はその後急速に向上した。Ａ社の株価は大幅に値上がりし，平成21年3月初旬には過去最高額の1株当たり3万円にまで達した。そこで，Ｂは，平成21年3月9日に新株予約権を行使し，1株当たり時価3万円のＡ社株式を300株取得した。Ａ社は，Ｂが新株予約権の行使により受けた経済的利益に係る源泉所得税を徴収していない。
（問い）　以下の各記述について，当該記述に係る税務処理が正しい場合には○，誤っている場合には×，を解答欄の「○×欄」に記入しなさい。また，当該記述に係る税務処理が正しい場合にはその処理の根拠条文，誤っている場合には正しい税務処理及びその根拠条文，を解答欄の「記述欄」に記入しなさい。
　なお，下記の②の解答に当たっては，売却株主として個人だけを考えればよい。
① Ａ社がＢに対して支払うべき職務執行の対価の額250万円は，Ａ社の平成19事業年度の所得の金額の計算上，損金の額に算入することができる。
② Ａ社が自己株式の取得に関して売却株主に交付した金銭等の額については，みなし配当課税は問題にならない。
③ Ｂが新株予約権の行使により受けた経済的利益の額は，一時所得に係る総収入金額に該当し，その金額は，取得した株式の時価の総額900万円から職務執行の対価の額250万円を控除した残額650万円である。
④ 所轄税務署長は，Ｂが新株予約権の行使により受けた経済的利益に係る源泉所得税を，Ａ社から徴収する。

第5章 所得税法・法人税法・消費税法総合問題

れ，また，その個人が給与所得課税等を受ける場合に限り，その役務提供が行われたものとして，法人が損金の額に算入できるわけですから……，③は，Bが新株予約権を行使して株式を取得した段階で，権利行使時の株式の時価（1株3万円×300株）と権利行使価額（1株1万円×300株）との差額である600万円（1株2万円×300株）に対して課税が行われるので×です。

山田：正解です。他の質問はどうですか？　今のように答え易いところからどうぞ。

K：④は，本来企業には給与所得に対する源泉税を徴収する必要があるのに徴収していないので，代りに税務署がA社から徴収するのは，○です。また，①ですが，法人が損金にできるタイミングは，Bが所得税を課せられるタイミングと同じですので，Bが新株予約権を行使した平成21年3月9日の属する事業年度ですので×です。

山田：正解です。残った②はどうでしょうか？

K：……すみません。これはまったく分かりません。

山田：これは難しいですし，まだ説明していません。問題文に「みなし配当」とありますが，みなし配当は所得税法の何条に書かれていますか？

K：（法規集を開きながら）所得税法は，23条から「所得の種類及び各種所得の金額」となっており，24条が配当所得で，25条に配当等とみなす金額が規定されていますが……，この25条でしょうか？

山田：その通りです。25条にこの問題と関係しそうな規定がありますか？（条文は＜スライド5－4＞に掲載）

K：1項4号の規定が関係しそうですが……。

山田：25条1項は，株主等が1号から6号までの事由により，金銭その他の資産の交付を受けた場合において，その価額の合計額が当該法人の資本金等の額のうちその交付の基因となった当該法人の株式又は出資に対応する部分の金額を超えるときは，その超える部分の金額は配当とみなす（みなし配当）ということになっています。Kさんが言うように，4号の規定が関係しそうですが，ここで重要なのは括弧の中です。括弧書きに該当する場合には除くと書いてあ

5−4 ＜所得税法25条（抄）＞

（配当等とみなす金額）
第25条 法人の株主等が当該法人の次に掲げる事由により金銭その他の資産の交付を受けた場合において，その金銭の額及び金銭以外の資産の価額の合計額が当該法人の資本金等の額のうちその交付の基因となった当該法人の株式又は出資に対応する部分の金額を超えるときは，この法律の規定の適用については，その超える部分の金額に係る金銭その他の資産は，剰余金の配当，利益の配当又は剰余金の分配とみなす。
① 当該法人の合併
② 当該法人の分割型分割
③ 当該法人の資本の払戻し又は当該法人の解散による残余財産の分配
④ 当該法人の自己の株式又は出資の取得（金融商品取引所の開設する市場における購入による取得を除く。）
⑤ 当該法人の出資の消却，当該法人の出資の払戻し，当該法人からの社員その他の出資者の退社若しくは脱退による持分の払戻し又は当該法人の株式若しくは出資を当該法人が取得することなく消滅させること。
⑥ 当該法人の組織変更

りますね。

K：はい。金融商品取引所の開設する市場における自己株式の取得は除くとなっています。

山田：本問においては，自己株式を「証券取引所を通じて取得」となっていますので，本件はみなし配当には該当しませんので，②は×となります。

水戸：みなし配当とは，形式的には配当ではないが，実質上は会社の利益を株主に分配するのと同様な場合ということでしょうか？

山田：その通りです。

水戸：そもそも会社が株主のために自己株式を取得することは，会社の利益を株主に分配するのと実質的に同じ効果を持つということですね。

山田：ええ，例えば，減資の場合が分かり易いと思いますが，資本金の金額以上に減資を行い，利益留保金の部分の返還まで，減資に伴う払戻金として処理できれば，容易に配当金課税を回避することができます。

水戸：減資の場合はそうですね。

山田：自己株式の取得は実質的に減資と同じですよね。

水戸：そうですね。確かに自己株式の取得は実質的に減資と同じですから，旧商法では，資本充実の観点から自己株式の取得が原則禁じられていました。しかし，それなら，どうして25条1項の括弧書きで，金融商品取引所の開設する市場で自己株式の取得した場合は，みなし配当から除いているのでしょうか？

山田：おそらく，金融商品取引所の開設する市場における自己株式の取得する場合は，取引の相手方がその株式の取得者が当該株式の発行者であるか否か分からないという実務的な要請であると思います。

水戸：と考えると，この問題を解答するのは非常に難しいですね。

山田：法律の趣旨まで考えると確かに難しいですけど，試験のテクニックから言えば，条文にさえ辿りつけば何とかなると思います。

水戸：法律試験においては，まずは条文ということですね。

2．時価と異なった取引をした場合の処理のまとめ

山田：所得税や法人税の基本的な考えは時価取引ですが（消費税は原則的に取引価額が課税標準），試験では無償の取引を含めて，時価と異なった取引を行った場合の税務上の処理を再三尋ねられています。平成23年第1問問題2は，まさにそのような問題の総集編のような問題になっています。それでは問題を見てみましょう。

K：（＜スライド5-5＞の問題文を読み上げて）試験は，無償取引を色々な角度から聞いていますね。

山田：質問の仕方が変わっていますが，それぞれの取引はそんなに複雑ではありませんので，取引ごとに見ていきましょう。まず，取引(1)から。

5−5 ＜平成23年　租税法　第1問　問題2＞

　内国法人であるA株式会社（以下「A社」という。）が行う次の各取引について、以下の問いに答えなさい。なお、租税特別措置法については考慮しないものとする。

(1) 資本関係のないB株式会社に対して、時価500万円の工作機械を贈与した。
(2) 資本関係のないC株式会社に対して、無償で工作機械を貸与した。適正な賃料の額は120万円である。
(3) A社の取締役であるDに対して、時価200万円の自動車を贈与した。
(4) A社の取締役であるEに対して、無償で自動車を貸与した。適正な賃料の額は20万円である。
(5) A社の株主である個人Fから、土地の贈与を受けた。当該土地の贈与時における時価は5,000万円であり、Fの取得費は4,000万円であった。なお、A社は、消費税法上の免税事業者ではない。

（問い）　以下の各記述について、当該記述に係る税務処理が正しい場合には○、誤っている場合には×、を解答欄の「○×欄」に記入しなさい。また、当該記述に係る税務処理が正しい場合にはその処理の根拠条文、誤っている場合には正しい税務処理及びその根拠条文、を解答欄の「記述欄」に記入しなさい。

① (1), (2), (3), (4), (5)のいずれの取引からも、A社には法人税法上の益金が生じる。
② (1), (2)のいずれの取引からも、B株式会社及びC株式会社には法人税法上の益金が生じる。
③ (3), (4)のいずれの取引からも、D及びEには所得税法上の給与所得が生じる。
④ (1), (2), (3)のいずれの取引についても、A社には消費税が課されない。
⑤ (5)の取引により、Fには所得税法上の譲渡所得が生じる。

K：B社は時価500万円の工作機械を無償でもらったので，500万円の受贈益（益金）を計上しなければいけません。

山田：贈与したA社は？

K：時価で売却したものとして，工作機械の売却損益を計上し，500万円の寄附金を計上します。

山田：正解です。よくできました。

K：はいっ！（満面の笑み）

水戸：いや，このパターンは今まで散々やってきたので，できて当たり前でしょう。

K：……キビしい。

山田：それでは，取引(2)は？　取引(1)との違いに気をつけてください。

K：C社は無償で提供を受けたのは資産ではなく役務ですので，22条2項の規定により，C社で益金の計上はありません。

山田：よくひっかかりませんでしたね。

K：ええ，これってツーペイですもんね。同じミスは繰り返しません。

山田：無償の役務の提供をしたA社の処理は？

K：本来受領できただろう120万円の益金を計上し，同額の寄附金を計上します。

山田：完璧ですね。それでは取引(3)は？

K：A社は，200万円の役員給与を支払ったと取り扱われ，それは，定期同額給与に該当しませんし，おそらく，事前届出給与や利益連動給与にも当てはまらないと思われますので，損金不算入になると思います。

山田：常識的には，事前届出給与や利益連動給与に該当しないと思われますが，そこまで問題文に書かれていませんね。

K：贈与を受けた取締役Dは，200万円の給与所得が発生します。

山田：正解です。それでは，取引(4)は？

K：適正な賃料である20万円は，取締役Eの給与所得となります。また，A社は，20万円の役員給与を支払ったと取り扱われますが……，このような場合は，

定期同額給与や事前届出給与や利益連動給与に該当するのでしょうか？

山田：この問題文だけからは，判断できませんね。そのポイントは質問されていませんので，先に進みましょう。最後の取引(5)はどうなりますか？

K：個人であっても時価取引が原則だと思いますので，Fは時価で譲渡して，その時価相当金額をA社に贈与したと考えるはずですので，Fには1,000万円（5,000万円－4,000万円）の譲渡所得が生じます。それで，5,000万円の寄附をA社にしたと考えるのだと思います。この5,000万円は損金不算入なのでしょうか？

山田：個人には，法人のような寄附金課税の制度はありません。ただし，公益性の高い一定の寄附には寄附金控除が認められています。

水戸：個人が贈与した場合には贈与税がかかるのではなかったでしょうか？

山田：そもそも贈与税は贈与を受けた個人に課税されるものですので，この問題のように贈与を受けたのが法人の場合には，法人税上の益金を構成することになります。

水戸：そうか，法人は誰から贈与を受けようと，22条により益金の額に算入するのでしたね。したがって，取引(5)によって，A社には5,000万円の益金が生じるわけですね。

山田：そうです。えーと，一応これで全取引を分析しましたので，問いに答えてみましょう。

K：質問①は，今までの分析により，全ての取引につき，A社に益金が生じていますので〇です。

山田：正解です。

K：問題②は×です。取引(2)は無償の役務の提供ですから益金は生じません。

山田：Kさんはこの論点が得意ですね。

K：問題③は，〇です。

山田：これは簡単ですね。

K：問題④は……，えーと。

山田：先に問題⑤をやりましょうか？

第5章 所得税法・法人税法・消費税法総合問題

K：はい，問題⑤も○です。Fに1,000万円の譲渡所得が生じますから。

山田：よくできました。Kさんも本当に税務的な分析ができるようになりました。教えてきた私としても非常に嬉しいです。

K：ありがとうございます。

水戸：問題④が残っていますね。

山田：はい，これは少々難しかったです。これは消費税法4条4項の規定に関するものですが，この規定を知らないと解けません。Kさん，読んでもらえますか。

K：（＜スライド5－6＞に掲載された消費税法4条4項の規定を読み上げて）。

水戸：法人が役員に資産を贈与した場合には，事業として対価を得て行われた資産の譲渡としてみなすのですね。

K：ということは，問題④は×ですね。取引(3)は消費税が課されるので。

山田：これは，役員なら会社をコントロールできるので，消費税を回避されることを防ごうとする趣旨ですね。条文を知っていればどうということのない問題ではありますが，少々細かい気がします。

5－6 ＜消費税法4条（抄）＞

（課税の対象）

第4条 国内において事業者が行った資産の譲渡等には，この法律により，消費税を課する。

2 保税地域から引き取られる外国貨物には，この法律により，消費税を課する。

4 次に掲げる行為は，事業として対価を得て行われた資産の譲渡とみなす。

① 個人事業者が棚卸資産又は棚卸資産以外の資産で事業の用に供していたものを家事のために消費し，又は使用した場合における当該消費又は使用

② 法人が資産をその役員に対して贈与した場合における当該贈与

3．10日目のまとめ

山田：それでは，今日もまとめをお願いします。

K：やっと10日も終了ですね。今日はなかなか難しい内容だったので，上手くまとめられなくても許してください！

山田：はいはい。手始めにストック・オプションについて説明してください。

K：ストック・オプションとは，報酬として現金の代わりに将来株式を購入できる権利を与えるということです。

水戸：業績（株価）連動型の報酬の一種ですね。まあ，Kさんはストック・オプションよりも，手っ取り早く現金が欲しいみたいですけど（笑）。

K：時と場合によりますよ。

山田：それはおいといて，ストック・オプションに関する所得税法上の取扱いについてまとめてください。

K：現行の所得税法によれば，ストック・オプションを付与された役員や従業員は，通常，権利行使価格が権利付与時における株価と同額かそれ以上に設定されることから，権利付与時には課税されません。

山田：その通りです。じゃあ権利行使を行った時は？

K：権利行使時の株式の時価と権利行使価額との差額が経済的利益として給与所得等として課税されます。

水戸：会社は所得税の源泉徴収義務を負うことになるんだよね。

山田：なかなかいいですね。じゃあ，ストック・オプションと法人税法上の取扱いについてはどうですか？

K：難しかったことしか覚えてないです……水戸先生お願いします！

水戸：なんだそりゃ。しょうがないな。ストック・オプションを付与する企業側の処理からすると，個人から受ける役務提供の対価として新株予約権を発行した場合は，その個人が給与所得課税等を受ける場合に限り，その課税事由が生じた時に，その役務提供が行われたものとして，法人税法上損金の額に算入

することが認められています。
K：そうだ！付与したストック・オプションが適格ストック・オプションであれば，企業は損金不算入ということですね。
水戸：本当にわかっている？
山田：あと，試験では，時価と異なった取引をした場合の税務上の処理を再三問われているので，これも復習しておいてくださいね。
K：は～い！！
水戸：調子いいやつだな～（笑）

4．10日間の勉強を振り返って

山田：これで，平成18年から平成24年までの，会計士試験の租税法の全ての理論問題を解いたことになります。
K：本当にありがとうございました。
水戸：ありがとうございました。
山田：振り返って，どうでしょうか？　何となく租税法の考え方が分かりましたか？
水戸：最後の問題がそうであるように，税務はとにかく時価取引だということがよく分かりました。特に，法人税法では，時価取引を仮想して，同時に，取引金額との差額を損金不算入となる寄附金や役員給与と認定するパターンが多いことを学びました。
K：私は，法人税法22条の規定，会計上の利益と課税所得の関係が重要だと分かりました。
山田：Kさんにそう言ってもらえると大変嬉しいです。正直言いまして，Kさんの場合，会計と税務の差を説明する前に，現金の流れと会計の差から説明する必要がありましたから。
K：本当にありがとうございます。（現金収支→会計の利益→課税所得）の流れを教えてもらったのは，本当に勉強になりました。

水戸：それと，所得税において，所得の種類によって所得計算がものすごく違うので，所得区分の重要性を改めて認識しました。

山田：今日のところは疲れましたので，競馬の儲けが何所得になるかという話は止めときましょう（笑）。

水戸：了解しました（笑）。

－10日目終了－

第10＋1日目

第6章　試験範囲以外の重要論点

K：山田先生，10日間のご指導ありがとうございました。

山田：平成18年以降の会計士試験の租税法の全ての理論問題を駆け足で見てきましたが，重要となるポイントは全て説明したつもりですので，よく復習してください。また，計算問題については実際に電卓を叩きながら繰り返し解くことを心がけてください。

水戸：(満面の笑みで) ところで，山田先生。

山田：なんですか。水戸先生の，その笑顔はいつもクセモノです。

水戸：山田先生が勉強会の最初に，現在実務の問題になっているような論点は，会計士試験の範囲外であると言われていましたね。

山田：(いやな予感を感じつつ) ……ええ，そうです。

水戸：お忙しいとは思いますが，できましたら，試験範囲外であっても，実務において問題となっている論点も，同じように解説していただければ嬉しいな，とKさんと話していたんです。

K：はい！

山田：ええっ。

水戸：もちろん，実務で問題になっていることは簡単に説明できないとは思いますが，折角ここまで税法を勉強してきたので，そのエッセンスだけでも解説していただけると助かるのですが。

K：はい，すごく助かります。

水戸：やはり，我々は税務の実務も分かる弁護士を目指しているものですから。

K：目指しています！

山田：(大きくため息をついて) 分かりました，分かりました。何か考えてみましょう。ちょっと時間をください。

＜数日後＞

山田：現在，実務で問題になっていることを，とのお題をいただきました。その全てを網羅的に解説することは不可能です。しかし，乗りかかった船と言いますか，会計士試験の試験範囲だけを解説して，「これが税務の世界です」と去っていくのも，心苦しさが無かったと言えば嘘になります。

水戸：さすが，プロフェッショナル！

山田：そこで，トピックを4つだけに絞り，しかも新聞等で報道された実際の事件を説明しようと思います。

水戸：あ，それは嬉しい。実際の事件を説明してもらった方が，私たちにも分かり易いです。

山田：ただ，あくまでざっくりとした解説になりますし，テクニカルな解説は省略せざるをえませんので，その点はご理解ください。

水戸：ざっくりは，私もKさんも，得意とするところです。

K：一緒にしないでください。

山田：私が考えてきたトピックスとは，①連結納税制度，②組織再編制度，③外国法人課税制度，及び，④移転価格税制の4つです。これを順次，説明していきましょう。

水戸＆K：よろしくお願いします！

1．連結納税制度

○国内最高額の申告漏れ事件

山田：それでは，一番目のトピックである連結納税制度の解説をするために，2010年3月18日の朝日新聞の朝刊を見てみましょう。

K：（＜スライド6－1＞に掲載された新聞記事を読み上げる）

山田：この新聞記事によると，日本ＩＢＭが属する企業グループが東京国税局

第6章 試験範囲以外の重要論点

6-1 ＜2010年3月18日朝日新聞＞

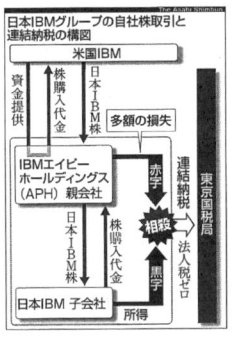

IBMグループ 4000億円申告漏れ
国税指摘 連結納税を利用
「法を順守」争う構え

コンピューター製造販売大手「日本アイ・ビー・エム」（東京都中央区、日本IBM）の企業グループが東京国税局の税務調査を受け、4千億円超の申告漏れを指摘されていたことが分かった。過少申告加算税を含む法人税の追徴税額は三百数十億円とされる。判明している調査では国内で過去最高の申告漏れ税額になるという。

（丹橋宏大、中村信義）＝38面に関係記事

合算して申告する「連結納税制度」を導入しているため、日本IBMの利益（黒字）と連結納税額が相殺され、グループ全体の法人税の納税額がゼロになっていたという。国税当局は、自社株取引で赤字を作り出し、連結納税で赤字と相殺させて課税を避けたとして、申告漏れにあたると判断した模様だ。

一方、自社株購入や連結納税はそれぞれ認められているため、日本IBM側は、合法的な節税策と主張して課税処分の取り消しを求める可能性が高いとみられている。

複数のIBMや業界関係者らによると、日本IBMの親会社「アイ・ピー・エム・エイ・ピー・ホールディングス」（同区、APH）は2002年、米IBMから資金を受け取り、同社が所有していた日本IBMの非上場の全株式（約2兆円）を購入。日本IBMに取得した株の一部を複数回にわたり売却した。この一連の自社株取引では、親会社APHが「子会社に安値で売った」ことになり、その差額は税務申告でAPHの赤字に区分されるという。この結果、APHは08年12月期までの5年間で計4千億円以上の赤字を抱えたとみなされることになる。

また、この自社株取引を行ったAPHと日本IBMなど企業グループは08年ごろから連結納税制度を導入。日本IBMは前年まで黒字で法人税を支払っていたが、08年は黒字がAPHの赤字と相殺されたため、支払わないでいい状態になったという。

これに対し、国税当局は、親会社のAPHは実体としての合理性がないく連結納税制度を組み合わせて税負担の軽減を図っている。仕組み全体は「税法令の乱用」にあたる—と判断。APHの4千億円超の赤字を計上は認められないとして、赤字と相殺された08年12月期の日本IBMの所得千数百億円に対し三百数十億円の追徴税処分を取ったた模様だ。東京国税局は取材に対し、「個別の調査事案については一切コメントしない」としている。

一方、日本IBMは「当社とグループ各社は関連法規を順守して適切に納税しており、当社としての主張をして今いくことはあり得る」とコメント。APHについても、「アジア地域全体の統括機能を持つ持ち株会社だ」と説明している。

連結納税制度 親会社と子会社などのグループ一体で所得額や税額を合算して申告・納税する制度。02年4月に始まった。グループ内の会社の黒字を別の会社の赤字で相殺して結果的に節税できるなどのメリットがある。親会社は子会社株を100％保有しているなどの条件がある。

自社株購入 市場などに流通する自社株を買い戻す取引。01年10月、全面的に解禁された。それまでは会社の資本を減少させるなどの理由で、一部のケースを除いて原則、禁じられていた。自社株購入は、企業合併・買収などに利用できるメリットがあり、経済界からの要望に応える形で、自由化された。

日本IBM株をグループ内で売買した結果、親会社に巨額の損失（赤字）が発生し、企業グループ内の損益をまた、

日本IBMグループの自社株取引と連結納税の構図

211

の税務調査を受け，4千億円超の申告漏れが指摘されています。法人税の追徴税額は300億円を超えるとされ，判明している税務調査では，国内で過去最高額の申告漏れ事件となるとされています。

水戸：これは一面トップ記事ですね。4千億円超の申告漏れですか。そう言えば，この記事，読んだな。

山田：記事の内容を＜スライド6－2＞にまとめました。日本ＩＢＭ社の親会社にあたるＩＢＭＡＰホールディングス（以下，ＡＰＨ社）は02年に，米国ＩＢＭ社から資金を受け，同社が所有していた日本ＩＢＭ社の全株式（非上場，取得原価は約2兆円相当）を購入しました。その後，取得株の一部を複数回に渡り，日本ＩＢＭ社に売却しています。日本ＩＢＭ社にとっては，当該取引は自社株の購入となります。この一連のグループ内の株取引においては，ＡＰＨ社が日本ＩＢＭ社の株式を取得した時より安い金額で売却したため，ＡＰＨ社に売却損が計上されることになり，ＡＰＨ社は08年12月期までの5年間で計4千億円以上の赤字を抱えることになりました。さらに，ＡＰＨ社と日本ＩＢＭ等の企業グループは，08年から連結納税制度を選択していたため，日本ＩＢＭ社の黒字とＡＰＨ社の赤字を相殺したというものです。日本ＩＢＭ社はその前年までは，利益に見合う法人税を支払っていましたが，08年からは連結納税制度の選択により当該黒字がＡＰＨ社の赤字と相殺され，法人税の納税額がゼロになりました。

Ｋ：もともと連結納税制度とは，企業グループの所得を連結して納税できる制度ですよね。黒字の企業の所得と赤字の企業の所得を相殺して納税して何が問題なのでしょうか？

山田：その通りです。＜スライド6－3＞に示したように，連結納税制度のメリットはグループ企業に赤字の企業（Ｓ2社）がある場合，その赤字（－70）で他のグループ企業の黒字を相殺できることにあります（連結納税をしないケースでは，黒字のＰ社及びＳ1社は自己の所得に対してそれぞれ税金を納めなければいけない）。しかし，東京国税局は，親会社のＡＰＨ社は実体に乏しく，ＡＰＨ社が赤字を抱える原因となった株取引には，通常の経済行為として

第6章 試験範囲以外の重要論点

6-2 ＜ＩＢＭ事件の概要＞

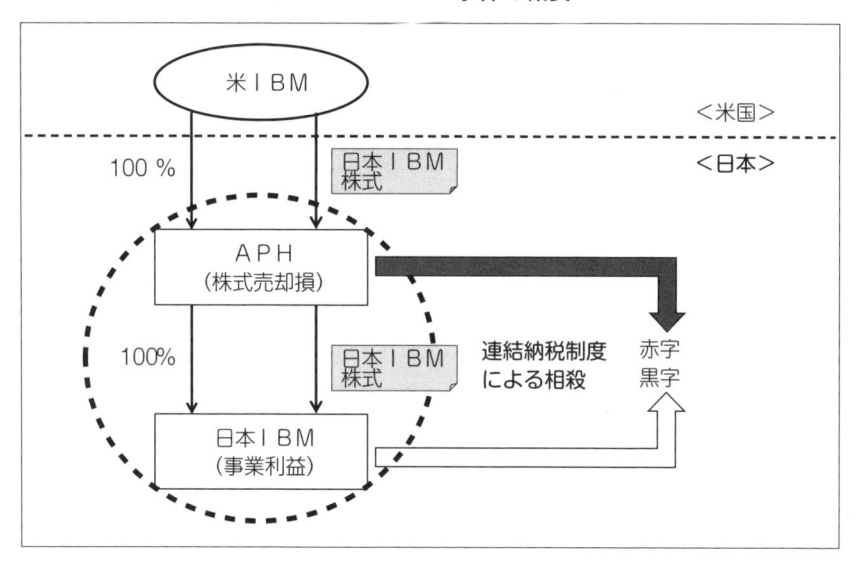

```
           米ＩＢＭ
                                              ＜米国＞
  ---------------------------------------------
    100％    ┌日本ＩＢＭ┐              ＜日本＞
            │株式      │
             ↓    ↓
           ＡＰＨ ────────────────→ 赤字
         (株式売却損)    連結納税制度
                        による相殺     黒字
    100％  ┌日本ＩＢＭ┐
           │株式      │
             ↓
           日本ＩＢＭ ──────────────↑
          (事業利益)
```

6-3 ＜連結納税のメリット＞

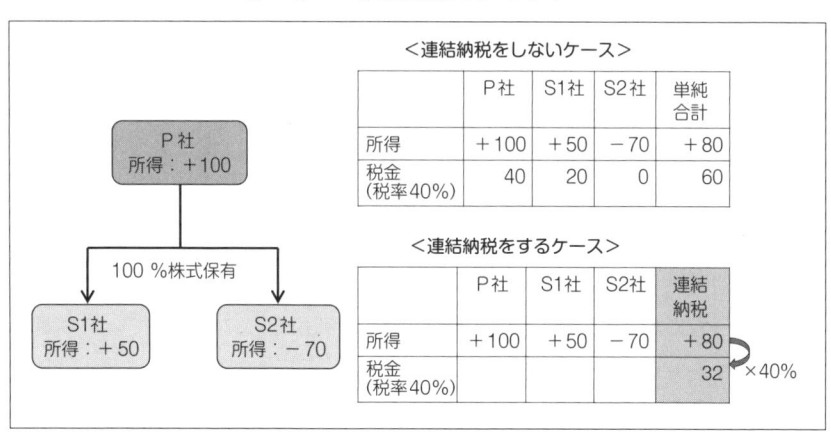

```
    Ｐ社
  所得：＋100
        │
  100％株式保有
     │     │
   S1社   S2社
所得：＋50 所得：－70
```

＜連結納税をしないケース＞

	Ｐ社	S1社	S2社	単純合計
所得	＋100	＋50	－70	＋80
税金(税率40％)	40	20	0	60

＜連結納税をするケース＞

	Ｐ社	S1社	S2社	連結納税
所得	＋100	＋50	－70	＋80
税金(税率40％)				32 ×40％

213

の合理性がなく，連結納税制度と組み合わせて税負担の軽減を不当に図ったもので，「法令の濫用」に当たると判断したようです。その結果，ＡＰＨ社の4千億円超の赤字計上は認められないとし，赤字と相殺された08年12月期の日本ＩＢＭ社の所得1千数百億円に対し，300数十億円の追徴課税処分をしました。

水戸：会社法上，自社株の購入が禁止されるケースではなく，また，子会社株式を売却した企業は，通常の株式の売買と同様に，売却金額が取得金額を下回ったので売却損を計上しただけですよね？

山田：その通りです。

水戸：また，連結納税制度をいったん選択すれば，グループ企業の赤字と黒字を相殺することも認めています。個々の取引に問題はないように見えますね。

山田：確かに水戸先生がおっしゃるように，それぞれの取扱いは認められていますが，だからと言って，2つの扱いを同時に認めていいのかという問題もあります。特に，ＡＰＨ社が所有していた日本ＩＢＭ社の株式を日本ＩＢＭ社に売却した取引（日本ＩＢＭ社にとっては，当該取引は自社株の購入となる）は，取引の前後において日本ＩＢＭ社はＡＰＨ社の100％子会社であり，グループ内において取引金額は移動しますが，その経済実態は何ら変わらない点を考えると，税務当局が一連の取引を制度の乱用と認定したい気持ちも分からないでもありません。仮にこのようなスキームが認められると，他社も簡単に課税を逃れることができてしまいます。

水戸：なるほど。では，仮にＡＰＨ社が日本ＩＢＭ社の株式を第三者に売却していれば問題無かったということでしょうか？

山田：第三者に対する売却損を連結納税制度の利用をして相殺していたら問題にはならなかったでしょうね。

水戸：租税法律主義の立場からすれば，こういう事態もやむを得ない，このようなスキームを問題視するなら，そのことを防ぐ立法をすれば良い，と考えるのが筋ではないでしょうか？

山田：この事件を踏まえて，平成22年度税制改正で，100％グループの内国法人間で所有株式を発行法人である内国法人に対して譲渡する場合，その譲渡損

益を計上できないとされました。したがって，平成22年以降は，同様のスキームで税額を減らすことはできなくなっています。

K：立法前に，やったもの勝ちということでしょうか？

山田：そうとも限らないと思います。この事件は裁判になっていますから，裁判所がどのような判断を下すのかが注目ですね。

○ 連結納税制度と連結会計は異なる制度である

K：ところで，連結納税制度を適用する場合には，連結財務諸表の利益に加算・減算して計算するのでしょうか？

山田：Kさん，その質問はナイスな間違いですね。説明しがいがあります。連結納税制度を選択している場合であっても，連結納税のための所得金額の計算は，連結会計における連結利益の金額を基礎として算出しているわけではありません。連結納税のための所得金額は，①各社の個別の会計上の利益に税務調整を行い，②各社の個別の課税所得を確定し，③各社の確定した個別の課税所得を連結し，④さらに，連結納税のための独自な手続きを行った上で計算します。したがって，連結納税制度と言っても，上記①から③までは，今まで学習してきた法人税の計算方法と原則的には変わりません。

水戸：しかし，連結会計も連結納税制度も，企業がグループ単位で経営をしている状況を反映させるためにできた制度ですよね？

山田：グループ会社の連結された所得に基づいて，法人税額の計算の基礎となる所得を計算するという意味においては連結納税制度と連結会計と類似しています。しかし，その目的，作成方法，連結する範囲等で，両者は大きく異なります。例えば，＜スライド6－4＞に示したように連結する会社の範囲ですが，連結会計においては，内国法人であれ外国法人であれ，支配が及ぶ会社は連結子会社として連結の範囲に含めなければいけませんが，連結納税制度では，親会社に発行済株式の全て（100％）を直接的に又は間接的に保有する内国法人のみを連結の対象としています。したがって，保有割合が99％であるスライド上の「子会社3」や，100％子会社であっても外国法人である「子会社4」は

6−4 ＜連結会計と連結納税の連結の範囲の差＞

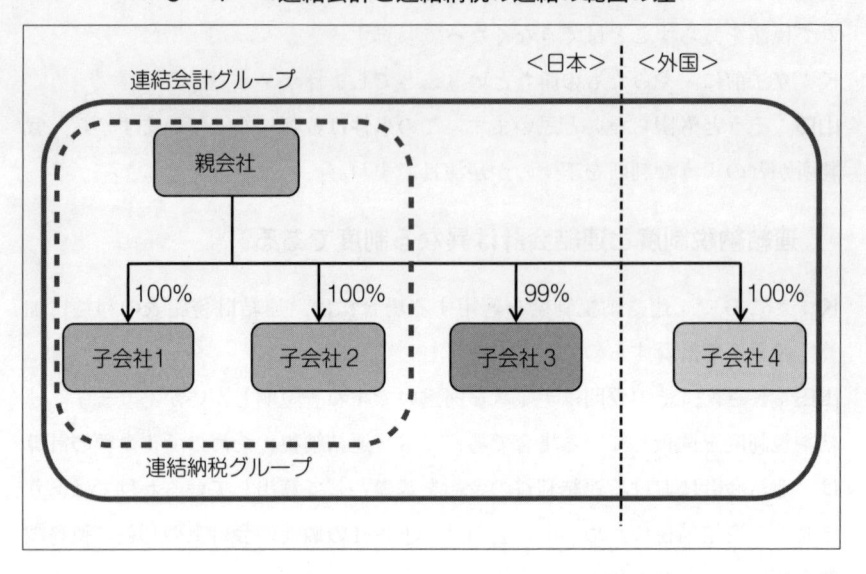

```
                連結会計グループ              <日本>│<外国>
    ┌─ ─ ─ ─ ─ ─ ─ ─ ─ ─ ─ ─ ─ ─ ─ ┐              │
    │         ┌─────┐              │              │
    │         │ 親会社 │              │              │
    │         └──┬──┘              │              │
    │    ┌───┬───┼───────┬──────────┤
    │  100%  100%     99%        │  100%
    │    ↓    ↓       ↓          │    ↓
    │ ┌────┐┌────┐┌────┐          │┌────┐
    │ │子会社1││子会社2││子会社3│          ││子会社4│
    │ └────┘└────┘└────┘          │└────┘
    └─ ─ ─ ─ ─ ─ ─ ─ ─ ─           │
           連結納税グループ              │
```

対象とはなりません。

水戸：どうして外国法人は連結納税の対象にならないのですか？

山田：連結納税制度は，あくまで我が国の法人税額を計算するための制度であり，他の国に所在する会社の損益状況によって影響を受けることは認められません。例えば，米国の子会社で生じた赤字によって，日本の親会社の法人税が減少することは，税収確保の観点から日本の税務当局が認めるはずはありません。このことは，企業グループの適正な損益の計算を目的とする連結会計とは異なります。

２．組織再編税制

○ 組織再編に関する法整備と組織再編税制

山田：連結納税制度に関する説明はこれくらいにして，次に組織再編税制に移りましょう。ご存知だと思いますが，ここ十数年，我が国企業の経営環境が急速に変化する中，企業活力を十分に発揮できるように組織再編成に係る法律の整備がされてきました。例えば，合併手続きの簡素合理化（平成９年），自己株式の取得等（平成10年），株式交換・株式移転制度の導入（平成11年），分割法制が創設されました（平成12年）。さらに，平成18年４月から施行された会社法においても，一連の組織再編成に係る規定が存在しますね。

Ｋ：……恥ずかしながら，会社法の中で組織再編のところが最も苦手なところでした。

水戸：Ｋさん，企業法務をやるなら，Ｍ＆Ａ，組織再編，企業再生といったあたりは押さえておかないと。

Ｋ：勉強します。

山田：確かに組織再編成は複雑です。そして残念ながら，その税務上の取扱いも複雑です。したがって，組織再編に係る税務のアドバイスは，今や会計士や税理士の一大ビジネスになっています。

水戸：弁護士も同様ですね。

Ｋ：真剣に勉強させてもらいます。

山田：繰り返しになりますが，組織再編税制は非常に複雑です。しかし，その基本的な考えをまとめると，＜スライド６－５＞のようになります。過去問の解説においても再三説明してきた通り，税務一般の考えは時価取引が原則です。それは，合併や分割のような組織再編成であっても同じで，原則的にはそのような行為が行われた時には，時価で取引が行われたものとして，移転する資産等の取得原価と時価との差額に対して譲渡損益が認識され，課税関係が生じます。しかし，組織再編が行われても移転する資産等に対する支配が継続してい

6-5 ＜組織再編と組織再編税制の関係＞

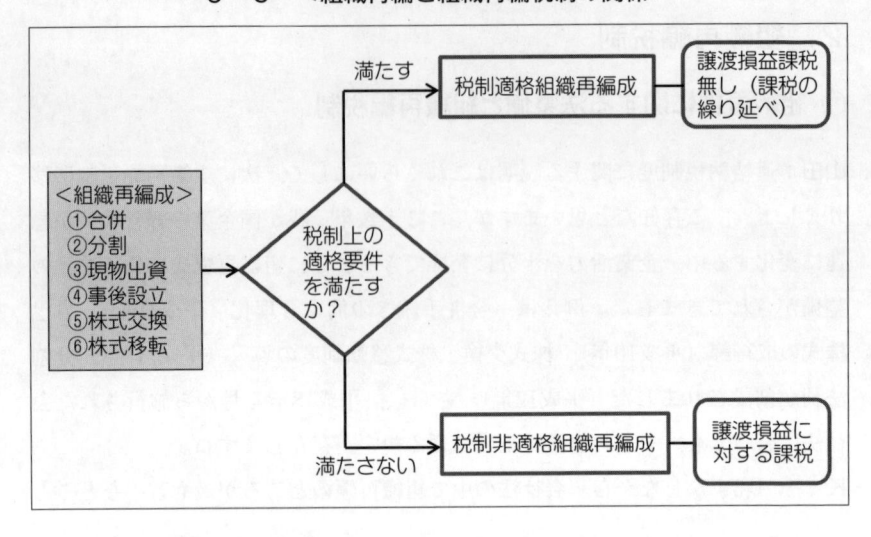

```
                          満たす    ┌──────────────┐    ┌──────────┐
                        ────────→  │税制適格組織再編成│──→│譲渡損益課税│
                       ／           └──────────────┘    │無し（課税の│
┌──────────┐      ◇                                   │繰り延べ）  │
│＜組織再編成＞│      税制上の                           └──────────┘
│①合併       │──→ 適格要件
│②分割       │      を満たす
│③現物出資   │      か？
│④事後設立   │       ＼
│⑤株式交換   │        ────────→  ┌──────────────┐    ┌──────────┐
│⑥株式移転   │          満たさない │税制非適格組織再編成│→│譲渡損益に│
└──────────┘                      └──────────────┘    │対する課税│
                                                        └──────────┘
```

ると認められる等の一定の条件を満たす場合には，税制適格組織再編成として，譲渡損益に対する課税の繰り延べが認められます。

水戸：よくM＆Aの現場において，適格か否かと税務の専門家が検討している話ですね？

K：M＆Aと組織再編って関係あるのですか？ ちょっとピンと来ませんが。

山田：水戸先生，解説をお願いします。

水戸：Kさん，そろそろ別料金だよ（笑）。まず，M＆Aは，企業買収のことですから，よそから企業を買ってくる話ですよね。通常は株式の取得や増資引き受けですが，通常の取引として課税関係を考えることになります。他方，組織再編はそれ自体はグループ企業の仕組みを合併や株式交換・株式移転といった手法を使って再編成するということで，どちらかというと内輪の話です。なので，外部との取引のような税金を課さなくてよいのではということで，税制適格組織再編成という制度があるわけです。その意味で，Kさんがピンとこない，というのは分からないでもありません。ただ，M＆Aの場合でも，合併や株式交換・株式移転という手法を利用することはありますので，使い方を工夫

すれば税制適格組織再編成として，課税上のメリットを受けられるということで，M＆Aの場合でも議論されるわけです。

山田：Kさん，合併や株式交換・株式移転，大丈夫？

K：教科書での勉強はしっかりしたつもりですが，やはり実務経験の乏しい私にはちょっともやもやしています。

水戸：ではざっくり復習しておきましょう。会社をロボットと考えると，合併は2台のロボットを1台に合体して巨大にするイメージ。株式交換は，ロボットAとロボットBを親子関係（AがBの親）にして，それまでBの株主だった人を，Aの株主にすること。株式移転は，AとBの上に，マザーのCというロボットを創設して，AとBのそれまでの株主をCの株主にすることですね。

山田：出ましたね。水戸先生の会社ロボット説（笑）。

K：合併は「結婚」に例えられることも多いですけど。

水戸：あれはウソだね。結婚したって，夫婦の人格は合体しないでしょ。むしろ人格の違いを認識するわけです。

K：独身なので分かりません。

山田：分かっているから独身なんじゃないの（笑）。

K：話題を変えて……組織再編？　組織再編成？　どちらの言葉が正しいのでしょう。

水戸：会社法学者は組織再編又は組織再編行為と言いますね。税法学者は組織再編成と言うようです。法律用語ではないので，どちらが間違いということはないのでしょうが。

山田：組織再編成が，一定の条件を満たして税制適格組織再編成となれば課税は生じません。反対に，一定の条件を満たさず，税制非適格組織再編成とならば課税関係が生じます。一般的には組織再編をする段階で多額の課税を受けるのは困るということで，企業はできる限り税制適格組織再編成となる条件を満たすように取引要件を整えようとします。

K：なるほど。だからM＆Aのときでも何とか適格にならないかと議論するのですね。

山田：はい。ところが状況によっては，税制非適格組織再編成の方がトータルで節税になる場合もあり，意図的に適格要件を満たさないようにして，あえて税制非適格組織再編成を選択するケースもあります。要するに組織再編を行う場合，税務上の有利・不利をトータルで考慮して，適格か非適格になるべきかを決定した上で，組織再編成自体のスキームを検討するようになっています。

K：「税制上の適格要件」とは，具体的にどのようなものを言うのでしょうか？

山田：その質問が出ると思い，とりあえず<スライド6－6>に条件をまとめましたが，正直言って，かなり複雑です。ここでは，企業グループ内の組織再編成と共同事業のための組織再編成では，税制上の適格要件が異なるというくらいを覚えておいてください。

K：了解しました。

6－6 <税制適格組織再編成のための条件>

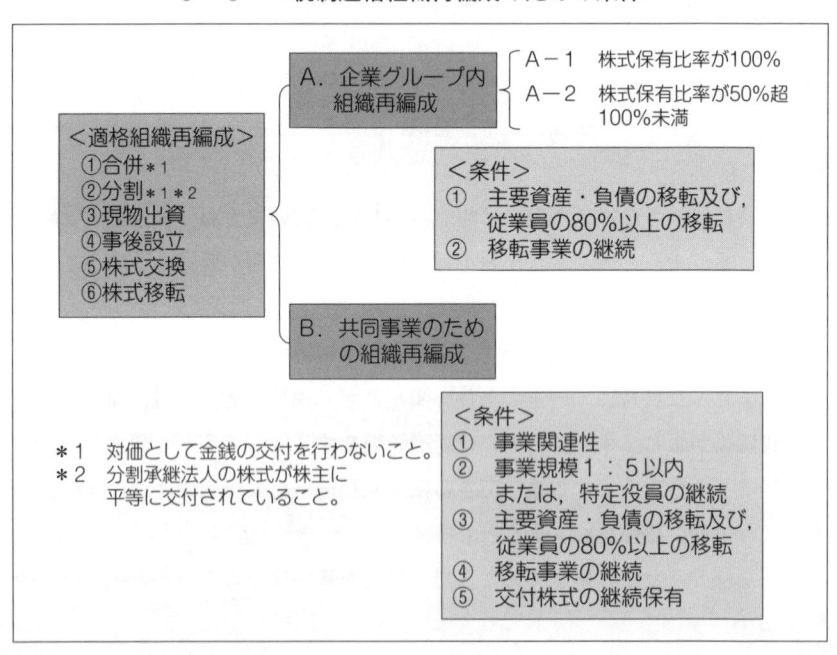

<適格組織再編成>
① 合併 *1
② 分割 *1 *2
③ 現物出資
④ 事後設立
⑤ 株式交換
⑥ 株式移転

A. 企業グループ内組織再編成
- A－1　株式保有比率が100%
- A－2　株式保有比率が50%超100%未満

<条件>
① 主要資産・負債の移転及び，従業員の80%以上の移転
② 移転事業の継続

B. 共同事業のための組織再編成

<条件>
① 事業関連性
② 事業規模1：5以内　または，特定役員の継続
③ 主要資産・負債の移転及び，従業員の80%以上の移転
④ 移転事業の継続
⑤ 交付株式の継続保有

*1　対価として金銭の交付を行わないこと。
*2　分割承継法人の株式が株主に平等に交付されていること。

水戸：常識で考えても，M＆Aに関する税務は多額になりますからね。M＆Aにおいては，税務のアドバイザーが関与するのは不可欠になっていますね。

○ 540億円の繰越欠損金を引き継いだYAHOO

山田：その通りです。そのような前提を理解した上で，2010年7月1日の朝日新聞朝刊の記事を見てみましょう。

K：（＜スライド6－7＞にある新聞記事を読み上げる）

山田：この新聞記事の内容を＜スライド6－8＞にまとめました。ヤフー株式会社（以下「ヤフー」）によるソフトバンクIDCソリューションズ株式会社（以下「IDC」）の合併をめぐる事件において，ヤフーはソフトバンクの傘下でクラウドサービス事業等を行っていたIDCをソフトバンクから450億円で買収し100％子会社にした後に，IDCの吸収合併を行いました。IDCには税務上の繰越欠損金が約540億円あり，当該繰越欠損金はヤフーに引き継がれ，同社の黒字と相殺しました。これによりヤフーは利益が圧縮されて節税できたことになります。ところが，この取引について，東京国税局は，附帯税を含めて約265億円の更正処分を行ったのです。

水戸：＜スライド6－7＞の記事には，先ほどのIBM事件のことも書かれていますね。

山田：そうですね。

K：ヤフーは東京国税局と争う方針と書かれていますね。

山田：そうですね。

K：記事にある「合併先の赤字分認めず」や「緩和に逆行」とはどういうことでしょうか？

山田：記事にある「合併先の赤字分」という表現は，少し不正確な表現ですが，前後の文脈から考えて，IDCが有していた繰越欠損金のことです。前に学習したように法人税法上，欠損金は9年間繰り越すことが可能で，9年以内の所得と相殺することが可能です。また，「緩和に逆行」とは，連結納税制度や組織再編税制とは，多様な企業活動を柔軟に後押しするために創設された制度で

6-7 ＜2010年7月1日朝日新聞＞

ヤフー540億円申告漏れ

国税指摘 合併先の赤字分認めず

大手インターネット関連企業「ヤフー」（東証1部上場、東京）は30日、東京国税局の税務調査を受け、2009年3月期に540億円の申告漏れを指摘されたと公表した。同国税局は、ヤフーが事業上の必要がないのにソフトバンク（同、SB）子会社と合併し、子会社の赤字とヤフーの黒字を相殺することで法人税など約220億円の課税を免れたと判断した模様だ。

＝39面に関係記事

これに対し、ヤフーは課税処分を不服として、国税不服審判所に審査請求する方針だ。

ヤフーは合併の際、企業グループの合併・分割を促す目的で2001年に導入された企業組織再編税制を活用、全額出資する子会社でデータセンター運営の「ソフトバンクIDCソリューションズ」（東京、IDC）を取得した。国税局は、合併に伴う企業組織再編税制の適用条件を満たしていないとした。近年、同税制の活用を図る企業が増加しており、この課税処分の是非が経済界に与える影響は大きいとみられている。

ヤフー、IDCは昨年2月、IDCを吸収合併し、さらに翌月、子会社化。株式を約450億円でSBから購入し、IDCが抱えていた繰り越し欠損金540億円がヤフーに引き継がれていた。

ヤフー「争う方針」

ヤフー広報室は「IDC買収はデータセンターの戦略的基盤を構築するという目的があった。国税当局の指摘は一方的で予断に満ちており、争う方針だ」としている。

「課税回避」「緩和に逆行」

国税とヤフー、真っ向対立

国内サイトで閲覧数の多いポータルサイト大手のコンピューター製造販売大手「ヤフー」で30日明らかになった540億円の申告漏れ。企業の競争力アップのため税務面の規制緩和が進むが、国税当局では、課税回避に利用しているとの恐れがあるとみて監視態勢を強化している。一方、企業側は「緩和に逆行する措置」と反発。ヤフーの課税問題も今後、法廷での争いになることは必至の情勢だ。＝1面参照

企業の国際競争力を高めるために、2001年の法人税法改正で企業組織再編税制が設けられた。02年度には企業グループ内の損益を合算して申告できる連結納税制度も始まった。それらの制度の活用が盛んになる中で、国税当局は4年

連結納税制度を導入した年、連結納税制度に絡む申告漏れとして、コンピューター製造販売大手「日本アイ・ビー・エム」（日本IBM）の企業グループの4年超の申告漏れを指摘。同税制を利用し、資産移転や株式譲渡を主課税などを回避する大きな流れにも影響を与える要因にもなり得る。税務訴訟に詳しい村田守弘公認会計士（初KPMG税理士法人代表）は「企業組織再編税制は租税回避目的だった場合、否認できる規定がある」とする。「今回のように、足し算を引き算にしてしまうとすれば、同じITビジネスで合併の合理性はあるのだろうというなら、それは認められたとしても、節税の効果も出るべき話ではないか」と企業側にも理解を示している。

これに対し、ヤフーは「正当な事業目的があった税制利用で、国税当局の見方は関連合法的な節税政策との見解をもらかになった」と言う。国税当局との真っ向から対立する姿勢を示している。日本IBMも合法的な節税政策との見解を示し、両者との真っ向から対立する姿勢を示している。ヤフーの主張される今後、両者の主張がどう対立する姿勢を示される。今後、両者の主張が注目される。法廷などで判断されるとされる。

昨年、同税制を利用した日産自動車に対し640億円もの申告漏れを指摘。同税制の利用に行き過ぎた節税目的があったとしての「ケース」とみており、重大視している模様だ。

222

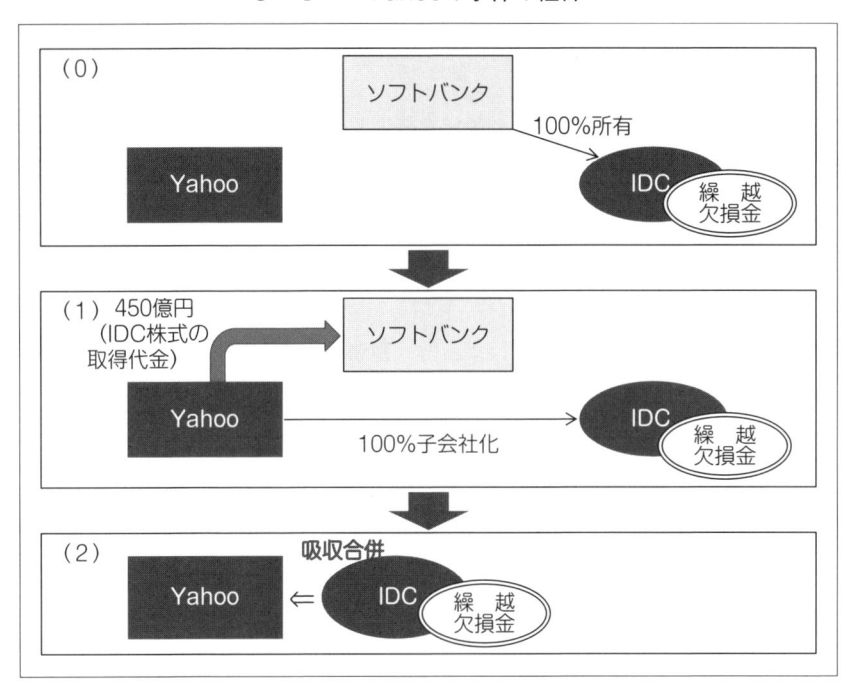

6-8 ＜Yahooの事件の経緯＞

(0)
ソフトバンク ──100%所有──→ IDC（繰越欠損金）
Yahoo

(1) 450億円（IDC株式の取得代金）
Yahoo ──→ ソフトバンク
Yahoo ──100%子会社化──→ IDC（繰越欠損金）

(2) 吸収合併
Yahoo ← IDC（繰越欠損金）

あるので，このような税務当局の行動が，立法趣旨と逆行するのではないかということです。

水戸：法令の範囲内で節税を行うことは企業としても当然のように思いますが，このような税務当局の行動は企業の創意工夫を奪うことになりませんか。

山田：ＩＢＭ事件の時と同じように，税務当局は「制度の濫用」を主張しているのだと思います。組織再編成の際における繰越欠損金の取扱いについては，新たな制度が創設されていました。具体的には，適格合併等が行われた場合において，被合併法人が一定の条件を満たす繰越欠損金額を有する場合には，合併法人等がその繰越欠損金額を引き継ぐことが認められることとなりました。この規定を悪用すれば，利益を獲得しているＡ社が，事業目的と無関係に多額の繰越欠損金のあるＴ社を買収し，その後Ａ社とＴ社が適格合併を行えば，Ａ

社の所得はT社の有していた繰越欠損金と相殺することが可能となるのです。
水戸：欠損金漁りのための買収だとみなされるということですね。
山田：その通りです。
水戸：もちろん，ヤフーは税法の規定を確認しながら，このような処理を行っているわけですよね？
山田：そうだと思います。
K：税務当局は，どのような理由でこのような処理を否認しているのでしょうか？
山田：ヤフーのプレスリリースによると，税務当局が主張している更正処分の理由としては，ＩＤＣの株式譲受及びその後の合併という取引に事業上の必要性はなく，ＩＤＣの有する繰越欠損金を利用するためだけの節税だけを目的とした「異常で変則的な」取引であるとの指摘であったと発表しています。
水戸：この事件もまた，形式主義 vs. 実質主義，あるいは，租税法律主義 vs. 課税公平主義の争いということですね。
山田：そうですね。この事件も今後の裁判等の行方を見守るということで，お茶を濁しておきましょう。
K：了解しました。

3．外国法人課税制度

○ アマゾンによるネット販売

山田：それでは，次に3番目のトピックである外国法人課税制度の説明に移りましょう。突然ですが，Kさんは，アマゾンで本を購入しますか？

K：はい，アマゾンでは，本だけでなくいろんな買い物をします。

山田：それでは，この2009年7月5日の朝日新聞の朝刊一面のトップ記事を知っていましたか？

K：えーと，この時まだ司法試験の勉強中だったので……。

水戸：司法試験勉強中は新聞を読まなかったの？

K：すみません。反省しています。

山田：でも競馬新聞は読んでいたんですよね？

K：息抜きも必要だったので……。

山田：競馬新聞はさておき，この記事を読んでみてください。私もこの記事を最初に読んだ時はアマゾンのビジネスモデルに非常に驚きました。

K：（＜スライド6－9＞に掲載の新聞記事を読み上げて）えっ，私は日本のアマゾンと契約していたのではなかったんですね。

山田：この記事によると，米国法人であるアマゾン・ドット・コム・インターナショナル・セールス社（以下，セールス社）は，日本国内に支店を置かずに，インターネット上で日本の顧客との売買契約を直接締結し，米国で売上を計上する一方，物流業務は日本法人であるアマゾン・ジャパン・ロジスティクス社（以下，ロジスティクス社）等に委託し，手数料を支払っていたようです。Kさんが驚いたように，私たちはアマゾンからの買い物につき，この米国のセールス社と契約を締結していたのです。ところが，東京国税局は，ロジスティクス社等の日本法人が，事実上，セールス社のPEの機能を果たしているとして，日本の顧客への販売から得られる所得に対して，日本で課税すると認定し，140億円前後の追徴課税処分を行ったと報じています。

＜2009年7月5日朝日新聞＞

アマゾンに140億円追徴

国税局 日本事業分に課税

米国のインターネット通販大手アマゾン・ドット・コムの関連会社が東京国税局から140億円前後の追徴課税処分を受けていたことが分かった。アマゾンは、日本国内での販売業務を日本法人に委託する一方で、日本の顧客との商品契約は米関連法人と結ぶ形で売り上げも集めていた。しかし国税局は、実際の本社機能の一部が日本にあるとして、数百億円の所得を日本に申告すべきだったと認定した模様だ。

（中村信義、舟橋宏太）＝34面に関係記事

アマゾン側不服 二国間で協議

課税されたのは、北米以外の各国の事業を統括する本社機能を持つ「アマゾン・ドット・コム・インターナショナル・セールス」（本部・米シアトル）。アマゾン側は米国に納税しており、日本側の指摘を不服として日米の二国間協議を申請、現在、協議中という。日本法人「アマゾンジャパン」（東京都渋谷区）は「課税は不服とし、当局と議論を継続している」とコメントしている。

米関連会社はアマゾンジャパンに販売業務を、「アマゾンジャパン・ロジスティクス」（千葉県市川市）に物流業務を、ともに委託して手数料（コミッション）を支払う一方、それ以外の大半の中枢機能を米側に集中させていた。問屋（コミッショネア）商法の一種とみられ、日本の顧客と書籍など商品の契約を結ぶのは米側で、代金も米側が受け取っていた。日米の租税条約では、米企業が米側に持たない日本国内に「恒久的施設（PE）」など日本国内に持たない場合、日本に申告・納税する必要はない。だが東京国税局はPEに当たらないこうした倉庫はPEに当たらないが、アマゾン連会社側のパソコンや機器類がセンター内に持ち込まれ、使用されていたことに注目。センター内の配置換えなど、米側の許可が必要だったか、同じ場所に本店を置く日本法人ロジスティクスの職員が米側からメールなどで指示を受け、物流業務の一部を担っていたことも判明。センターにPEが存在するとして、05年12月期までの3年間に日本国内で発生した所得のうち、4分の1を日本で申告すべきだったと指摘。模様だ。アマゾン側によると、追徴税額は無申告加算税と延滞税を含め約1億1900万ドル。当時の為替レートなどで換算すると140億円前後となる。

企業は節税計画 対策進める各国

《解説》「安く、早く」をモットーに掲げ、日本での売上の最大化を図るとともに、米系の多国籍企業などに近年、採用されるケースが多いとされる、進出先の国にとっては課税対象にはならない経営スタイルでも知られるアマゾンが、日本での売り上げから得た所得を、日本にはほぼ申告していなかったことが表面化した。

アマゾンとは別に、こうした問屋商法を採用する企業の中には、タックスヘイブン（租税回避地）や低税率国に本社を置くケースもあることから、経済協力開発機構（OECD）の租税委員会でも問題視されている。国税局が04年に米コンピューターソフト会社の日本法人アドビシステムズ（東京）に37億円の申告漏れを指摘した例もある。同社も本店所在地のアイルランド諸島への課税が日本法人は手数料や販売管理費だけを受け取っていた。アドビは指摘を不服として提訴し、東京高裁は昨年10月に国側の敗訴を言い渡した。

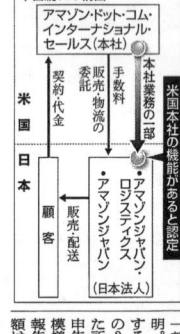

キーワード 問屋商法 進出先の現地法人には販売などごく一部の業務に限定させる一方で、在庫の管理や為替変動などのリスクとともに、管理部門も本国に集中させてコストを削減することで、利益の最大化を図ること。米欧の多国籍企業などに近年、採用されるケースが多いとされる。進出先の国にとっては課税対象にはならず、日本などでは所得の流出につながる側面がある。

[図：アマゾンが指摘された申告漏れの構図]
- アマゾン・ドット・コム・インターナショナル・セールス（本社）
- アマゾンジャパン・ロジスティクス
- アマゾンジャパン（日本法人）
- 米国／日本
- 本社業務の一部
- 手数料
- 販売・物流の委託
- 契約・代金
- 販売・配送
- 顧客
- 米国本社の機能があると認定

○ PE無ければ課税なし

K：PEとは何でしょうか？

山田：PEとは，Permanent Establishment，恒久的施設と訳されますが，国際税務においては，「PEなければ課税なし」という大原則があります。PEとは，支店・工場等の事業を行う一定の場所を指します。定義の詳細はそれぞれの国の税法や条約によって若干異なりますが。<スライド6-10>を使って，国際税務の基本的な考えを説明すれば，例えば，<ケース1>のように，外国法人が日本の顧客に直接商品を販売した場合には，その商品の販売利益は当該外国法人の利益となり，日本で課税されることはありません。しかしながら，<ケース2>のように，外国法人が，日本国内にPE，すなわち支店等の物理的施設を持ち，当該支店等を通じて日本の顧客に商品を販売した場合には，その販売利益は当該支店に帰属するものとして，日本で課税を受けることになり

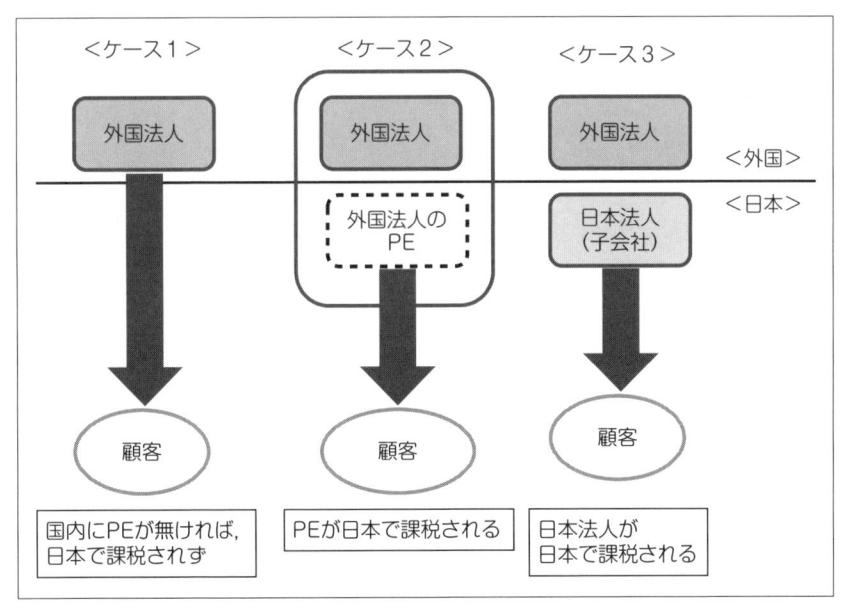

6-10 ＜PE無ければ課税せず＞

ます。もちろん，＜ケース3＞のように，日本に子会社を設立して，その子会社が日本の顧客に商品を販売した場合には，その商品の販売利益は当該日本法人の利益となり，日本の法人税が通常通り課税されます。

K：なるほど，なるほど。日本にPEがあるかどうかが，決め手になるんですね。

山田：はい。朝日新聞が報じたアマゾンの課税問題は，形式的には日本に支店等を持たない米国法人が，実質的に日本国内に支店的なもの（PE）を有すると認定を受けたことを意味します。

山田：商品等の販売から得られる事業所得については，先ほどの「PE無ければ課税なし」という国際税務の原則に従います。すなわち，日本国内にPEを持っている場合には，全ての国内源泉所得が課税対象となります。したがって，国際的な取引の課税関係を考える場合には，PEの定義が非常に重要となります。我が国においては，法人税法でPEの定義がされていますが，相手国と租税条約を締結している場合には，条約の規定が優越することになります。

水戸：先ほどおっしゃった，「定義の若干の違い」が大事になってくるのですね。

山田：その通りです。

K：税金の世界にも条約があるのですね？

山田：そうですよ。日米租税条約5条（条文は＜スライド6－11＞に掲載）では，PEとは，「事業を行う一定の場所であって企業がその事業の全部又は一部を行っている場所」と定義しており，その例として，事業の管理の場所，支店，事務所，工場，作業場，鉱山等や，工事現場等（12か月以上存続するもの）を示しています。また，反対に，PEに含まれないものとして，物品の保管・展示・引渡しのみを行う場所，物品の購入・情報収集のみを行う場所，準備的・補助的活動のみを行う場所等を列挙しています。要するに，アマゾンの課税問題は，米国のセールス社が日本のロジスティクス社等に委託していた業務が，商品の購入・保管・引渡しや，情報収集のみの準備的・補助的活動に留まっていたのか，あるいは，それ以上の機能を有しているのかが問題とされて

6-11 ＜日米租税条約5条（抄）＞

1．この条約の適用上，「恒久的施設」とは，事業を行う一定の場所であって企業がその事業の全部又は一部を行っている場所をいう。
2．「恒久的施設」には，特に，次のものを含む。
　(a)　事業の管理の場所
　(b)　支店
　(c)　事務所
　(d)　工場
　(e)　作業場
　(f)　鉱山，石油又は天然ガスの坑井，採石場その他天然資源を採取する場所
3．（中略）
4．1から3までの規定にかかわらず，「恒久的施設」には，次のことは，含まないものとする。
　(a)　企業に属する物品又は商品の保管，展示又は引渡しのためにのみ施設を使用すること。
　(b)　企業に属する物品又は商品の在庫を保管，展示又は引渡しのためにのみ保有すること。
　(c)　企業に属する物品又は商品の在庫を他の企業による加工のためにのみ保有すること。
　(d)　企業のために物品若しくは商品を購入し又は情報を収集することのみを目的として，事業を行う一定の場所を保有すること。
　(e)　企業のためにその他の準備的又は補助的な性格の活動を行うことのみを目的として，事業を行う一定の場所を保有すること。
　(f)　(a)から(e)までに掲げる活動を組み合わせた活動を行うことのみを目的として，事業を行う一定の場所を保有すること。ただし，当該一定の場所におけるこのような組合せによる活動の全体が準備的又は補助的な活動に限る。

6-12 ＜アマゾン事件　東京国税局の指摘＞

> 　国税局は以下の事実関係に基づき，米国アマゾン社のＰＥが実質的に存在していたとして，追徴課税に踏み切った。
> ① 米国アマゾン社のパソコンや機器類が，流通センター内に持ち込まれ使用されていた。
> ② 流通センター内の配置換えなどに，米国アマゾン社の許可が必要だった。
> ③ 流通センターの社員が，米国アマゾン社からメールなどで指示を受けていた。
> ④ 流通センターが，物流業務以外の委託されていない米国アマゾン社の業務の一部を担っていた。

います（東京国税局の主張は＜スライド6-12＞に掲載）。

水戸：この問題も，これもまた，形式主義 vs 実質主義，あるいは，租税法律主義 vs 課税公平主義の争いということですね。

山田：ええ，この事件も裁判の行方を見守りましょうと言いたいところですが，この事件はその後日米租税条約に基づく相互協議によって結論が出されているようなので，第三者が結論を知ることができません。

K：相互協議って何ですか。

山田：それは次の移転価格税制のところでご説明しましょう。

○ 欧米企業の日本の法人税逃れ

K：しかし，アマゾンは日本の課税を逃れるために，日本の顧客への書籍の販売契約をアメリカの法人をその契約主体にしていたのですね？　欧米の企業は節税に積極的であると聞いていましたが，ここまで税逃れをやっているとは驚きですね。

水戸：Kさん，そう決めつけるのはよくないよ。ただ，税務当局はそう見た，ということですね。

山田：欧米の企業からすれば，経済力の豊かな日本の市場は魅力的なものです。しかしながら，日本国内に子会社や支店を設立して商品を販売したならば，販売利益の約40％が日本の法人税等の支払いとして消えることになっていたのです。アマゾンに限らず，欧米の企業が日本に進出する場合，日本国内に販売子会社やＰＥを持たない販売形態を構築して，日本における課税を回避することは頻繁に行われています。特に，商品の販売に関して物理的な施設を必要としないネット販売は，その傾向が強いと言えます。

Ｋ：日本人には売りたいが，日本で税金は払いたくない，ということですか。

水戸：だから，決めつけはよくないって。いずれにせよ，現代のネット社会に税法が追いついていない印象ですね。

山田：はい。日本において，ＰＥ課税のような国際課税の体系が構築されたのは，昭和37年です。経済の国際化が当たり前のように進み，ましてや現在のようなネット社会においては，東京オリンピックの前に作られた古い体系では太刀打ちできなくなっています。国際課税の分野においては抜本的な改正が必要だと思われます。

Ｋ：それでは，その抜本改正が終了してから，国際課税を勉強します。（二人の軽蔑の眼差しを感じて）冗談ですよ，冗談。もちろん，会計士試験が終わったら直ぐに勉強します。

4．移転価格税制

○ アドビグループの税務戦略

山田：それでは，次の最後のトピックである移転価格税制の説明に移りましょう。

水戸：移転価格税制という言葉はよく新聞等に出ていますね。

山田：そうです。しかしここでは，平成20年10月30日の東京高等裁判所（以下「高裁」）の判決（平成20年（行コ）第20号　法人税更正処分取消請求事件），いわゆるアドビ事件の解説をしたいと思います（判旨は＜スライド６－13＞

に掲載)。この事件では，アドビシステムズ株式会社(以下「アドビ社」)に対して課税庁が移転価格税制に基づく更正処分を行ったことにつき，東京地方裁判所(以下「地裁」)は，課税庁の処分を支持していましたが，高裁は一転してこれを取り消し，アドビ社が全面勝訴する判決を下しました。この高裁の判決は国際税務に携わる者にとっては衝撃的なものでした。

K：アドビ社って，あのPDFファイルのソフトウエアを販売している会社ですね。移転価格税制って何でしょうか？

○ 移転価格税制は経済的二重課税を生じさせる

山田：移転価格税制とは，独立企業(資本や人的に支配関係にない企業間)間で取引される価格(「独立企業間価格」)と異なる価格で外国の関連者と取引が行われた場合，その取引価格が独立企業間価格で行われたものとして課税所得金額を算定する税制です。

水戸：関連者間の取引であっても，資本や人的に支配関係にない企業間で取引される価格で取引をしたと考えるわけですから，非常に常識的な税制と言えますね。

山田：確かに，この「独立企業間原則」という原則は，非常に分かり易いコンセプトだと思います。

K：それは，山田先生がよく言われる，税務の基本的な考え方は時価取引というのと同じことですね。

山田：独立企業間原則と時価取引原則とは違うものだと言う学者もいますが，ここでは同じものと考えても問題ないと思います。

K：あのう，どうして移転価格税制に絡んだニュースが新聞等で掲載されるような大きな問題になるのでしょうか？

山田：移転価格税制は巨額な二重課税が生じる可能性が高いからです。

K：また，二重課税ですか？

水戸：三角とか二重とか，好きでしょ？

K：山田先生，先をお願いします。

6－13 ＜平成20年（行コ）第20号法人税更正処分取消請求事件＞

1．事件の概要
　課税当局が，控訴人（アドビシステムズ株式会社）と控訴人の国外関連者との間で行われた役務提供取引について，控訴人が国外関連者から支払を受けた対価の額が独立企業間価格に満たないとして，同役務提供取引が独立企業間価格により行われたものとみなして計算した所得金額を基に，法人税の増額更正を決定をした事案。

2．判　　旨
　本件国外関連取引において控訴人が果たす機能及び負担するリスクは，課税当局が示した比較対象取引において，本件比較対象法人が果たす機能及び負担するリスクと同一又は類似であるということは困難である。したがって，課税当局による独立企業間価格を算定した過程には違法があり，結局，租税特別措置法66条の4（移転価格税制）に規定する国外関連取引につき「当該法人が当該国外関連者から支払を受ける対価の額が独立企業間価格に満たない」との要件を認めることはできないことになるから，本件更正は違法であり，これを前提とする賦課決定も違法である。

山田：はい。例えば，＜スライド6－14＞を見てもらいたいのですが，日本のメーカーが，米国の販売子会社に対し，独立企業間価格よりも100円高い価格で製品を輸出したとすると，輸出が独立企業間価格で行われた場合と比較して，日本のメーカーの所得は100円増加し，逆に米国の販売子会社の所得は100円減少します。この場合，米国税務当局は，米国の販売子会社に対して，この取引が独立企業間価格で行われたものとして，追加的に100円の課税をすることとなります。米国において追加的に100円の所得の認定が行われた場合であっても，日本においては元の取引価格で税務申告を行ったままですので，二重課税が発生します（これを「経済的二重課税」といいます）。

K：なるほど，なるほど。

山田：日米間においては租税条約が締結されているので，納税者は，米国及び日本の国の権限ある当局に，二重課税の排除を目的として協議（これを「相互

6-14 ＜移転価格税制と二重課税＞

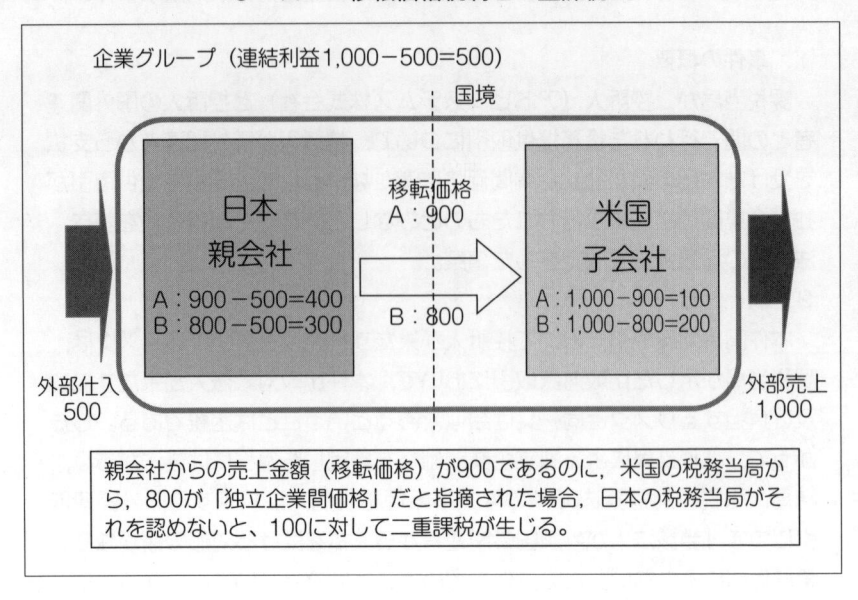

```
企業グループ（連結利益1,000－500＝500）
                          国境
  ┌──────────────┐   ┌──────────────┐
  │    日本      │   │    米国      │
  │   親会社     │移転価格│   子会社    │
  │              │A：900 │              │
  │A：900－500＝400│ ⇒   │A：1,000－900＝100│
  │B：800－500＝300│B：800│B：1,000－800＝200│
  └──────────────┘   └──────────────┘
外部仕入                              外部売上
 500                                  1,000
```

親会社からの売上金額（移転価格）が900であるのに，米国の税務当局から，800が「独立企業間価格」だと指摘された場合，日本の税務当局がそれを認めないと，100に対して二重課税が生じる。

協議」といいます）の申請を行うことができます。当局間で相互協議が合意されると，米国及び日本は，合意内容に基づいてそれぞれの国外関連取引当事者に対して減額更正等の処分を行い，二重課税の排除を行うことができます（これを「対応的調整」といいます）。

K：対応的調整というのは，つまり課税当局間による話し合いですよね。うまくいくのですか。

山田：対応的調整がうまくいけば，二重課税は排除され，企業グループとしては，どちらかの国に税金を払えばいいのかという問題だけとなり，結果的に両国間の税率差のみの問題となります。ただ，両国間で対応的調整は必ず行われなければいけないという義務はなく，また行ったとしても調整はそうそう簡単に進むものではありません。例えば，過去５年間の米国子会社向けの売上金額が10％違うと認定されると，その調整額は莫大な金額になりますので，そう簡単に両者が合意できるわけではありません。

K：移転価格税制は日本独特の税制なのでしょうか？

山田：いいえ，移転価格税制は米国において始まった税制です。現在では日本を含む多くの国で移転価格税制を有していますが，各国の税制は独立企業間原則という基本概念は同じなのですが，独立企業間価格の算定方法には，＜スライド6-15＞で示したように基本三法と呼ばれる方法の他，多くの算定方法がありますが，そのいずれの概念も抽象的で簡単には決定できません。特に，対象となる取引がユニークな商品やサービス（役務提供）の場合や，特許等の無形資産が供与される場合等，比較対象とすべき独立企業間取引が存在せず，その結果，論者が10人いれば，結論も10通りになるような事態となっています。

6-15 ＜独立企業間価格の計算方法＞

① 基本三法
・「独立価格比準法（Comparable Uncontrolled Price Method, CUP法）」
　　特殊の関係にない売手と買手が，国外関連取引にかかわるものと同種のものを「取引段階，取引数量その他」が同様の状況の下で売買した取引の対価の額に相当する金額を，独立企業間価格とする方法。
・「再販売価格基準法（Resale Price Method, RP法）」
　　国外関連取引に係る買手が，特殊の関係にない者に対してそのものを販売等した対価の額から通常の利潤の額を控除した金額を，独立企業間価格とする方法。
　　この場合の通常の利潤とは，非関連者間の取引（比較対象取引）における売上総利益率によって計算するが，売手と買手の果たす機能などが異なる場合は，その差異は調整する。
・「原価基準法（Cost Plus Method, CP法）」
　　国外関連取引に係る資産等の売手の購入，製造その他の行為による取得等の原価の額に通常の利潤の額を加算した金額を，独立企業間価格とする方法。
② 基本三法と同等の方法
③ 基本三法に準ずる方法
④ その他政令で定める方法

水戸：総論賛成，各論反対の世界ですね？

○ 税金戦争と欧米企業の税務戦略

山田：その通りです。さらに，移転価格の修正は，それはそのままその国で課税できる所得の金額の修正を意味することになりますので，自国における課税権の確保という各国の思惑も絡んで，両国の税務当局が承認できる共通の価格（独立企業間価格）というものを見出すのが非常に困難な状況となっています。移転価格税制とは，「税金戦争」と呼ばれています。移転価格税制の本質は国家対国家の課税権の取り合いなのです。一方の国が課税権を強行してくると，他方の国は自国の税金を減らしてでもそれを追認しようとは思わず，むしろ課税権の防衛の意味も含めて，反対に強化してくる傾向があります。

水戸：山田先生は先ほど，アドビ事件の高裁判決は衝撃的なものだったと言われましたが，それはどのような理由からでしょうか？

山田：アドビ社は，国外のグループ法人より製品を輸入し，これを日本国内の卸売業者に販売する業務を行っていました。しかし，＜スライド６－16＞にまとめたように，平成11年12月１日以後，事業の再編を行い，アドビ社の製品販売機能を国外の関連者に移していたのです。すなわち，事業再編後のアドビ社は，日本国内の卸売業者に対して製品販売を行わず，国外関連者がアドビ社を通さずに，直接日本の卸売業者に対し製品を販売することとして，アドビ社の業務を，広告などの販売支援活動のみに限定するように変更していたのです。そのような販売支援活動は，グループ間だからこそ成り立つ特殊な取引であり，その対価の独立企業間価格を算定するために有効な比較対象取引を見つけることが難しくなります。事実，地裁では，税務当局が独立企業間価格の算定に当たって採用した比較対象取引につき，果たしていた機能と負担していたリスクについての分析が行われ，アドビ社の国外関連者の取引（販売支援活動）と類似していると判断されていましたが，高裁では同様の分析を行った結果，類似していないと判断されました。しかも，アドビ社は事業再編により，高利益が期待できる販売機能を国外関連者に移転したため，仮に税務当局の主張が認め

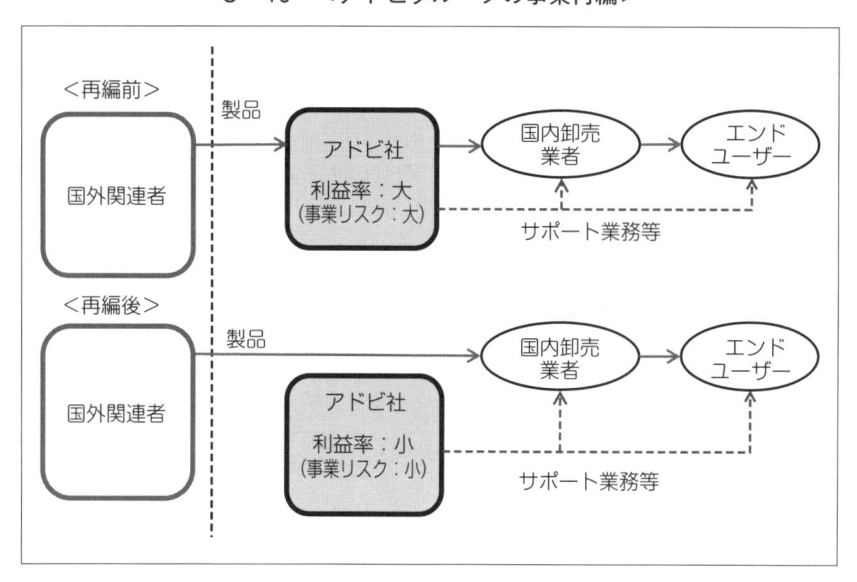

6-16 ＜アドビグループの事業再編＞

```
＜再編前＞
　　　　　　　製品
国外関連者　────→　アドビ社　────→　国内卸売　────→　エンド
　　　　　　　　　　利益率：大　　　　　業者　　　　　　ユーザー
　　　　　　　　　　(事業リスク：大)　↑　　　　　　　↑
　　　　　　　　　　　　　　　　　　　　サポート業務等

＜再編後＞
　　　　　　　製品
国外関連者　──────────────────────→　国内卸売　────→　エンド
　　　　　　　　　　アドビ社　　　　　　業者　　　　　　ユーザー
　　　　　　　　　　利益率：小　　　　　↑　　　　　　　↑
　　　　　　　　　　(事業リスク：小)　サポート業務等
```

られていたにせよ，日本において多額の追徴課税はできませんでした。

水戸：儲かる機能は国外に移転して，儲からない機能だけを日本に残したということですか？

山田：その通りです。

K：税務当局から見ればそれが，日本の子会社で計上すべき利益の金額を減らして，日本における課税を回避するためと見えたのでしょうね。

山田：アドビグループの行ったような事業再編は取引ではないために，我が国の移転価格税制の対象外となっています。このままでは，外資系企業のみならず，日本企業までも，日本から機能やリスクを移転させ，日本の高い法人税を逃れることが広がる可能性があります。

水戸：先ほどのアマゾン事件といい，このアドビ事件といい，こういう欧米企業の税務戦略というのはダイナミックですね。

山田：反面，税務当局との見解の相違が，大きな問題となる場合もあるということですね。

以上，試験範囲にはなっていない重要な4つのトピックの説明を終わります。

5．10＋1日目のまとめ

山田：Kさん，恒例になっているので，今日のまとめをお願いします。
K：今日もやるんですか？
水戸：最後の最後なんだから，そんなこと言わずにやりましょう。
K：はーい……。
山田：連結納税制度とはなんですか？
K：連結納税制度とは，企業グループの所得を連結して納税できる制度です。グループ内の黒字の企業の所得と赤字の企業の所得を相殺して納税できる制度です。
水戸：ここで気をつけなければならないのは，連結納税制度と連結会計は全く異なる制度ってことですよね。
K：覚えてますよ！　連結納税制度を適用する場合であっても，連結納税のための所得金額の計算は連結会計の連結利益の金額を基礎として算出するわけではなく，連結納税のための所得金額は，①各社の個別の会計上の利益に税務調整を行い，②各社の個別の課税所得を確定し，③各社の確定した個別の課税所得を連結し，④さらに，連結納税のための独自な手続きを行った上で計算するんですよね。
水戸：あの時，間違えておいてよかったな〜（笑）
K：ちゃんと失敗から学んでます！
山田：あと，100％子会社であっても外国法人である場合には，連結納税制度の対象とならないことはしっかりと覚えておいてくださいね。
K：はーい！
山田：じゃあ，次に組織再編税制についての説明をお願いします。
K：これも難しかったので……水戸先生お願いします！
水戸：大丈夫かな……実は何にも分かっていないんじゃない？　とりあえず，

Kさんの代わりに説明します。合併や分割のような組織再編成であっても，税務の一般の考え方である「時価取引」が原則となります。そのため，組織再編成の場合も，時価で取引が行われたものとして，移転する資産等の取得原価と時価との差額に対して譲渡損益が認識され，課税関係が生じます。ただし，一定の条件を満たす場合には，税制適格組織再編として課税を繰り延べられる場合があります。組織再編成の際における繰越欠損金の取扱いについては，ヤフー事件を再度見ておきましょう。

山田：外国法人課税制度についてもまとめをお願いします。

K：ポイントは，たしかPEです！

水戸：PEって何か説明してみて。

K：国際税務では，PEがなければ課税なしという大原則があって，支店等の物理的施設がなければ，課税されません。例えば，私がアマゾンで何かを申し込んでも，アメリカの法人と契約をしていることになっているんですよね！だから，日本のアマゾンはこのPEに該当せず，日本の国税当局は課税できないんですよね。

山田：まあいいんじゃないでしょうか。じゃあ，移転価格税制についてもどうぞ。

K：これで最後ですね！　はりきっていきますね。

水戸：はい，はりきってどうぞ。

K：移転価格税制とは，独立企業間で取引される価格と異なる価格で外国の関連者と取引が行われた場合，その取引価格が独立企業間価格で行われたものとして課税所得金額を計算する制度です。

山田：この制度に何か問題がありませんでしたか？

K：二重課税です！

山田：そうですね。日米のように租税条約が締結されている場合には，納税者は各国の権限ある当局に二重課税の排除を目的とした相互協議の申請を行うことができます。当局間で相互協議が合意されると対応的調整が行われます。水戸先生，Kさんこれでおしまいです。私に教えられることはもうありません。

Kさん，試験頑張ってくださいね！　Good Luck!!
水戸＆K：ありがとうございました!!
－10＋1日目終了－

第10＋2日目

第7章　平成25年度の本試験を受けて

水戸：で，試験はどうだったの？

K：まあまあってとこですかね。

水戸：それじゃよく分からないよ。

山田：受験予備校からの情報によれば，今年の租税法の合格水準は，理論問題（40点）・計算問題（60点）合わせて，5割くらいだと言っているけど……

水戸：どうなの？　計算が苦手な分，理論で稼ぐって言っていたよね。

K：計算問題は5割ぐらいできていると思うので，理論問題も5割くらいできていれば，合格だと思うんですけど……。

山田：それじゃ，具体的に今年の問題を見ていくこととしましょうか。おそらく問題1より，問題2の方が簡単だったと思いますので，問題2から見ていきましょう。

7－1　＜平成25年　租税法　第1問　問題2＞

問題2　次の事案について，以下の問いに答えなさい。

(1)　Aは，個人として小売業を営んでいる。また，Aは，取引先であるB社（非上場の株式会社）の株式を100株保有しており，これはB社の発行済株式総数の5％に当たる。Aは，平成23年に，B社から50万円の配当金を受け取った。

　Cは，Aの子であり，Aと生計を一にしている。Cは，B社の使用人であるが，勤務時間外にAの小売業を手伝い不定期に賃金を受け取っている。平成23年には，CはAから合計150万円を受け取った。

　Aの小売業は近年不振であるため，Aは，その祖父Dからしばしば資

金援助を受けている。平成23年には，500万円の金員の贈与を受けた。

　Aは，平成23年に，B社の創立30周年記念に際して，記念品としてB社に絵画を贈呈した。これはAが数年前に200万円で購入したもので，時価は300万円である。

(2)　E社は，暦年を事業年度とする，小売業を営む非上場の株式会社である。また，E社は，取引先であるB社（非上場の株式会社）の株式を100株保有しており，これはB社の発行済株式総数の5％に当たる。E社は，平成23年に，B社から50万円の配当金を受け取った。

　Fは，E社の代表取締役社長であり，E社の発行済株式総数の95％を保有している。

　Gは，Fの子であり，Fと生計を一にしている。Gは，B社の使用人であるが，E社の取締役を兼ねており報酬を受け取っている。この報酬は，不定期に支払われており，所定の時期に確定額を支給する旨の定めも置かれていない。平成23年には，GはE社から合計150万円の報酬を受け取った。

　E社の小売業は近年不振であるため，E社は，Fの祖父Hからしばしば資金援助を受けている。平成23年には，500万円の金員の贈与を受けた。

　E社は，平成23年に，B社の創立30周年記念に際して，記念品としてB社に絵画を贈呈した。これはE社が数年前に200万円で購入したもので，時価は300万円である。

問い

　以下の①から⑤までの記述のうち，正しいものには○，誤っているものには×を，解答欄の「○×欄」に記入しなさい。また，「○×欄」に○を記入した場合はその根拠となる所得税法及び法人税法の条文を，「○×欄」に×を記入した場合は誤っている部分についての正しい税務処理と根

拠条文を，それぞれ解答欄の「記述欄」に記入しなさい。
　なお，同族会社の行為計算否認規定の適用はないものとする。また，租税特別措置法は考慮しないものとする。

① 　Ａが平成23年にＣに支払った150万円は，Ａの事業所得に係る必要経費に算入されない。また，Ｅ社が平成23年にＧに支払った150万円は，Ｅ社の損金に算入されない。
② 　Ｃが平成23年にＡから受け取った150万円は，Ｃの給与所得に係る収入金額に算入されない。また，Ｇが平成23年にＥ社から受け取った150万円は，Ｇの給与所得に係る収入金額に算入されない。
③ 　Ａが平成23年にＢ社から受け取った配当金50万円は，その全額が配当所得に係る収入金額に算入される。また，Ｅ社が平成23年にＢ社から受け取った配当金50万円は，その全額がＥ社の益金に算入される。
④ 　Ａが平成23年にＤから贈与された500万円については，所得税は課されない。また，Ｅ社が平成23年にＨから贈与された500万円については，法人税は課されない。
⑤ 　平成23年に行われたＡからＢ社への絵画の贈与により，300万円がＡの譲渡所得に係る総収入金額に算入される。また，平成23年に行われたＥ社からＢ社への絵画の贈与により，300万円がＥ社の益金に算入される。

水戸：これは問題文が長いし，法人と個人がごちゃ混ぜで分かりづらいなぁ。
Ｋ：そうなんです。問題用紙に関係図を書くだけでも一苦労でした。
山田：この問題の大きな狙いは，法人税法と所得税法の相違を尋ねていると思います。しかも，問題の聞き方が，「正しいものには○，誤っているものには×を，……○を記入した場合はその根拠となる所得税法及び法人税法の条文を，……×を記入した場合は誤っている部分についての正しい税務処理と根拠条文を，……に記入しなさい」と，かなり面倒ですが，一つ一つの内容は，そんな

に難しいものではないと思います。

K：こういう出題方法の場合は，×を指摘するのは簡単でしたが，反対に，その記述が本当に〇かということの自信が持てませんでした。

山田：試験のテクニックとして，まず×を見つけるというのは，正しいアプローチだと思いますね。

水戸：それで，×はどれなの？

k：②と③と④だと思います。

水戸：それぞれが，×だと思う理由は？

山田：水戸先生，そんなに急がせないでください。とりあえず，②の記述から分析してもらいましょうか？

K：はい。Gが受け取った150万円は不定期の役員給与ですから，支払ったE社において，損金として認められません。しかし，支給自体はあるわけですので，受け取ったGは給与所得として申告しなければいけません。

山田：その分析は正しいと思いますが，根拠条文は何でしょうか？

K：不定期の役員給与の損金不算入は，「役員さんよ」で，法人税法34条1項で，Gの所得については，給与所得の条文である所得税法28条1項だと思います。

山田：完璧ですね。それでは，次に，③の記述が×だと思う理由は？

K：この問題は簡単でした。E社がB社から受け取った配当金50万円は，E社はB社の5％しか保有していないので，法人税法23条1項の規定により，50％だけが益金の不算入となります。

水戸：確かに，この問題は簡単だね。

山田：それでは，次に，④の記述が×だと思う理由は？

K：これは，少し迷ったのですが，E社が代表者Fの祖父Hから贈与された500万円の金員については，法人税が課されないということはないと思いますので，×だと思いました。

山田：その根拠条文は？

K：法人税法22条2項じゃあ？……。

水戸：何だか自信が無さそうだね？

K：「贈与」という言葉に引っかかって，贈与税が課されるのかと迷いました。でも，贈与税（相続税）は試験の範囲外ですし，この試験の最大のヤマは法人税法22条だという山田先生の言葉を思い出して，22条にしました。

山田：相続税や贈与税は，個人にしか課されません。法人は，誰からでも，経済的な便益を与えられた場合にも法人税が課されます。多少危なかったですが，根拠条文は法人税法22条で正解です。

水戸：迷った時は，法人税法22条ということですね。

山田：まあ，その通りです。ということは，ここまで全問正解ということになりますが，残った①と⑤が，○という根拠を示さなければいけませんね。

K：そうなんです。×の指摘は間違いが発見できればいいわけですが，それが正しいと立証することは勇気のいることでした。

水戸：それは何でもそうだよね。まさに裁判でも真実性を立証することは苦労するところだよ。

山田：それでは，①の記述が○だと言える根拠は何でしょうか？

K：「Aが平成23年にCに支払った150万円は，Aの事業所得に係る必要経費に算入されない」根拠は，（事業から対価を受ける親族がある場合の必要経費の特例）である所得税法56条だと思います。これは，過去問でやりましたから覚えていました。

水戸：（ノートをめくりながら）そうそう，これは平成20年度の問題と同じ論点だね。あの内科医がお父さんとは同居しているけど，税理士の奥さんとは別居しているという特異な事例だよね。

山田：そうです。それでは，後段の「Gに支払った150万円は，E社の損金に算入されない」については？

K：それは，さっきの②の時に言いましたが，不定期の役員給与の損金不算入は，「役員さんよ」で，法人税法34条1項です。

水戸：何だ，簡単じゃない。

K：こうやって，一問ずつ落ち着いて分析すればそうですが，とにかく本試験

では時間との勝負でしたから……。

山田：確かに，この問題は時間との勝負だったかもしれませんね。それでは，最後の⑤の記述が〇だと言える根拠は何でしょうか？

Ｋ：Ｅ社からＢ社への絵画の贈与について，益金に算入される根拠は，法人税法22条2項です。

水戸：迷った時は，法人税22条だから？

ｋ：そんなことはありません。ただ，「贈与」という言葉に引っかかったのは事実ですが……

山田：「ＡからＢ社への絵画の贈与により，300万円がＡの譲渡所得に係る総収入金額に算入される」根拠は？

Ｋ：譲渡所得の条文は，所得税法33条ですが，ここでも「贈与」という言葉に引っかかって，贈与と譲渡は違うかなと悩みながら法規集を見ていたら，(贈与等の場合の譲渡所得等の特例）という条文の見出しを見つけまして，所得税法59条1項1号が根拠条文だということが分かりました。

山田：分からなかったら，条文に戻る。さすが，弁護士ですね。もっとも，法人税法や所得税法は，時価取引が原則だということを知っていれば，この記述が正しいということは理解できるはずです。しかし，この条文を見つけたこと，もっと言えば，条文の見出しに注目して，関連する条文を探す習慣をつけることは，非常に重要なことだと思います。

7-2 ＜所得税法59条1項1号（抄）＞

（贈与等の場合の譲渡所得等の特例）

第59条　次に掲げる事由により居住者の有する山林又は譲渡所得の基因となる資産の移転があつた場合には，その者の山林所得の金額，譲渡所得の金額又は雑所得の金額の計算については，その事由が生じた時に，その時における価額に相当する金額により，これらの資産の譲渡があつたものとみなす。

> ① 贈与（法人に対するものに限る。）又は相続（限定承認に係るものに限る。）若しくは遺贈（法人に対するもの及び個人に対する包括遺贈のうち限定承認に係るものに限る。）

山田：Kさんは，贈与という言葉に惑わされているようでしたので，贈与を受けた場合の課税関係をまとめると，次の図のようになります。ポイントは，法人は個人からであれ法人からであれ，贈与を受けたら，法人税法22条2項を根拠に，法人税が課されるということです。また，贈与税（相続税）が課されるのは，個人から個人の贈与に限定されます。

7-3 ＜贈与に関する課税関係＞

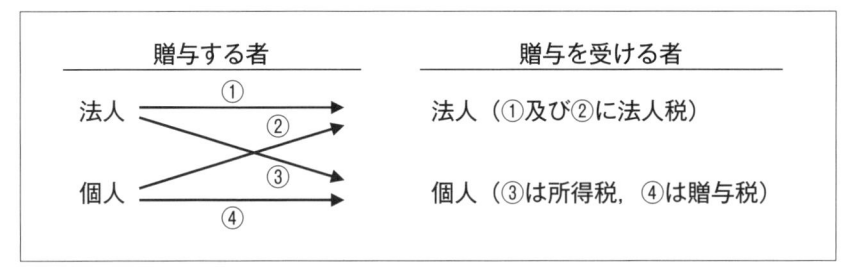

贈与する者		贈与を受ける者
法人	①→ ②→	法人（①及び②に法人税）
個人	③→ ④→	個人（③は所得税，④は贈与税）

7-4 ＜平成25年 租税法 第1問 問題1＞

問題1

次の事案について，以下の問いに答えなさい。なお，以下の事案における法人の事業年度はいずれも暦年とする。また，租税特別措置法は考慮しないものとする。

内国法人である株式会社X（以下「X社」という。）は，非同族会社であり，精密機械A（以下「機械A」という。）を使用して幾つかの部品を組み立てて製造した製品を販売している。X社は，当該部品の一部を，平成24事業年度には，個人事業主Yから調達することに決めた。X社は，平成24年4月1日に，Yに機械Aを操作させながら必要な部品について

説明を行っていたところ，専らYの過失により機械A（帳簿価額1,000万円）は全壊して無価値となった。X社は，数日後，機械AをYに引き取らせ，Yから損害賠償金1,500万円の支払を受け，直ちにその全額を同一種類の精密機械B（以下「機械B」という。）の取得に充て，その使用を開始した。

　内国法人である公益法人等に該当するZ（以下「Z法人」という。）は，X社発行済株式総数の10%相当の株式を，その収益事業以外の事業に属するものとして保有している。X社は，平成24年3月20日を効力発生日とする剰余金の配当（資本剰余金の額の減少に伴うものではない。）として，同日にZ法人に対し200万円を支払い，所定の源泉徴収を行った。なお，Z法人は，当該剰余金の配当につき所得税を課されるべき法人である。また，Z法人には，平成24事業年度に収益事業につき納付すべき法人税がある。

　X社は，平成23年12月1日，Yとの間で，Yが所有する建物をその時価相当額の5億円で買い受ける旨の契約を締結した。この契約に従い，同日に，X社は1億円の解約手付金をYに支払った。残代金4億円の支払及び所有権移転登記手続を含む現実の支配の移転は，平成24年2月1日に行われた。この契約上，当該建物の現実の支配の移転までは，Yは手付金の2倍の金額をX社に支払うことで，他方，X社は手付金を放棄することで，それぞれ契約を解除することが可能であった。

問1　X社が課税繰延べをしようとする場合，同社は，①機械Aの全壊，②損害賠償金の取得及び③機械Bの取得を，平成24事業年度にそれぞれ法人税法上どのように取り扱うべきか。
　　　根拠条文を示しつつ述べなさい。

問2　X社は，消費税法上，損害賠償金1,500万円を課税資産の譲渡等の対価として取り扱うべきか。根拠条文を示しつつ述べなさい。

第7章 平成25年度の本試験を受けて

> 問3　Ｚ法人は，平成24事業年度にＸ社から受領する剰余金の配当に関し，法人税が課されるか。また，Ｚ法人は，当該配当に係る源泉所得税を平成24事業年度の法人税額から控除することができるか。根拠条文を示しつつ述べなさい。
>
> 問4　Ｙは，譲渡所得の金額の計算上，手付金１億円をいずれの年分の総収入金額に算入するべきか。根拠条文を示しつつ述べなさい。

Ｋ：ありがとうございます。

水戸：ということは，問題２に関しては，Ｋさんは，全問正解ということですか？

山田：そういうことになりますね。正直なところ，この問題を見て，確かに出題方法は多少複雑でしたが，今までの学習をしていれば，この問題は全問正解できるはずだと思っていましたので，安心しました。まあ，Ｋさんの優秀さは始めから分かっていましたけどね。これで，「理論問題で５割以上」というＫさんの目標は達成できたということになります。

水戸：えっ問題１の解説はやらないの？

山田：やっぱり，やりますか？

Ｋ：是非。お願いいたします。

山田：しょうがないな。それでは，Ｋさん，問題１の中で，簡単にできる問題はなかったでしょうか？

Ｋ：えーと，問２でしょうか。消費税の課税対象は，消費税法４条１項により，「国内において事業者が行った資産の譲渡等」ですが，損害賠償金は，消費税法２条１項８号の規定により，資産の譲渡等には該当しません。

水戸：この問題は，資産の譲渡等の定義を示せばいいだけですよね？

山田：その通りです。

7-5 ＜消費税法2条1項8号＞

（定義）
第2条　この法律において，次の各号に掲げる用語の意義は，当該各号に定めるところによる。
⑧　資産の譲渡等　事業として対価を得て行われる資産の譲渡及び貸付け並びに役務の提供（代物弁済による資産の譲渡その他対価を得て行われる資産の譲渡若しくは貸付け又は役務の提供に類する行為として政令で定めるものを含む。）をいう。

山田：問1はどうだったでしょうか？

K：問題文にある「X社が課税繰延べをしようとする場合」という意味が分からなかったので，自信はありません。

山田：そうかもしれませんが，その言葉を差し置いても，①の質問と②の質問には答えられるとは思うのですが，どうでしょうか？

K：えーと，①については，「機械が全壊」とありますから，その損失額を損金にするしかないと思います。

山田：そうですね。法人税法は単なる資産の評価減には損金を認めませんが，全壊となると損金になりますからね。それで，根拠条文は？

K：損失を損金にすると書かれているのは，法人税法22条3項3号しかないと思います。

水戸：出た。困った時の法人税法22条。

山田：②についてはどうでしょうか？

K：損害賠償金だろうが，何だろうが，もらったものは課税すると規定されているのは，法人税法22条2項です。

水戸：また出た。困った時の法人税法22条。

山田：そこまでは，正解です。

K：えっ，そうなんですか。それじゃ，部分点貰えるかしら？

山田：採点基準はわかりませんが，先ほども言いましたが，そこまでは，「X

社が課税繰延べをしようとする場合」という意味が分からなくとも解ける内容です。それで、Kさんは③の解答はどのように答えたのですか？

K：機械Bの取得原価は、1,500万円ですから、「1,500万円の資産を取得した」と解答しました。

水戸：それは間違いだな。

山田：そうですね。残念ながらその解答は間違いです。まあ、この問題は、「圧縮記帳」と呼ばれる論点で、過去問には登場していませんでしたから、解答できなくても、しょうがありませんでしたね。

K：「圧縮記帳」って何ですか？

山田：まずは、法人税法47条の規定を見てみましょう。

7-6 ＜法人税法47条（抄）＞

（保険金等で取得した固定資産等の圧縮額の損金算入）

第47条　内国法人が、各事業年度においてその有する固定資産の滅失又は損壊により保険金、共済金又は損害賠償金で政令で定めるものの支払を受け、当該事業年度においてその保険金等をもつてその滅失をした所有固定資産に代替する同一種類の固定資産の取得をし、又はその損壊をした所有固定資産若しくは代替資産となるべき資産の改良をした場合において、これらの固定資産につき、その取得又は改良に充てた保険金等に係る差益金の額として政令で定めるところにより計算した金額の範囲内でその帳簿価額を損金経理により減額したときは、その減額した金額に相当する金額は、当該事業年度の所得の金額の計算上、損金の額に算入する。

K：（法人税法47条を音読する）

水戸：何も言われなくても、条文を音読するとは、成長の後が見られるな。

K：いや本当に、試験を受けてみて、条文を読むことの重要性が身に沁みました。

山田：この条文の内容を，本問との関係で，より簡単に展開すると，(1)固定資産の滅失等により，損害賠償金等を受け，(2)代替資産を所得した場合に，(3)差益金の範囲内で帳簿価額を損金経理により減額したときは，(4)その減額した金額の損金算入を認める。ということになります。

水戸：(1)から(3)までが条件で，(4)がその効果ということですね。

山田：その通りです。これは考えて結論が導きだせる種類の問題ではないので，結論を先に解説しますと，ここで言う「差益金」は500万円です。1,000万円の資産に対して，1,500万円の損害賠償金を得ているからです。47条の規定に従いますと，この500万円の金額を機械Bの取得原価から控除すると（機械Bの取得原価は1,000万円になります），500万円の損金が認められることになります。そこで，「X社が課税繰延べをしようとする場合」という問題文がポイントになるのですが，この47条は，選択規定になっています。納税者がこのような扱いを望まなければ，選択する必要はありません。

水戸：出題の趣旨から考えても，47条の方法を選択した方が，「X社が課税繰延べをしようとする場合」に該当するわけですね？

山田：その通りです。そのことを，数字例で考えてみましょう。例えば，機械Bの耐用年数が4年であったら，47条の選択をしない場合には，機械Bの毎年の減価償却費は，取得原価が1,500万円ですから，375万円となります。要するに，毎年375万円ずつ，4年間にわたって費用化されていきます。一方で，47条の選択した場合には，初年度に500万円の特別な損金が認められますが，反対に取得原価が1,000万円に減額されますから，毎年の減価償却費は250万円になります。要するに，初年度こそ750万円（500万円＋250万円）の費用化が認められますが，残りの3年は250万円の費用（損金）しか認められません。節税という観点からは，Kさんならどちらの方法を選択しますか？

K：いずれにしても，4年間の費用金額の総額は1,500万円ですから，同じだと思います。

山田：その答えは，ある意味正解ですが，「課税の繰り延べ」すなわち，できるだけ遅いタイミングで税金を払いたいと考えれば，どちらが有利でしょう

か？

K：それは，初年度の損金の金額が大きいので，47条を選択します。

山田：その通りです。ところで，この議論って，以前学習した何かと似ていませんか？

K：一時差異と永久差異の話ですか？

山田：その通りです。結局のところ，47条を選択しても，その効果はタイミングをずらしている一時的な差異を作り出しているだけなのです。世の中で，節税商品というものが多く出回っていますが，実は，単に課税のタイミングを遅くしているものがほとんどなのです。今年の損金の計上が多いと喜んでいても，来年以降その分の損金が少なくなっているのです。しかし，税金の支払いはなるべく遅くしたいと考える納税者が多いので，たとえ一時差異でしかない節税商品であっても，利用されることが多いのです。

K：ということは，節税商品の説明を受ける場合には，それが，単なる課税の繰り延べか，永久的な税金の削減かに注意して聞くことが重要ということですか？

山田：その通りです。しかし，世の中に出回っている節税商品のほとんどは，一時差異型，すなわち，単なる課税の繰り延べ型のものです。いずれにしましても，47条の処理は「圧縮記帳」と呼ばれ，特別な損金が認められますが，それは単なる課税の繰り延べ効果を有するに過ぎないということを覚えておいて下さい。

水戸＆K：了解です。

7−7 ＜圧縮記帳の繰り延べ効果＞

＜47条の選択なしの場合＞

	初年度	2年目	3年目	4年目	合計
機械全壊損失	(1,000万円)				(1,000万円)
損害賠償金	1,500万円				1,500万円
減価償却費	(375万円)	(375万円)	(375万円)	(375万円)	(1,500万円)
圧縮損					
合計	125万円	(375万円)	(375万円)	(375万円)	(1,000万円)

＜47条の選択ありの場合＞

	初年度	2年目	3年目	4年目	合計
機械全壊損失	(1,000万円)				(1,000万円)
損害賠償金	1,500万円				1,500万円
減価償却費	(250万円)	(250万円)	(250万円)	(250万円)	(1,000万円)
圧縮損	(500万円)				(500万円)
合計	(250万円)	(250万円)	(250万円)	(250万円)	(1,000万円)

山田：それでは，次に問2に移りますが，これは，公益法人に関する質問で，公益法人に関する論点は過去問でも全く尋ねられていませんでしたので，できなくて当然だったと思います。

水戸：でも，公益法人は収益事業のみに法人税が課税されるというのは，ある意味常識ですよね。

K：すみません。常識が無くて。

山田：公益法人は収益事業のみに法人税が課税されるというのは，法人税法4条1項及び法人税法7条に，また収益事業の定義は，法人税法2条1項13号に規定されています。X社から受領する剰余金の配当は，収益事業以外の事業の附随行為から生じたものであることから，法人税の課税の対象にはなりません。

第7章　平成25年度の本試験を受けて

7－8　＜法人税法4条1項，7条，2条1項13号＞

法人税法4条1項

第4条　内国法人は，この法律により，法人税を納める義務がある。ただし，公益法人等又は人格のない社団等については，収益事業を行う場合，法人課税信託の引受けを行う場合又は第84条第1項に規定する退職年金業務等を行う場合に限る。

法人税法7条

（内国公益法人等の非収益事業所得等の非課税）

第7条　内国法人である公益法人等又は人格のない社団等の各事業年度の所得のうち収益事業から生じた所得以外の所得については，第5条（内国法人の課税所得の範囲）の規定にかかわらず，各事業年度の所得に対する法人税を課さない。

法人税法2条1項13号

（定義）

第2条　この法律において，次の各号に掲げる用語の意義は，当該各号に定めるところによる。

⑬　収益事業　販売業，製造業その他の政令で定める事業で，継続して事業場を設けて行われるものをいう。

水戸：それは，極めて常識的な解答ですね。

山田：ところが，この問題のいやらしいところは，その（非課税の）所得に対して源泉税が課されていたということです。もし，非収益事業が完全に非課税なら，この源泉税は何らかの手段によって，チャラにしなければいけないのですが，そうはしていないというのが，法人税法68条2項に書かれています。

水戸：と言うことは，この分に関しては，公益法人は，非収益所得に対しても実質的に課税を受けているということ？

山田：そうなりますね。したがって，この問題は実務を知る人間にとっては，違和感が生じる問題でしたね。

K：わたしは，違和感が生じる前に，沈没していました。

7－9 ＜法人税法68条（抄）＞

> （所得税額の控除）
> 第68条　内国法人が各事業年度において，（内国法人に係る所得税の課税標準）に規定する利子等，配当等，給付補てん金，利息，利益，差益，利益の分配又は賞金の支払を受ける場合には，当該事業年度の所得に対する法人税の額から控除する。
> 2　前項の規定は，内国法人である公益法人等又は人格のない社団等が支払を受ける利子及び配当等で収益事業以外の事業又はこれに属する資産から生ずるものにつき課される同項の所得税の額については，適用しない。

山田：それでは，最後の最後に問4の解説をしますが，Kさんはどういう解答をしましたか？

K：建物の引渡しの日をもって権利が確定するので，所得税法36条の規定により，手付金1億円も，「その年の収入すべき金額」として，平成24年分の総収入金額に算入すべきであると解答しました。

山田：根拠条文として，所得税法36条を持ってくるあたり，成長の後が伺えますね。

K：えっ。ということは，これで正解ですか？

山田：私なら，正解とします。しかし，それだと，この問題は簡単すぎるのです。

K：正直，私も，この問題の何が問題なのか，迷ってしまいました。

山田：所得税法は，原則として資産の引き渡し時点を収益の認識時期と規定しています。つまり，一時金も残金決済の年の所得として申告すればいいわけですが，契約時点で所得計上し，税金を早く納めたいと考える人を否認する理由もありませんので，所得税基本通達36－12では，納税者の選択により，契約の

効力発生の日の総収入金額として申告することも認めています。多分，出題者は，ここまでの解答を期待しているような気がします。したがって，Kさんが解答した原則的な取扱いと，納税者の選択による例外的な取扱いも併せて記述して欲しかったのだと思います。

水戸：仮にそうならば，租税法律主義に違反するのではないですか？

7−10 ＜所得税法36条（抄）と所得税基本通達36−12＞

> （収入金額）
> 第36条　その年分の各種所得の金額の計算上収入金額とすべき金額又は総収入金額に算入すべき金額は，別段の定めがあるものを除き，その年において収入すべき金額（金銭以外の物又は権利その他経済的な利益をもつて収入する場合には，その金銭以外の物又は権利その他経済的な利益の価額）とする。
>
> 所得税基本通達36−12
> （山林所得又は譲渡所得の総収入金額の収入すべき時期）
> 　山林所得又は譲渡所得の総収入金額の収入すべき時期は，山林所得又は譲渡所得の基因となる資産の引渡しがあった日によるものとする。ただし，納税者の選択により，当該資産の譲渡に関する契約の効力発生の日により総収入金額に算入して申告があったときは，これを認める。

K：部分点は貰えるのでしょうか？

山田：採点基準は私には分かりませんが，水戸先生の指摘は，その通りです。租税法律主義という税法では一番重要な言葉が出てきたところで，この勉強会を終わりにしましょう。

K：いずれにいたしましても，どうやら，私は理論問題においても合格水準である5割を超えているようですね。

山田：そうですね。

水戸：本当だね。

K：（声が急にしおらしくなり）これもひとえに両先生のお陰です。本当にありがとうございました。

山田&水戸：そんなに素直になられても，困るんだけれど，よくがんばりました。

-10+2日目終了-

エピローグ

山田：この勉強会の様子を，書籍化するという話が正式に決まりそうなんですけど，編集の人から，「本のタイトルを決めてください」という依頼が来ました。

水戸：それは，結構悩ましいリクエストですね。

K：何か，こう，目立つのがいいですね？

水戸：Kさん，自分で実際に本を買う時のことを考えてみろよ。目立つタイトルの本は手にするけれど，実際にお金を出して買おうとは思わないだろう？

K：お言葉ですが，地味なタイトルだったら，手にもしないと思いますが……。

山田：編集の人が言うには，この本の読者（ターゲット）は誰で，この本のウリ（セールスポイント）は何か，ということを踏まえて考えて欲しいということです。

水戸：この本の読者は，もちろん直接的には，公認会計士試験の受験生ですが，私のような法律の専門家が，読んでもためになりますよ。

K：法律の専門家とまでもいかなくても，今さら租税法を知らないと言えない人たちや，法人税法入門の本や講座に挫折した人にも最適だと思います。

山田：私もお二人の意見に基本的に賛成です。そうすると望ましいタイトルとしては，公認会計士試験の受験生に直接的に訴えかけるものの，もう少し裾野が広い人たちもターゲットにするということですかね？

水戸：その通りです。

山田：Kさん，読者の立場からみていかがですか？

K：これは，是非強調したいことですが，この本は優れた受験対策本だということです。実際，私は，この本の内容だけで，平成25年度の問題のほとんどを解くことができました。

山田：いかなる試験であっても，一番の試験対策は，過去問を解くことだということを痛感しました。過去問は，本当に多くのことを語っていましたね。そういう意味で，私は，実際の受験生であるＫさんが，この勉強会に参加してくれたことで，一層おもしろくなったと思います。

水戸：この本の特徴は，こういう対談形式は議論が深まって分かり易いということです。特に，理解を深めるに当たっては，素朴な疑問というのが一番重要です。また，過去問の多くは事例問題だったので，具体性があったと思います。楽団員の事例や税理士の妻と別居している内科医の事例は，今でも記憶に残っています。

Ｋ：（ノートをめくりながら）私がこの勉強会で印象に残った言葉を羅列すると，次のようになります。

- 所得税では，所得区分が大切
- 損益通算は，富士山頂（フジサンジョウ）
- 競馬の儲けは，一時所得か雑所得か？
- 会計と税務は似て非なるもの
- 法人税の学習は「別段の定め」を学習すること
- 一時差異と永久差異
- 法人税と所得税は，時価取引が基本
- 法人税法の寄附金の概念は広い
- 消費税のポイントは，不課税取引，非課税取引，免税

あっ，それと，

- 困った時の，法人税法22条

これは，試験で本当に助かりました。

山田：私は，お二人のような法律の専門家に法人税法を教えて，正直言って一番苦労したことは，（現金収支→会計の利益→課税所得）という流れを理解してもらうことでした。そのことは，多少なりとも理解して頂いたと自負しています。

水戸：私は，租税法における，「理論対実務」，「実質対形式」の構図が学べる本だと思います。多くの租税問題は，租税法の二大原則である「租税法律主義」と「租税公平主義」の比較衡量の問題だということがよく分かりました。
山田：それでは，ずばり，この本の望ましいタイトルは何でしょうか，Kさん？
K：えっ，私ですか？　水戸先生からどうぞ。
水戸：「租税法を学ぶ／公認会計士試験租税法の補助線」あるいは「租税法読本」というのは，どうでしょうか？
K：先生，だから，それは地味で重いですよ。
水戸：それじゃ，Kさんのアイデアは何なの？
K：ずばり，「電車で学べる租税法」です。
山田：それは，たしかに軽いけど……。
K：私は，これを電車の中だけで復習していました。いやあ，時間がない中，本当に助かりましたわ。
水戸：ところで，山田先生は？
山田：私ですか？
水戸＆K：人に聞いて，自分の意見を言わないのは卑怯ですよ。
山田：（赤面しながら）私は，この本の最大のウリは，実際の受験生であるKさんが参加したことにあると思っていますので，「K弁護士，会計士試験受けるってよ」がいいと思います。
K：それは軽過ぎでしょう！
水戸：しかも二番煎じです！
山田：すみません。本のタイトルに関しては，編集の人に決めてもらいましょう。
水戸＆K：そうですね。

付　録

会計士試験　租税法問題・解答
（平成23年度～平成25年度）

付録：会計士試験　租税法問題・解答

〔平成23年度問題〕

(満点 100点) ［第2問とあわせ　時間 2時間］

（租　税　法）

第　1　問　（40点）

問題1　次の事案について，以下の問いに答えなさい。

　　A株式会社（以下「A社」という。）は，主として建設業を営む内国法人である。A社の資本金の額は2億円であり，A社の事業年度は暦年である。

　　A社は，平成23事業年度に，その完全子会社である内国法人B株式会社（以下「B社」という。）が使用する倉庫代を，全額肩代わりした。この倉庫代は，B社の業績が好調であるため，その事業を更に拡張させる目的で，A社が負担した。

　　A社は，平成23事業年度において，近隣住民の理解を得て宅地開発を円滑に進めるために，5,000万円の費用をかけ，主として近隣住民が利用する集会所及び公園を整備した。

　　A社は，年に4度，A社の利益の有無にかかわらず，自社の経営するホテルで利用可能な株主優待施設利用券を，1,000株あたり1枚の割合で，株主に対して交付していた。この利用券は，譲渡可能なものであり，1枚2,000円相当である。なお，この利用券の交付について，A社は剰余金の処分として取り扱っていない。

　　A社の下請けのC工務店は，個人Dが事業主としてその経営に従事している。Dの課税期間（平成22年1月1日から同年12月31日。以下「本件課税期間」という。）に係る基準期間（平成20年1月1日から同年12月31日）における総売上高は，1,030万円であった（非課税取引に係る売上高は含まれていない。）。Dは，平成21年までは免税事業者であった。

問1　A社がB社との関係で負担した倉庫代は，A社の平成23事業年度における所得の金額の計算上，どのように取り扱うべきか。その理由についても述べなさい。

問2　A社が負担した集会所及び公園の整備費用は，A社の平成23事業年度における所得の金額の計算上，どのように取り扱うべきか。その理由についても述べなさい。

問3　A社の個人株主が受け取った株主優待施設利用券は，配当所得に該当するか。その理由についても述べなさい。

問4 Dは、本件課税期間において消費税の免税事業者に当たるか。その理由についても述べなさい。

＊　法人税法施行令第14条第1項

　法第二条第二十四号（繰延資産の意義）に規定する政令で定める費用は、法人が支出する費用（資産の取得に要した金額とされるべき費用及び前払費用を除く。）のうち次に掲げるものとする。

一　創立費（発起人に支払う報酬、設立登記のために支出する登録免許税その他法人の設立のために支出する費用で、当該法人の負担に帰すべきものをいう。）

二　開業費（法人の設立後事業を開始するまでの間に開業準備のために特別に支出する費用をいう。）

三　開発費（新たな技術若しくは新たな経営組織の採用、資源の開発又は市場の開拓のために特別に支出する費用をいう。）

四　株式交付費（株券等の印刷費、資本金の増加の登記についての登録免許税その他自己の株式（出資を含む。）の交付のために支出する費用をいう。）

五　社債等発行費（社債券等の印刷費その他債券（新株予約権を含む。）の発行のために支出する費用をいう。）

六　前各号に掲げるもののほか、次に掲げる費用で支出の効果がその支出の日以後一年以上に及ぶもの

　　イ　自己が便益を受ける公共的施設又は共同的施設の設置又は改良のために支出する費用

　　ロ　資産を賃借し又は使用するために支出する権利金、立ちのき料その他の費用

　　ハ　役務の提供を受けるために支出する権利金その他の費用

　　ニ　製品等の広告宣伝の用に供する資産を贈与したことにより生ずる費用

　　ホ　イからニまでに掲げる費用のほか、自己が便益を受けるために支出する費用

付録：会計士試験　租税法問題・解答

問題2　内国法人であるA株式会社（以下「A社」という。）が行う次の各取引について、以下の問いに答えなさい。なお、租税特別措置法については考慮しないものとする。

(1) 資本関係のないB株式会社に対して、時価500万円の工作機械を贈与した。
(2) 資本関係のないC株式会社に対して、無償で工作機械を貸与した。適正な賃料の額は120万円である。
(3) A社の取締役であるDに対して、時価200万円の自動車を贈与した。
(4) A社の取締役であるEに対して、無償で自動車を貸与した。適正な賃料の額は20万円である。
(5) A社の株主である個人Fから、土地の贈与を受けた。当該土地の贈与時における時価は5,000万円であり、Fの取得費は4,000万円であった。

なお、A社は、消費税法上の免税事業者ではない。

問い　以下の各記述について、当該記述に係る税務処理が正しい場合には○、誤っている場合には×、を解答欄の「○×欄」に記入しなさい。また、当該記述に係る税務処理が正しい場合にはその処理の根拠条文、誤っている場合には正しい税務処理及びその根拠条文、を解答欄の「記述欄」に記入しなさい。

① (1), (2), (3), (4), (5)のいずれの取引からも、A社には法人税法上の益金が生じる。
② (1), (2)のいずれの取引からも、B株式会社及びC株式会社には法人税法上の益金が生じる。
③ (3), (4)のいずれの取引からも、D及びEには所得税法上の給与所得が生じる。
④ (1), (2), (3)のいずれの取引についても、A社には消費税が課されない。
⑤ (5)の取引により、Fには所得税法上の譲渡所得が生じる。

（租　税　法）

第 2 問　（60点）

（満点　100点）〔第1問とあわせ　時　間　2時間〕

問題1　普通法人である甲株式会社（以下，［当社］という。）の当期（自平成22年4月1日至平成23年3月31日）における法人税の課税標準である所得金額及び確定申告により納付すべき法人税額を，以下の資料に基づき計算しなさい。

＜解答に当たっての注意事項＞（下記指示によらなければ，配点がないので注意すること）

(1) 各行ごとに，加算及び減算すべき金額があるときは，相殺して純額で記入しなさい。

(2) 加算及び減算すべき金額が共に生じない場合は，加算すべき金額の欄のみに0（ゼロ）を明記しなさい。

(3) 解答は必ず答案用紙の指定された枠内に記入すること。また，記入する金額には，3桁ごとにカンマ（,）を打つこと。

1　全般的な資料及び注意事項

(1) 当社は，青色申告法人で，機械部品の卸売業を主たる事業とする非上場会社である。

(2) 当社は，当期末において同族会社に該当しない。

(3) 当社は，消費税及び地方消費税の経理処理として税抜方式を採用している。問題文中の取引金額は，すべて税抜きの金額である。

(4) 問題文中の住民税は，道府県民税及び市町村民税の合計額である。また，事業税には地方法人特別税を含んでいる。

(5) 特に指定されているものを除き，当社にとって，納付すべき法人税額が最も有利となるように計算しなさい。

(6) 法人税額を計算する際，課税所得金額は千円未満を切り捨て，納付すべき法人税額は百円未満を切り捨てること。

2　財務諸表上の数値

当期の財務諸表上の数値は，以下のとおりである。

(1) 当期末の資本金の額は，480,000,000円である。

(2) 損益計算書上の当期純利益の額は，1,200,000,000円である。

267

3 受取利息及び配当金などについての資料

当期の受取利息及び配当金の内訳は，下表のとおりである。なお，当社では，損益計算書上，下表の収入金額等欄の合計金額を「受取利息及び配当金」に，源泉徴収税額欄の合計金額を「法人税，住民税及び事業税」にそれぞれ計上している。

銘　柄	区　分	計　算　期　間	収入金額等	源泉徴収税額	備考
銀行預金利息	利子	－	250,000円	50,000円	注1
A社株式	期末配当	平成22年4月1日～平成23年3月31日	1,200,000円	－　円	注2
B社株式	中間配当	平成22年4月1日～平成22年9月30日	2,400,000円	480,000円	注3
C社株式	残余財産分配金	－	8,850,000円	×××円	注4
D公社債投資信託	収益分配金	平成22年2月1日～平成23年1月31日	120,000円	24,000円	注1
E証券投資信託	普通分配金	平成22年1月1日～平成22年12月31日	130,000円	9,100円	注5
合計			12,950,000円	×××円	

（注1） 銀行預金利息及びD公社債投資信託の源泉徴収税額には，住民税利子割額がそれぞれ12,500円，6,000円含まれている。
　　　　 なお，D公社債投資信託は，3年前より継続保有している。
（注2） A社は，期末配当の基準日を3月31日とする上場会社であり，当社は平成20年4月以前より同社株式100,000株（発行済株式総数の0.1％）を継続して保有している。当社の経理担当者は，同社株式の配当落ちの状況等から，A社が平成23年6月開催予定の株主総会において普通株式1株当たり12円の配当を行う決議をするものと予想し，平成23年3月31日付けで1,200,000円を未収入金として計上した。
　　　　 なお，A社は平成22年3月期は無配であった。
（注3） B社は，当社が数年前より60,000株（発行済株式総数の30％）を保有する非上場会社であり，同社は定款の規定に基づき，平成22年9月30日を基準日として同年11月10日に1株当たり40円の中間配当を実施した。
（注4） C社は，当社が数年前より15,000株（発行済株式総数の3％）を保有する非上場会社であったが，平成22年4月30日に解散決議を行い，同年7月30日に株主に対して残余財産のすべてを金銭により分配し清算を結了した。この残余財産の分配に関する資料は次のとおりであるが，当社では源泉所得税控除前の分配金総額を「受取配当金」として計上し，同社株式の帳簿価額4,800,000円（1株当たり320円）は営業外費用の「雑損失」に計上した。
　　　　 ① C社の残余財産分配直前の資本金等の額　　　　150,000,000円
　　　　 ② C社の平成22年4月30日における簿価純資産価額　295,000,000円
　　　　 ③ C社の残余財産分配直前の発行済株式総数　　　　500,000株
　　　　 ④ C社株式1株当たりの分配金額　　　　　　　　　　590円
（注5） E証券投資信託は，主として国内株式に投資する非上場の公募証券投資信託であり，当社はこれを前々期から継続して保有している。

なお，受取配当等から控除すべき負債利子の額は，関係法人株式等に対応するものが135,000円，完全子法人株式等及び関係法人株式等以外の株式等に対応するものは275,000円であった。

4　減価償却資産の償却費等についての資料

当期末において所有している減価償却資産の償却費等の明細は，以下のとおりである。

なお，当社は設立以来，償却方法の選定の届出などを行っていない。

種　類	事業の用に供した年月	取得価額	損金経理した償却費等の額	期末帳簿価額	法定耐用年数	備考
建　物1	平成12年1月	120,000,000円	0円	1円	30年	注1
建　物2	平成19年11月	100,000,000円	6,500,000円	79,500,000円	15年	注2
機械装置	平成22年12月	80,000,000円	10,000,000円	70,000,000円	8年	注3
器具備品1	平成15年4月	3,000,000円	149,999円	1円	5年	
ソフトウエア	平成23年2月	180,000円	179,999円	1円	5年	

（注1）　建物1は，過去に「固定資産の減損に係る会計基準」に準拠して減損損失を計上したことに伴い，期首において過年度償却超過額が80,000,000円あった。

（注2）　建物2の減価償却費は，取得時において当社独自に使用可能期間を見積って計算した償却費6,000,000円と，当期に使用可能期間を再度見積って計算した追加計上額500,000円の合計額である。

（注3）　機械装置については，需要動向その他の諸条件を踏まえた長期経営計画に基づく使用可能期間である4年で償却することとし，当期は期中取得のため，年間償却額の50％相当額を計上している。なお，取得価額には，事業の用に供するために直接要した据付費200,000円が含まれている。また，取得年月日は平成22年11月26日，事業供用日は同年12月10日である。

器具備品には，上記以外に器具備品2があったが，平成22年12月に除却し，期首帳簿価額800,000円の全額を固定資産除却損として会計処理を行った。

なお，この器具備品2には，期首において過年度償却超過額が200,000円あった。

＜減価償却資産の償却率等＞

平成19年3月31日以前取得分					平成19年4月1日以後取得分				
耐用年数	3年	8年	15年	30年	耐用年数	5年	8年	15年	30年
旧定額法	0.200	0.125	0.066	0.034	定　額　法	0.200	0.125	0.067	0.034
旧定率法	0.369	0.250	0.142	0.074	定　率　法	0.500	0.313	0.167	0.083
					保　証　率	0.06249	0.05111	0.03217	0.01766
					改訂償却率	1.000	0.334	0.200	0.084

5　棚卸資産についての資料

棚卸資産には，次のような処理を行っているものがある。

なお，当社が採用している棚卸資産の評価基準及び評価方法は，先入先出法による原価法であり，税務上もその届出を行っている。

(1) K商品

決算整理前の帳簿価額は1,200,000円（単価10,000円，個数120個）であったが，型式，性能，品質等が著しく異なる新商品が発売されたことによって，著しく陳腐化し，通常の販売方法により販売することができない状況となった。そこで，この商品の使用収益価値を反映した直近の販売実例の価額は540,000円（単価4,500円）であったが，決算手続においては，スクラップとしての処分予想価格である120,000円を評価額とし，評価損1,080,000円を費用計上した。

(2) L商品

需要予測に従い商品を仕入れて営業活動を行ったが，景気の落込みにより過剰在庫を有することとなった。

この商品の決算整理前の帳簿価額は5,000,000円（単価5,000円　個数1,000個）であるが，単価3,500円まで下げなければ売れないと見込まれることから，決算手続において評価額を3,500,000円とし，評価損1,500,000円を費用計上した。

6　租税公課などについての資料

税金関連の諸勘定残高の内訳は，次のとおりである。

（単位：円）

科　　目	前期末残高	当期増加額	当期減少額	当期末残高
仮払税金				
法　人　税	0	200,000,000	200,000,000	0
住　民　税	0	42,000,000	42,000,000	0
事　業　税	0	70,000,000	70,000,000	0
合　　　計	0	312,000,000	312,000,000	0
未払法人税等				
法　人　税	310,000,000	600,000,000	500,000,000	410,000,000
住　民　税	63,000,000	124,000,000	104,000,000	83,000,000
事　業　税	101,000,000	210,000,000	170,000,000	141,000,000
合　　　計	474,000,000	934,000,000	774,000,000	634,000,000
繰延税金資産	120,000,000	52,000,000	65,000,000	107,000,000

(1) 仮払税金の当期増加額は中間納付税額であり，納付時に仮払税金として処理し，決算時に次の会計処理を行った。

（借方）　未払法人税等　312,000,000円　　（貸方）仮払税金　312,000,000円

(2) 未払法人税等については，(1)以外に，前期確定分の税金を納付した際，次の会計

処理を行っている。

（借方）　未払法人税等　462,000,000円　　（貸方）　当座預金　462,000,000円

また，決算時には次の会計処理を行って費用計上した。

（借方）　租税公課　　55,000,000円　　（貸方）　未払法人税等　934,000,000円
（借方）　法人税等　879,000,000円

(3) 繰延税金資産については，当期の純減少額である13,000,000円が，損益計算書において「法人税等調整額」として計上されている。

(4) 当期の租税公課勘定には，以下のものが含まれている。

① 従業員による業務上生じた交通違反に対する反則金100,000円を会社で支払った。

② 印紙税の納付額が1,000,000円あり，その内250,000円は過怠税である。

③ 中間納付額を期限後に納付したため，事業税に係る延滞金80,000円及び住民税に係る延滞金50,000円を支払った。

7　貸倒損失及び貸倒引当金についての資料

売掛金等の債権の内，次のようなものがあった。

(1) 当社は，得意先であるP社に対して貸付金を31,500,000円有していたが，同社は平成22年6月1日に民事再生手続開始の申立を行い，同年12月10日に裁判所から再生計画の認可決定を受け，翌月に認可決定が確定した。この貸付金は再生債権に該当し，再生計画では，再生債権の95％は認可決定が確定した時点で免除され，残額5％は即時に弁済されることになっており，当期末までに弁済を受けた。

当社はこれに関して会計上は何ら貸倒れに係る処理を行っていない。

(2) 当社が金銭の貸し付けを行っている代理店Q社は，当期中に民事再生手続開始の申立及び再生計画の認可決定を受け，平成22年11月に認可決定が確定している。Q社の再生計画では再生債権につき90％の免除を受けることとし，残額10％については等価による債務と株式の交換取引（デット・エクイティ・スワップ）を行うこととした。当社のQ社に対する当初の貸付金額は35,000,000円（再生債権に該当）であったが，会計上は同額の貸付金を有価証券に振替処理したのみである。なお，貸付金を現物出資した後の当社のQ社株式の保有割合は発行済株式総数の2％である。

(3) 上記以外の当期末時点における金銭債権等の種類と金額は下記のとおりであるが，これら得意先等に対して当社が買掛金や支払手形の債務を有し，実質的に債権と見られないと考えられる金額が4,200,000円ある。また，前期に繰入れた一括評価債権の貸倒引当金を会計上，全額洗替処理をして42,000,000円の戻入益の計上を行っているが，当該金額には前期に税務否認をした繰入限度超過額が2,220,000円

含まれている。なお，当期に会計上繰入れた一括評価債権の貸倒引当金繰入額は39,000,000円である。

金銭債権等の種類	金　　額
売掛金	350,000,000円
受取手形（商品の代価）	200,000,000円
未収入金（固定資産の譲渡代金）	15,000,000円
未収入金（配当金）	（注）1,200,000円
貸付金	7,500,000円
敷金・保証金	150,000,000円

（注）　3　受取利息及び配当金などについての資料(注2)のA社未収配当金である。

一括評価貸倒引当金の算定に関する過去データ

	平成20年3月期	平成21年3月期	平成22年3月期
損金に算入された貸倒損失等の額	40,000,000円	28,000,000円	62,000,000円
損金に算入された個別評価の貸倒引当金繰入額	0円	15,000,000円	0円
益金に算入された個別評価の貸倒引当金戻入額	0円	0円	15,000,000円（洗替処理によるもの）
各事業年度終了時の一括評価金銭債権の帳簿価額の合計	650,000,000円	770,000,000円	815,000,000円

（注1）　上記事業年度の期間はすべて1年間（12カ月）である。
（注2）　上記はすべて売掛債権等に係る貸倒損失等や個別評価の貸倒引当金繰入額・戻入額である。なお，平成22年3月期の戻入額15,000,000円は，当該期に貸倒損失に計上した売掛金等に係るものである。
（注3）　一括評価債権の貸倒実績率は，小数点以下第4位未満を切り上げて算定すること。

8　ストック・オプションについての資料
(1)　当社は平成20年5月30日の株主総会において，取締役及び従業員に対し役務の提供の対価として，以下の条件によるストック・オプションを新株予約権として無償で付与することを決議した。なお，解答にあたり源泉所得税の取扱いは考慮しなくてよい。

① 権利付与日　　平成20年6月1日
② 権利付与日における新株予約権の公正な評価額　　1個当たり3,000円
③ 権利確定日　　平成21年5月31日
④ 権利行使期間　　平成21年6月1日から平成23年5月31日まで
⑤ 権利行使価額　　普通株式1株当たり15,000円
⑥ 新株予約権の発行総数　　10,000個（1人当たり100個が付与される。）
⑦ 権利行使により発行する株式　　新株予約権1個につき普通株式1株
⑧ 権利付与日における株式の時価　　1株当たり13,600円
⑨ 権利譲渡は禁止されている。
⑩ 租税特別措置法第29条の2に規定された要件を満たさない税制非適格型である。
（注）当社では前期までに，このストック・オプションに関して，会計上は新株予約権の公正な評価額に相当する額をすべて費用計上しており，税務上はその金額を適切に処理している。

(2) ストック・オプションの権利行使状況

① 従業員から，当期中に6,000個の権利行使があった。なお，新株予約権として計上した額のうち当該権利行使に対応する部分を，会計上は資本金に振り替えている。

② 当期中に付与対象者が2人退職したため，200個の新株予約権が失効した。なお，新株予約権として計上した額のうち当該失効に対応する部分を，会計上は利益に計上している。

問題2　居住者である乙氏の平成22年分の所得税の確定申告について，以下の資料をもとに，所得税法第28条等の規定に従って，(1)所得の種類及び金額，(2)所得控除額の合計額，(3)確定申告により納付すべき税額を求めなさい。なお(1)については所得の種類を解答欄に示したものから選び ◯ で囲みなさい。

課税所得金額の計算にあたって，課税標準については千円未満を切り捨て，確定申告により納付すべき税額については百円未満を切り捨てること。

（資料1）　収入に関する事項
　　給料及び賞与の収入金額　　4,852,000円
　このほか，以下のように，上場会社である勤務先からストック・オプションとして付与された新株予約権を，平成22年中に全個数行使した。その後，権利行使により取得した株式を，金融商品取引業者に委託を行い証券市場において全て売却している。

なお，当該ストック・オプションは，付与された条件及び手続等から租税特別措置法第29条の2に規定する要件を満たす税制適格型に該当している。また，売却等についても同条の要件を満たすものと認められる。なお，乙氏は，これ以外に過去を含め有価証券の売買取引を全く行っていない。

① 権利付与日　　　　　　　　　　　平成20年6月1日
② 権利行使価額　　　　　　　　　　普通株式1株当たり6,000円
③ 乙氏への付与個数　　　　　　　　50個
④ 権利行使により取得する株式数　　1個当たり普通株式10株
⑤ 権利行使日　　　　　　　　　　　平成22年10月12日
⑥ 権利行使時の株式の時価　　　　　1株当たり7,800円
⑦ 株式の売却日　　　　　　　　　　平成22年10月27日
⑧ 株式の売却価額（売却時の時価）　1株当たり8,000円
⑨ 売却手数料　　　　　　　　　　　50,000円

（資料2）　所得控除及び源泉徴収税額に関する事項
勤務先の源泉徴収票に記載された金額
・社会保険料控除の額　　　452,000円
・配偶者控除の額　　　　　380,000円
・所得税の源泉徴収額　　　115,400円

　このほかに　医療費控除の対象となる医療費180,000円を支出している。なお，これに対して保険金等で補填される額はなかった。また，源泉徴収票に記載された金額は適正なものであり，これら以外に，基礎控除を除いて所得控除の対象となるものはなかった。

（資料3）　その他の参考事項
　上場株式を金融商品取引業者に委託を行い証券市場において売却した場合には，その所得については，100分の7の税率が適用される。

平成23年度問題

問題3 婦人服卸売業を営む丙株式会社（以下，「当社」という。）の当期（自平成22年4月1日至平成23年3月31日）における以下の資料に基づき，当社の納付すべき消費税額及び法人税法に規定する繰延消費税額等の損金算入限度額の計算について，下記の各問に答えなさい。

1 全般的な資料及び注意事項
(1) 当社は，設立以来引き続き消費税の課税事業者であり，当課税期間の基準期間における課税売上高は628,445,300円であった。
(2) 当社は，消費税及び地方消費税（以下，「消費税等」という。）の経理処理について税抜方式を採用しており，消費税等の額は「仮払消費税等」又は「仮受消費税等」の勘定で経理している。
　なお，課税標準額に対する消費税額の計算は，税込みの金額に基づいて行うこととし，端数処理に関する経過措置の規定を適用しないものとする。
(3) 当社の取引は，特に記載するものを除き，国内において行われたものである。
(4) 当社が当課税期間中に行った課税仕入れ等については，その事実を明らかにする帳簿及び請求書等が，法令の記載要件をすべて満たした上で，適法に保存されている。
(5) 解答は答案用紙に指定された枠内に記入すること。また，記入する金額には，3桁ごとにカンマ（,）を打つこと。
(6) 解答に当たっては，当社の納付すべき消費税額及び法人税額が最も少なくなるように計算しなさい。また，金額の計算において1円未満の端数は切り捨てなさい。

2 当課税期間における資産の譲渡等

（単位：円）

	税抜価額	仮受消費税等	合　計	備　考
総売上高	652,875,360	31,030,220	683,905,580	輸出免税売上高32,259,600を含む。
売上値引高	△19,335,600	△966,780	△20,302,380	当期に販売した課税売上げに係るものである。
受取利息	3,764,840	−	3,764,840	
受取配当金	2,468,700	−	2,468,700	
株式売却額	118,503,240	−	118,503,240	原価102,514,700，売却益15,988,540
ゴルフ会員権売却額	3,949,000	197,450	4,146,450	原価6,705,000，売却損2,756,000
建物売却額	50,785,000	2,539,250	53,324,250	原価62,551,200，売却損11,766,200

土地売却額	204,885,000	-	204,885,000	原価32,704,000，売却益172,181,000
保険金収入	4,924,000	-	4,924,000	
貸倒損失	△1,888,000	△94,400	△1,982,400	前期に発生した課税売上げに係る売掛金の回収不能額である。
合　　計	1,020,931,540	32,705,740	1,053,637,280	

3　当課税期間における仕入れ等

(単位：円)

	税抜価額	仮払消費税等	合　計	備　　考
総仕入高	531,311,401	26,565,569	557,876,970	
仕入値引高	△8,806,600	△440,330	△9,246,930	当期及び前期に購入した課税仕入れに係るものである。
給与手当	32,218,080	35,520	32,253,600	通勤手当710,400（税抜き）を含む。
福利厚生費	2,385,940	48,510	2,434,450	社会保険料1,415,740を含む。
荷造運賃	4,538,600	197,600	4,736,200	国外への輸送費586,600を含む。
広告宣伝費	2,484,000	78,290	2,562,290	得意先へ配布したプリペイドカードの購入費918,200を含む。
接待交際費	2,487,300	107,765	2,595,065	得意先への慶弔祝金・見舞金332,000を含む。
旅費交通費	5,726,040	266,800	5,992,840	海外出張費390,040を含む。
その他費用（課税項目）	4,587,350	228,715	4,816,065	
その他費用（非課税項目）	3,193,960	-	3,193,960	
その他費用（不課税項目）	23,576,910	-	23,576,910	
建　　物	172,582,000	8,629,100	181,211,100	自社ビル建設の支出額である。
ソフトウエア	9,580,000	479,000	10,059,000	財務管理システムの開発費用である。
合　　計	785,864,981	36,196,539	822,061,520	

4　消費税の中間納付額

当課税期間における消費税の中間納付税額は，2,122,300円であった。

平成23年度問題

問1 当課税期間における課税標準額（千円未満切捨て）及び課税標準額に対する消費税額を計算しなさい。

問2 当課税期間における課税売上割合（端数処理を行わず分数で表示）を計算しなさい。

問3 当課税期間において消費税額から控除する税額を，答案用紙の解答欄に従って計算しなさい。なお，控除対象仕入税額の計算は，一括比例配分方式（消費税法第30条第2項第2号）によること。

問4 当課税期間における納付すべき消費税額（百円未満切捨て）を計算しなさい。

問5 法人税法施行令第139条の4（後掲）の規定により，当期における控除対象外消費税額等の額を，答案用紙の解答欄に従って計算しなさい。なお，計算の便宜上，課税売上割合を76％として算定すること。

問6 法人税法施行令第139条の4の規定に照らして，納付すべき法人税額が最も有利となるように繰延消費税額等の額を計算し，更に，当期における繰延消費税額等の損金算入限度額を計算しなさい。なお，前期以前において，繰延消費税額等の損金不算入額はなかった。

［参考］
法人税法施行令139条の4（抜粋）
（資産に係る控除対象外消費税額等の損金算入）
1　内国法人の当該事業年度（消費税法（昭和63年法律第108号）第30条第2項（仕入れに係る消費税額の控除）に規定する課税売上割合に準ずる割合として財務省令で定めるところにより計算した割合が100分の80以上である事業年度に限る。）において資産に係る控除対象外消費税額等が生じた場合において，その生じた資産に係る控除対象外消費税額等の合計額につき，その内国法人が当該事業年度において損金経理をしたときは，当該損金経理をした金額は，当該事業年度の所得の金額の計算上，損金の額に算入する。
2　内国法人の当該事業年度（前項に規定する事業年度を除く。）において生じた資産に係る控除対象外消費税額等が次に掲げる場合に該当する場合において，その該当する資産に係る控除対象外消費税額等の合計額につき，その内国法人が当該事業年度に

おいて損金経理をしたときは，当該損金経理をした金額は，当該事業年度の所得の金額の計算上，損金の額に算入する。
一　棚卸資産に係るものである場合
二　20万円未満である場合（前号に掲げる場合を除く。）
3　内国法人の当該事業年度において生じた資産に係る控除対象外消費税額等の合計額（前2項の規定により損金の額に算入される金額を除く。以下この条において「繰延消費税額等」という。）につき当該事業年度の所得の金額の計算上損金の額に算入する金額は，その内国法人が当該繰延消費税額等につき当該事業年度において損金経理をした金額のうち，当該繰延消費税額等を60で除しこれに当該事業年度の月数を乗じて計算した金額の2分の1に相当する金額に達するまでの金額とする。
4　以下　（略）

〔平成23年度解答〕

第1問 答案用紙＜1＞
（租　税　法）

問題1

問1

　内国法人A社が負担した倉庫代は，内国法人B社に対する経済的な利益の無償の供与に該当し，寄附金の額とされる。当該寄附金の額は，完全支配関係にある内国法人に対する寄附金の額であるため，全額が損金の額に算入されない。
　これは，グループ内部の取引については課税関係を生じさせないためである。

問2

　主として近隣住民が利用する集会所及び公園を整備するための費用は，自己が便益を受ける公共的施設の設置のために支出する費用に該当し，繰延資産として取り扱われる。したがって，償却費として損金経理した金額のうち償却限度額を超える部分の金額は損金の額に算入されない。

問3

　配当所得に該当しない。A社の利益の有無にかかわらず交付され，利益の配当としての外観を有せず，A社が剰余金の処分として取り扱っていないため，雑所得に該当し，配当所得には該当しない。

問4

　免税事業者に当たらない。Dの本件課税期間に係る基準期間中は免税事業者であるため，課税資産の譲渡等の相手方に対して自らに課される消費税に相当する額を転嫁すべき立場にないことから，税抜処理をする必要はなく，基準期間における課税売上高は1,030万円となり1,000万円を超えるため，納税義務は免除されない。

第1問 答案用紙＜2＞
（租税法）

問題2

番号	○×欄	記述欄
①	○	法人税法第22条第2項 ((1)(3)は無償による資産の譲渡，(2)(4)は無償による役務の提供，(5)は無償による資産の譲受けに該当するため，益金が生じる。)
②	×	(2)について，C株式会社は無償により役務の提供を受けているが，発生すべき賃借費用と受贈益は相殺関係にあることから益金が生じない。 法人税法第22条第2項
③	○	所得税法第28条第1項，第36条第1項及び第2項 (取締役が自動車の贈与及び無償による貸与を受けた場合には，給与所得が生じる。なお，金銭以外の物又は経済的利益をもって収入とする場合には，その時の時価で課税する。)
④	×	(3)について，事業として対価を得て行われた資産の譲渡とみなされ，A社には時価200万円を対価の額とみなして消費税が課される。 消費税法第4条第4項（第二号），第28条第2項（第二号）
⑤	○	所得税法第33条第1項，第36条第1項，第59条第1項（第一号） (個人が法人に資産の贈与をした場合には，譲渡所得が生じる。なお，収入金額は収入すべき金額であるが，法人に対する贈与のためその時の時価により課税する。)

第2問 答案用紙＜１＞
（租　税　法）

問題1

〈解答に当たっての注意事項〉（下記指示によらなければ，配点がないので注意すること）
(1) 各行ごとに，加算及び減算すべき金額があるときは，相殺して純額で記入しなさい。
(2) 加算及び減算すべき金額が共に生じない場合は，加算すべき金額の欄のみに0（ゼロ）を明記しなさい。
(3) 解答は必ず答案用紙の指定された枠内に記入すること。また，記入する金額には，3桁ごとにカンマ（,）を打つこと。

（単位：円）

当期純利益の額　　　　　　　　　　1,200,000,000

	加算すべき金額	減算すべき金額
（受取利息・配当金など）		
みなし配当の額	4,350,000	
受取配当等の益金不算入額		
関係法人株式等		2,265,000
その他の株式等		2,070,000
住民税利子割	18,500	
源泉所得税	1,414,600	
その他申告調整額		
（注2）について		1,200,000
（減価償却資産の償却費）		
建　　物　1		3,672,000
建　　物　2	0	
機　械　装　置	1,653,334	
器　具　備　品　1	120,000	
器　具　備　品　2		200,000
ソフトウエア	119,999	

281

第2問 答案用紙<2>
（租　税　法）

	加算すべき金額	減算すべき金額
（棚卸資産）		
K商品	420,000	
L商品	1,500,000	
（租税公課関係）		
未払法人税等	764,000,000	
繰延税金資産	13,000,000	
租税公課勘定　((4)の事項計)	480,000	
（貸倒損失及び貸倒引当金）		
P社債権　((1)の事項)		29,925,000
Q社債権　((2)の事項)		31,500,000
一括評価金銭債権　((3)の事項)	3,460,500	
貸倒実績率	0.0582	
繰入限度額	33,319,500	
（一括評価分）		
（ストック・オプション）		
権利行使に係るもの		18,000,000
((2)・①)		
失効に係るもの		600,000
((2)・②)		
（法人税額の計算）		
課税所得金額		1,896,754,000
法人税額		569,026,200
所得税額控除額		1,414,600
中間申告分の法人税額		200,000,000
納付すべき法人税額		367,611,600

第2問 答案用紙＜3＞
（租　税　法）

問題2

(1) 所得の種類及び金額　　　　　　　　　　　　　　　（単位：円）

　　（ ㊤給与 ・ 一時 ・ 譲渡 ・ 雑 ）所得　　　　3,341,600

　　（ 給与 ・ 一時 ・ ㊤譲渡 ・ 雑 ）所得　　　　　950,000

(2) 所得控除額の合計額　　　　　　　　　　　　　　1,292,000

(3) 確定申告により納付すべき税額　　　　　　　　　　 58,500

付録：会計士試験　租税法問題・解答

第2問　答案用紙＜4＞
（租税法）

問題3

問1　課税標準額及び課税標準額に対する消費税額　　　　　（単位：円）

(1) 課税標準額　　　　　　　　　　　　　　　　　　　675,349,000

(2) 課税標準額に対する消費税額　　　　　　　　　　　　27,013,960

問2　課税売上割合（端数処理を行わず分数で表示）　　　$\dfrac{688,273,219}{902,848,221}$

問3　消費税額から控除する税額

(1) 課税仕入れに係る消費税額　　　　　　　　　　　　　28,957,729

(2) 控除対象仕入税額　　　　　　　　　　　　　　　　　22,075,503

(3) 返還等対価に係る税額　　　　　　　　　　　　　　　　　773,424

(4) 貸倒れに係る税額　　　　　　　　　　　　　　　　　　　75,520

問4　納付すべき消費税額　　　　　　　　　　　　　　　　1,967,200

問5　控除対象外消費税額等

(1) 棚卸資産に係る控除対象外消費税額等　　　　　　　　　6,270,057

(2) 建物に係る控除対象外消費税額等　　　　　　　　　　　2,070,984

(3) ソフトウエアに係る控除対象外消費税額等　　　　　　　　114,960

問6　繰延消費税額等

(1) 繰延消費税額等　　　　　　　　　　　　　　　　　　2,070,984

(2) 繰延消費税額等の損金算入限度額　　　　　　　　　　　　207,098

〔平成24年度問題〕

(満点 100点) 〔第2問とあわせ 時間 2時間〕

（租　税　法）
第　1　問　(40点)

問題1　次の事案について，以下の問いに答えなさい。

　A株式会社（以下「A社」という。）は，主として自動車販売業を営む内国法人であり，その事業年度は暦年である。A社は同族会社であり，有価証券報告書を提出しておらず，また，所定の時期に確定額の役員給与を支払う旨の届出を所轄税務署長にしていない。

　A社は，経営の刷新を狙い，平成21事業年度において，当時営業部長であり，その有能さを十分に発揮しているBを代表取締役社長に選任すると共に，Bに営業部長職を引き続き兼務させた。

　平成23事業年度において，A社はBに毎月1,000万円の給与を支払った。この給与のうち，200万円は営業部長としての職務に対する給与であり，残額800万円は代表取締役社長としての職務に対する給与である。また，A社は，平成23年2月に，かねてBが入手を希望していたA社保有の展示用クラシックカー甲（時価2,000万円）を，500万円で売却した。この売却は，BのこれまでのA社への貢献に報い，また今後の活躍への期待を込めて，行われたものである。なお，職務内容や同業種類似法人の給与支給状況などに照らすと，Bに対する給与として法人税法上相当とされる金額は，年間1億円である。

　Bは，甲を専ら休日のレジャーのために使用していたが，購入の半年後に盗難にあった。甲には盗難保険をかけていなかったので，Bに対する損失の補てんはなかった。

問1　A社がBに毎月支払った1,000万円（年間合計1億2,000万円）の給与は，A社の平成23事業年度の所得の金額の計算上，どのように取り扱うべきか。根拠条文を示しつつ，述べなさい。

問2　A社がBに対して行った甲の売却は，A社の平成23事業年度の所得の金額の計算上，どのように取り扱うべきか。根拠条文を示しつつ，述べなさい。

付録：会計士試験　租税法問題・解答

問3　A社がBに対して行った甲の売却は，消費税法上どのように取り扱うべきか。根拠条文を示しつつ，述べなさい。

問4　甲の盗難によって被った損失は，Bの平成23年分の所得税の計算上，どのように取り扱うべきか。根拠条文を示しつつ，述べなさい。

* 所得税法施行令第25条
　法第九条第一項第九号（非課税所得）に規定する政令で定める資産は，生活に通常必要な動産のうち，次に掲げるもの（一個又は一組の価額が三十万円を超えるものに限る。）以外のものとする。
一　貴石，半貴石，貴金属，真珠及びこれらの製品，べつこう製品，さんご製品，こはく製品，ぞうげ製品並びに七宝製品
二　書画，こつとう及び美術工芸品

* 所得税法施行令第178条第1項
　法第六十二条第一項（生活に通常必要でない資産の災害による損失）に規定する政令で定めるものは，次に掲げる資産とする。
一　競走馬（その規模，収益の状況その他の事情に照らし事業と認められるものの用に供されるものを除く。）その他射こう的行為の手段となる動産
二　通常自己及び自己と生計を一にする親族が居住の用に供しない家屋で主として趣味，娯楽又は保養の用に供する目的で所有するものその他主として趣味，娯楽，保養又は鑑賞の目的で所有する不動産
三　生活の用に供する動産で第二十五条（譲渡所得について非課税とされる生活用動産の範囲）の規定に該当しないもの

問題2 次の事案について，以下の問いに答えなさい。

　Aとその妻Bは，製造業を営むX株式会社（以下「X社」という。）の発行済株式総数の50％を各々保有している。AはX社の代表取締役であり，Bは営業課長職にある使用人である。AとBには，長男C（X社取締役）がいる。X社は，Y株式会社（以下「Y社」という。）の発行済株式総数の90％を平成20事業年度から保有している。X社，Y社とも暦年を事業年度とする内国法人である。

　X社は，Y社との合意に基づき，Y社の営業強化を目的として，平成23事業年度を通じBをY社に使用人として出向させた。Bは，Y社との雇用関係の下で，この間専らY社の指揮命令の下で労働に従事した。Y社は，当該合意に従い，対価として毎月50万円をX社に支払い，X社は同額を直ちにBに支払った。

　X社は，平成23事業年度の人件費率を一層引き下げるため，Y社への架空の手数料として毎月60万円を支払ったように経理し，それによって捻出した金額を毎月Cへの給与として支払った。

　平成23年4月に，X社は，Y社から配当100万円を受け取った。

　X社は，平成23事業年度に，D国に納付した600万円の税額につき，控除対象外国法人税の額として，日本の外国税額控除の規定の適用を受けた。この外国法人税の額のうち200万円については，控除限度額を超過していた。

問い 以下の税務処理に関する各記述のうち，正しい場合には○，誤っている場合には×を，解答欄の○×欄に記入しなさい。また，当該各記述に係る税務処理が正しい場合はその処理の根拠条文，誤っている場合は正しい税務処理及び根拠条文を，解答欄の「記述欄」に記入しなさい。なお，同族会社の行為計算否認規定の適用はないものとする。

① Y社がBの出向につき平成23事業年度中にX社に支払った600万円の全額が，消費税法上の課税仕入れに該当しない。

② X社は，Cに支払った720万円を，支払手数料としてではなく，定期同額給与として損金に算入できる。

③ X社の平成23事業年度の所得の金額の計算上，X社がY社から受け取った配当の50％が益金不算入とされる。

④ X社は，外国税額控除の限度額を超過した200万円について，損金に算入することができない。

付録：会計士試験　租税法問題・解答

(満点　100点) 〔第1問とあわせ〕
〔時　間　2時間〕

（租　税　法）

第　2　問　（60点）

問題1　普通法人である甲株式会社（以下，「当社」という。）の当期（自平成23年4月1日　至平成24年3月31日）における法人税の課税標準である所得金額及び確定申告により納付すべき法人税額を，以下の資料に基づき計算しなさい。

＜解答に当たっての注意事項＞（下記指示によらなければ，配点がないので，注意すること。）
(1)　各行ごとに，加算及び減算すべき金額があるときは，<u>相殺して純額で記入しなさい</u>。
(2)　加算及び減算すべき金額が共に生じない場合は，<u>加算すべき金額の欄のみに0（ゼロ）を明記しなさい</u>。
(3)　解答は必ず答案用紙の指定された枠内に記入すること。また，記入する金額には，3桁ごとにカンマ（,）を打つこと。

1　全般的な資料及び注意事項
(1)　当社は，設立以来継続して適法に青色申告書を提出する内国法人であり，電気機械器具の製造業を主たる事業とする非上場会社である。
(2)　当社は，当期末において同族会社に該当しない。
(3)　当社は，消費税及び地方消費税の経理処理として税抜方式を採用している。問題文中の取引金額は，すべて税抜きの金額である。
(4)　問題文中の住民税は，道府県民税及び市町村民税の合計額である。また，事業税には地方法人特別税を含んでいる。
(5)　特に指定されているものを除き，当社にとって，納付すべき法人税額が最も有利となるように計算しなさい。また，法人税額を計算するに当たって使用する税率は30％である。
(6)　法人税額を計算する際，課税所得金額は千円未満の端数を切り捨て，納付すべき法人税額は百円未満の端数を切り捨てること。

2　財務諸表上の数値
当期の財務諸表上の数値は，以下のとおりである。
(1)　当期末の資本金の額は，480,000,000円である。

(2) 損益計算書上の当期純利益の額は，1,230,000,000円である。

3 関係会社などについての資料
(1) 当社が発行済株式の過半数を保有している会社は，次のとおりである。

会社名	本店の所在地	決算日	株主構成	株式所有割合 （議決権割合も同じ）
S社	東京都	6月末日	当社	70%
			T社	30%
T社	大阪府	3月末日	当社	100%
U社	愛知県	3月末日	当社	60%
			当社と無関係のその他株主	40%
X社	外国であるX国	12月末日	当社	100%

（注1） 上表中の会社はいずれも事業年度を1年とする株式会社である。
（注2） 当社は，前期の平成23年1月11日，当社と資本関係等のない他の株主よりU社の発行済株式総数の60％の株式を取得した。当社は，それ以前にU社の株式を所有したことはなかった。なお，U社以外の会社については，上記表の株主構成，株式所有割合，議決権割合は，過去10年間異動はない。
（注3） 日本と上記X国との間では，租税条約は締結されていない。また，X社は，設立以来，租税特別措置法66条の6第1項に規定する特定外国子会社等に該当しない。

(2) 当社は，T社に対して，前期の平成23年1月25日に遊休地となっていた一団で一筆の土地を適正な価額である50,000,000円で売却したが，その内容は，次のとおりである。

当社では，その土地を約35年前に，購入代価の額20,000,000円及び不動産会社への仲介手数料600,000円を支出して取得した。ただ，その土地の会計上の帳簿価額は購入代価の額20,000,000円をそのまま計上し，その仲介手数料600,000円は損金経理により費用処理してしまった。よって，その仲介手数料600,000円は，その取得に係る決算の法人税申告書作成時に法人税法上の土地の取得価額に含めるため，申告調整により損金不算入とした上で利益積立金額を増加する処理をしたまま，上記土地の売却に至った。

当社は前期において，その土地の売却時に会計上は土地売却益30,000,000円を計上した上で，税務上の申告調整も適正に処理している。

なお，T社は，当期の平成24年2月に，中期経営計画の変更を理由として，やむを得ずS社に対して，その土地を適正な価額である49,000,000円で売却し，その旨を当社に通知してきた。

(3) 当社は，平成24年2月10日，T社の作成した中期経営計画や数年先の同社の業況悪化の予想を踏まえ，最新の生産設備を購入する資金100,000,000円を同社に贈与し，寄附金として費用処理した。なお，この資金贈与は，いわゆる合理的な再建計画による子会社支援等に該当するものではない。

4 受取利息及び配当金などについての資料

(1) 当期の「受取利息及び配当金」の内訳は，下表のとおりであった。なお，当社では，損益計算書上，下表の「収入金額等」欄の合計金額を「受取利息及び配当金」に，「源泉徴収税額等」欄の合計金額を「法人税等」に，それぞれ計上している。

(単位：円)

銘　　柄	区　分	計　算　期　間	収入金額等	源泉徴収税額等	備　考
銀行預金利息	利　子	－	300,000	60,000	(注1)
S 社 株 式	期 末 配 当	平成22年7月1日～平成23年6月30日	5,000,000	1,000,000	(注2)
U 社 株 式	期 末 配 当	平成22年4月1日～平成23年3月31日	2,000,000	400,000	(注2)
X 社 株 式	期 末 配 当	平成22年1月1日～平成22年12月31日	8,000,000	400,000	(注2)
V 公 社 債投 資 信 託	収益分配金	平成22年12月21日～平成23年12月20日	200,000	40,000	(注1)

(注1) 銀行預金利息及びV公社債投資信託の「源泉徴収税額等」欄には，住民税利子割額がそれぞれ15,000円，10,000円含まれている。なお，V公社債投資信託は，前期の平成23年3月28日に購入した。

(注2) S社，U社，X社は，上記3 関係会社などについての資料に記載した会社である。なお，S社からの配当は，その効力発生日が平成23年8月25日であり，配当日は平成23年9月1日である。U社からの配当は，その効力発生日が平成23年5月30日であり，配当日は平成23年6月2日である。また，X社からの配当は，支払義務確定日及び配当日がいずれも平成23年5月25日であり，X社から受ける配当及びその配当に係る外国源泉税の上表の金額は，外貨を円貨に適切に換算したものである。

(2) また，受取配当等から控除すべき負債利子の額は，関係法人株式等（法人税法23条第6項に規定するもの。以下同じ）に対応するものが100,000円，完全子法人株式等及び関係法人株式等以外のその他の株式等に対応するものが50,000円であった。なお，当社は上記以外にも株式を保有しているが，当期中にそれらに係る配当はなかった。

290

5　租税公課についての資料

未払法人税等及び繰延税金資産の当期における増減は，以下のとおりである。

（単位：円）

科　　目	前期末残高	当期増加額	当期減少額	当期末残高
未払法人税等				
法　人　税	290,000,000	380,000,000	290,000,000	380,000,000
住　民　税	61,000,000	76,000,000	61,000,000	76,000,000
事　業　税	99,000,000	110,000,000	99,000,000	110,000,000
合　　計	450,000,000	566,000,000	450,000,000	566,000,000
繰延税金資産	120,000,000	47,000,000	32,000,000	135,000,000

（注1）　当期において前期分の確定税額（法人税288,000,000円，住民税60,000,000円，事業税95,000,000円）を納付した際に前期末に計上した未払法人税等を取り崩して支払い，以下のような会計処理を行った。
　　　　（借方）未払法人税等　450,000,000　　（貸方）当　座　預　金　443,000,000
　　　　　　　　　　　　　　　　　　　　　　　　　　　法　人　税　等　　　7,000,000
（注2）　当期の中間納付税額は，法人税250,000,000円，住民税50,000,000円，事業税83,000,000円であり，その納付時に以下のような会計処理を行った。
　　　　（借方）法　人　税　等　383,000,000　　（貸方）当　座　預　金　383,000,000
（注3）　未払法人税等の当期増加額566,000,000円は，決算時に次のような会計処理を行って費用計上したものである。
　　　　（借方）法　人　税　等　566,000,000　　（貸方）未払法人税等　566,000,000
（注4）　繰延税金資産については，当期の純増加額である15,000,000円が，損益計算書において法人税等調整額として計上されている。
（注5）　当期の租税公課勘定には，以下のものが含まれている。
　　①　平成23年4月の固定資産税の賦課決定通知に基づき一括納付した金額2,000,000円
　　②　登録免許税800,000円及び登記懈怠による過料150,000円
　　③　役員の業務中の交通違反に課された交通反則金70,000円
　　④　前期分の確定法人税額に係る利子税120,000円

6　交際費等についての資料

当期における交際費等は，以下のとおりである。
(1)　全国の得意先に対し，売上高に一定率を乗じた売上割戻し30,000,000円を支出したほか，競合相手が多い関西地方の得意先について事前に定めた特別割戻率により売上高に応じて特別売上割戻し4,500,000円を支出し，全額を販売促進費として損金経理した。

291

(2) 一般の工場見学者に対して茶菓等による簡単な接待を行い，これに関する費用5,000,000円を広告宣伝費として損金経理した。
(3) 平成23年5月開催の株主総会終了後，役員2名，総務部長，経理部長及び総務部・経理部の一部の従業員による慰労会を開催し，その飲食費用117,000円を福利厚生費として損金経理した。なお，1人当たりの費用は4,500円であった。
(4) 平成24年3月30日に料亭で行った得意先接待の費用370,000円（1人当たり37,000円）に係る請求書の到着が決算の締切りに間に合わなかったため，翌期の交際費として損金経理している。

7 減価償却資産の償却費などについての資料

当期末において所有している減価償却資産の償却費の明細（一部）は，以下のとおりである。なお，当社は設立以来，償却方法の選定の届出を行っていない。

（単位：円）

種類	事業の用に供した年月日	取得価額	損金経理した償却費等の額	期首帳簿価額（会計上）	法定耐用年数	備考
建物	平成13年11月12日	80,000,000	3,024,000	51,524,000	24年	（注1）
機械装置	平成23年7月4日	7,000,000	1,000,000	－	15年	（注2）
器具備品1	平成9年10月15日	3,000,000	0	50,000	10年	（注3）
器具備品2	平成20年2月8日	2,000,000	159,166	159,167	5年	（注4）

(注1) 建物の老朽化が激しいので，平成23年9月15日に5,800,000円をかけて修繕等を行って事業の用に供し，上表に記載した金額とは別に全額を修繕費として費用処理した。支出した修繕費の中には，資本的支出に該当するものが3,000,000円含まれていた。
(注2) 機械装置は，特別償却の対象資産（基準取得価額7,000,000円，特別償却率30％）に該当する。なお，当期末に剰余金の処分により特別償却準備金2,000,000円を積み立てている。この特別償却準備金について，税効果は考慮していない。
(注3) 器具備品1は，期首において繰越償却超過額が100,000円ある。
(注4) 器具備品2は，期首において繰越償却超過額が70,000円ある。

＜減価償却資産の償却率等＞

平成19年3月31日以前取得分					平成19年4月1日以後取得分				
耐用年数	5年	10年	15年	24年	耐用年数	5年	10年	15年	24年
旧定額法	0.200	0.100	0.066	0.042	定額法	0.200	0.100	0.067	0.042
旧定率法	0.369	0.206	0.142	0.092	定率法	0.500	0.250	0.167	0.104
					保証率	0.06249	0.04488	0.03217	0.02157
					改訂償却率	1.000	0.334	0.200	0.112

8　繰延資産についての資料
(1) 当社は，平成22年3月期において，会社法上の繰延資産に該当する開発費を4,000,000円計上するとともに，当該開発費の償却期間を5年と定めて平成22年3月期，平成23年3月期の2期にわたり適正に償却してきた。しかし，当期の決算においても開発費の償却費を800,000円計上すべきところ，経理担当者の計算ミスにより償却費を1,000,000円計上してしまった。
(2) 平成23年10月1日に，従業員の社宅としてマンションを賃借した。この賃借にあたり，敷金150,000円（退去時に全額返還），権利金（礼金）150,000円の合計300,000円を家主に支払った。契約上，権利金（礼金）については，2年間の賃貸借契約期間満了時に，同契約を更新する場合であっても，再度支払う必要はないものとされている。これらの会計処理について，当社は，いずれも費用処理を行った。
(3) 当社工場正門前の県道の舗装が，主に当社工場へ出入りするトラック等の往来により剥離し，当該県道を生活用の道路として利用する付近住民からクレームがあったため，平成23年7月1日に県に舗装工事を実施してもらい，同日，これに関する負担金1,800,000円を県に支払った。当社は，決算時にこれを全額費用として処理している。この支出の効果の及ぶ期間は4年である。

問題2 居住者である乙氏の平成23年分の所得税の確定申告について，以下の資料に基づき，(1)所得金額，(2)所得控除額，(3)所得税額を計算しなさい。
　なお，計算に当たり，課税所得金額は千円未満の端数を切り捨て，確定申告による納付税額は百円未満の端数を切り捨てること。

（資料1）　所得の明細

種　　類	明　　細	所得税法参照条文
配当所得 F産業㈱の株式配当金	収入金額　　　　　　300,000円 源泉徴収税額　　　　60,000円 支払確定日　平成23年5月27日	24条2項
不動産所得 貸家の賃貸料	総収入金額　840,000円 必要経費　　550,000円	26条2項
給与所得 F産業㈱他1社からの給与	F産業㈱　　　　M商事㈱ 収入金額　　8,470,000円　　600,000円 源泉徴収税額　492,000円　　 18,000円	28条2項，3項

一時所得 　生命保険(契約期間10年) 　の満期保険金	総収入金額　　10,000,000円 払込保険料　　9,200,000円	22条2項 34条2項，3項
雑所得 　業界紙に寄稿した原稿料	総収入金額　　　80,000円 必要経費　　　　20,000円 源泉徴収税額　　 8,000円	35条2項

（資料２）　所得控除の明細

種　　　類	明　　　　細	所得税法 参照条文
医療費控除 　本人の治療代	支払金額　　　　　　　　　280,000円 保険金等により補てんされた額　50,000円	73条1項
社会保険料控除	給与から差し引かれた金額　　660,000円	74条1項
生命保険料控除	支払保険料　180,000円 　　　（うち個人年金保険料　60,000円）	76条1項，2項
寄附金控除 　社会福祉法人に対する寄 　附（税額控除対象外の寄 　附）	支払金額　　20,000円	78条1項
配偶者控除及び扶養控除	妻（46歳）パート勤務による平成23年中の給与 収入700,000円 長男（20歳）収入なし 長女（15歳）収入なし	2条1項33号, 34号の2，34号 の3 83条1項 84条1項

問題３　事務用品の卸売業及び小売業を営む丙株式会社（以下，当社という。）の当課税期間（自平成23年４月１日　至平成24年３月31日）における以下の資料に基づき，当社の納付すべき消費税額について下記の各問に答えなさい。

１　全般的な資料及び注意事項
　(1)　当社は，設立以来引き続き消費税の課税事業者であり，当課税期間に係る基準期間における課税売上高は650,259,500円であった。
　(2)　当社は，消費税及び地方消費税の経理処理について税込方式を採用している。
　(3)　当社の取引は，特に記載するものを除き，国内において行われたものである。
　(4)　当社が当課税期間中に行った課税仕入れ等については，その事実を明らかにする帳簿及び請求書等が，法令の記載要件をすべて満たした上で，適法に保存されている。

(5) 解答は答案用紙に指定された枠内に記入すること。また，記入する金額には3桁ごとにカンマ（,）を打ちなさい。
(6) 解答に当たっては，当社の納付すべき消費税額が最も少なくなるように計算すること。また，金額の計算過程において生じた1円未満の端数を切り捨てること。

2　当課税期間中における売上げ等

(単位：円)

内　訳	税込金額	備　考
総商品売上高	900,854,073	輸出免税の適用要件を満たす売上高38,367,840を含む。非課税売上高はない。
商品売上値引高	828,765	すべて課税売上に係るもので，輸出免税売上げに係るものはない。
ゴルフ場株式売却額	13,209,000	ゴルフ場施設を一般利用者に比して，有利な条件で利用できる権利を有する株式である。
絵画売却額	7,140,000	子会社へ当社保有の絵画3点を譲渡したもの。譲渡直前の時価は3点合計で15,000,000と鑑定されている。法人税の申告上は，時価と譲渡価額との差額を寄附金として処理している。
不動産売却額	194,250,000	当社が従来から保有していた土地及び同地に建設されていた建物を，A社に譲渡したもの。譲渡契約書には譲渡対価の合計額194,250,000は明示されているが，土地と建物の別に区分されていない。譲渡直前の時価は，土地135,000,000,建物65,000,000（税込み）と算定された。なお，仲介手数料については次頁3を参照のこと。
受取利息	384,195	預貯金，社債の利息である。
受取配当金	2,895,900	保有株式に係る配当額である。
株式の売却額	1,627,500	上場株式の売却額である。
貸倒損失（輸出取引に係るものはない。）	4,073,580	①前期の課税売上げに係る売掛金の回収不能額1,973,580 ②前々期に行った貸付金の回収不能額2,100,000
合　計	1,125,263,013	

付録：会計士試験　租税法問題・解答

3　当課税期間における仕入れ等

（単位：円）

科　目	税込金額	備　考
総商品仕入高	557,323,410	すべて課税仕入れである。
商品仕入値引高	△3,951,150	前期及び当期の課税仕入れに係るものである。
給与手当(注1)	33,075,000	国内出張の日当604,590を含む。これは通常必要であると認められる範囲の金額である。
法定福利費	4,961,250	健康保険料，厚生年金保険料，労働保険料の会社負担分である
福利厚生費(注1)	579,150	定期健康診断の会社負担金165,900及び現金による慶弔費30,000を含む。その他はすべて課税仕入れである。
旅費交通費	1,776,870	海外への航空代金358,740を含む。その他はすべて国内における旅費交通費である。
通信費(注1)	608,945	国際電話料金125,630を含む。その他はすべて国内通信料である。
水道光熱費(注1)	633,150	すべて課税仕入れである。
支払手数料(注2)	6,200,880	次のものが含まれている。①国又は地方公共団体に支払った登記手数料25,200　②A社への不動産売却の仲介手数料5,775,000　③上場有価証券売却手数料60,900　④その他はすべて課税資産の譲渡等にのみ要する課税仕入れである。
地代家賃(注1)	6,090,000	社宅家賃756,000を含む。その他は事務所賃借料である。
その他	3,096,450	減価償却費1,321,320及び基礎医学助成財団に対する現金による寄附金210,000を含む。その他はすべて課税仕入れに該当する。
合　計	610,393,955	

（注1）　これらの科目に計上されている金額のうち課税仕入れに該当するものは，「課税資産の譲渡等」と「課税資産の譲渡等以外の資産の譲渡等」（以下，「その他の資産の譲渡等」という。）に共通して要するものに該当するものである。

（注2）　支払手数料の課税仕入れについては，「備考」欄に記載されている内容で判断するものとする。

（注3）　（注1）及び（注2）以外の科目で課税仕入れに該当するものは，課税資産の譲渡等にのみ要するものである。

4　消費税の中間納付額

　当課税期間における消費税の中間納付税額は6,584,000円であった。

|問1|　当課税期間における課税標準額（千円未満切捨て）及び課税標準額に対する消費税額を計算しなさい。

|問2|　当課税期間における課税売上割合を計算しなさい。なお解答は端数処理を行わず分数で表示しなさい。

|問3|　当課税期間における(1)商品仕入値引高控除後の課税仕入れに係る消費税額及び(2)控除対象仕入税額を，答案用紙の解答欄に従って計算しなさい。なお，控除対象仕入税額の計算は個別対応方式（消費税法30条2項1号）によること。また，解答に当たり課税売上割合は |問2| で求めた分数値を用いて計算すること。

|問4|　当課税期間における(1)返還等対価に係る税額，(2)貸倒れに係る税額及び(3)納付すべき消費税額（中間納付税額控除後，百円未満切捨て）を計算しなさい。

〔平成24年度解答〕

第1問 答案用紙＜1＞
（租　税　法）

問題1

問1

　Bは代表取締役社長であり，法人税法第34条第5項により使用人兼務役員とされない役員に該当し，その支給を受けた給与は，すべて役員給与として取り扱うこととなる。当該給与は定期同額給与に該当し，不相当に高額な部分の金額2,000万円（1億2,000万円－1億円）は，同条第2項により損金の額に算入しないこととなる。

問2

　役員Bに対するクラシックカー甲の低額譲渡は，経済的利益の供与に該当するため1,500万円（2,000万円－500万円）が法人税法第34条第4項により役員給与に該当するが，同条第1項各号の定期同額給与，事前確定届出給与，利益連動給与に該当しないため，その全額が同条第1項により損金の額に算入されないこととなる。

問3

　A社は，自社の役員Bに対して，クラシックカー甲をその譲渡時における時価に比し著しく低い価額で譲渡（低額譲渡）しているため，消費税法第28条第1項により，時価2,000万円が課税資産の譲渡等の対価の額とみなされ，A社の平成23事業年度の課税標準に計上されることとなる。

問4

　BがA社から購入したクラシックカー甲は，所得税法施行令第178条第1項第三号の生活に通常必要でない資産に該当し，その盗難によって被った損失の金額2,000万円は，所得税法第62条第1項により，その損失を受けた日の属する平成23年分又はその翌年分の譲渡所得の金額の計算上控除すべき金額とみなされることとなる。

第1問 答案用紙＜2＞
（租　税　法）

問題2

番号	○×欄	記述欄
①	○	消費税法第2条第1項第十二号
②	×	役員Cに支払った給与720万円は，仮装して経理することにより支給したものであるため，その全額が損金の額に算入されないこととなる。 法人税法第34条第3項
③	×	平成20事業年度から発行済株式総数の90％を保有しているY社から受け取った配当100万円は，関係法人株式等に係る配当等の額に該当するため，その全額が益金不算入となる。 法人税法第23条第1項，第6項
④	○	法人税法第41条

付録：会計士試験　租税法問題・解答

第2問　答案用紙＜1＞
（租　税　法）

問題1

〈解答に当たっての注意事項〉（下記指示によらなければ，配点がないので注意すること）
(1) 各行ごとに，加算及び減算すべき金額があるときは，相殺して純額で記入しなさい。
(2) 加算及び減算すべき金額が共に生じない場合は，加算すべき金額の欄のみに0（ゼロ）を明記しなさい。
(3) 解答は必ず答案用紙の指定された枠内に記入すること。また，記入する金額には，3桁ごとにカンマ（,）を打つこと。

（単位：円）

		加算すべき金額	減算すべき金額
当期純利益の額		1,230,000,000	
（関係会社など）			
	① T社（土地）について	29,400,000	
	② T社（寄附金）について	100,000,000	
（受取利息・配当金など）			
	① 受取配当等の益金不算入額（国内分）		
	完全子法人株式等		5,000,000
	関係法人株式等及びその他の株式		975,000
	② 外国子会社配当等の益金不算入額		7,600,000
	③ 外国源泉税	400,000	
	④ 住民税利子割	25,000	
	⑤ 源泉所得税	1,267,500	
（租税公課関係）			
	（注1）について		102,000,000
	（注2）について	300,000,000	
	（注3）について	566,000,000	
	（注4）について		15,000,000
	（注5）について	220,000	
（交際費関係）			
	交際費等の損金不算入	487,000	
	その他の調整額		370,000

第2問 答案用紙＜2＞
（租　税　法）

	加算すべき金額	減算すべき金額
（減価償却資産の償却費など）		
建物について	2,926,500	
機械装置について		1,876,750
器具備品1について		29,999
器具備品2について		70,000
（繰延資産の償却費など）		
(1)について	0	
(2)について	150,000	
(3)について	1,462,500	
（法人税額の計算）		
課税所得金額		2,099,416,000
法人税額		629,824,800
所得税額及び外国税額控除額		1,267,500
中間申告分の法人税額		250,000,000
納付すべき法人税額		378,577,300

第2問 答案用紙＜3＞
（租　税　法）

問題2

(1) 所得金額の計算　　　　　　　　　　　　　　　　　　　　　（単位：円）

①	配当所得		300,000
②	不動産所得		290,000
③	給与所得		6,963,000
④	一時所得	300,000 ×1/2＝	150,000
⑤	雑所得		60,000
	合　計（Ⓐ）		7,763,000

(2) 所得控除額の計算

⑥	医療費控除	130,000
⑦	社会保険料控除	660,000
⑧	生命保険料控除	90,000
⑨	寄附金控除	18,000
⑩	配偶者控除（又は配偶者特別控除）	380,000
⑪	扶養控除	630,000
⑫	基礎控除	380,000
	合　計（Ⓑ）	2,288,000
	課税所得金額（Ⓐ－Ⓑ）	5,475,000

(3) 所得税額の計算

⑬	課税所得金額に対する税額（所得税法89条Ⅰ項参照）	667,500
⑭	配当控除（所得税法92条1項参照）	30,000
⑮	源泉所得税額（所得税法120条1項5号参照）	578,000
	納付税額	59,500

第2問 答案用紙＜4＞
（租 税 法）

問題3

問1 課税標準額及び課税標準額に対する消費税額　　　　（単位：円）

(1) 課税標準額　　　　　　　　　　　　　　　　　　900,920,000

(2) 課税標準額に対する消費税額　　　　　　　　　　 36,036,800

問2 課税売上割合（端数処理を行わず分数で解答）　　$\dfrac{938,499,000}{1,070,083,320}$

問3 控除対象仕入税額

(1) 商品仕入値引高控除後の課税仕入れに係る消費税額　　21,719,444

　　(1)の内，課税資産の譲渡等にのみ要するもの　　　　21,207,440

　　(1)の内，その他の資産の譲渡等にのみ要するもの　　　　2,320

　　(1)の内，課税資産の譲渡等とその他の資産の譲渡等に　　509,684
　　共通して要するもの

(2) 控除対象仕入税額（個別対応方式）　　　　　　　 21,654,449

問4 納付すべき消費税額

(1) 返還等対価に係る税額　　　　　　　　　　　　　　　31,572

(2) 貸倒れに係る税額　　　　　　　　　　　　　　　　　75,184

(3) 納付すべき消費税額　　　　　　　　　　　　　　 7,691,500

〔平成25年度問題〕

(満点 100点) 〔第2問とあわせ 時　間　2時間〕

（租　税　法）

第　1　問　（40点）

問題1　次の事案について，以下の問いに答えなさい。なお，以下の事案における法人の事業年度はいずれも暦年とする。また，租税特別措置法は考慮しないものとする。

　内国法人である株式会社X（以下「X社」という。）は，非同族会社であり，精密機械A（以下「機械A」という。）を使用して幾つかの部品を組み立てて製造した製品を販売している。X社は，当該部品の一部を，平成24事業年度には，個人事業主Yから調達することに決めた。X社は，平成24年4月1日に，Yに機械Aを操作させながら必要な部品について説明を行っていたところ，専らYの過失により機械A（帳簿価額1,000万円）は全壊して無価値となった。X社は，数日後，機械AをYに引き取らせ，Yから損害賠償金1,500万円の支払を受け，直ちにその全額を同一種類の精密機械B（以下「機械B」という。）の取得に充て，その使用を開始した。

　内国法人である公益法人等に該当するZ（以下「Z法人」という。）は，X社発行済株式総数の10％相当の株式を，その収益事業以外の事業に属するものとして保有している。X社は，平成24年3月20日を効力発生日とする剰余金の配当（資本剰余金の額の減少に伴うものではない。）として，同日にZ法人に対し200万円を支払い，所定の源泉徴収を行った。なお，Z法人は，当該剰余金の配当につき所得税を課されるべき法人である。また，Z法人には，平成24事業年度に収益事業につき納付すべき法人税がある。

　X社は，平成23年12月1日，Yとの間で，Yが所有する建物をその時価相当額の5億円で買い受ける旨の契約を締結した。この契約に従い，同日に，X社は1億円の解約手付金をYに支払った。残代金4億円の支払及び所有権移転登記手続を含む現実の支配の移転は，平成24年2月1日に行われた。この契約上，当該建物の現実の支配の移転までは，Yは手付金の2倍の金額をX社に支払うことで，他方，X社は手付金を放棄することで，それぞれ契約を解除することが可能であった。

〔問1〕　X社が課税繰延べをしようとする場合，同社は，①機械Aの全壊，②損害賠償金の取得及び③機械Bの取得を，平成24事業年度にそれぞれ法人税法上のように取り扱うべきか。根拠条文を示しつつ述べなさい。

問2　X社は，消費税法上，損害賠償金1,500万円を課税資産の譲渡等の対価として取り扱うべきか。根拠条文を示しつつ述べなさい。

問3　Z法人は，平成24事業年度にX社から受領する剰余金の配当に関し，法人税が課されるか。また，Z法人は，当該配当に係る源泉所得税を平成24事業年度の法人税額から控除することができるか。根拠条文を示しつつ述べなさい。

問4　Yは，譲渡所得の金額の計算上，手付金1億円をいずれの年分の総収入金額に算入するべきか。根拠条文を示しつつ述べなさい。

問題2　次の事案について，以下の問いに答えなさい。

(1) Aは，個人として小売業を営んでいる。また，Aは，取引先であるB社（非上場の株式会社）の株式を100株保有しており，これはB社の発行済株式総数の5％に当たる。Aは，平成23年に，B社から50万円の配当金を受け取った。

　Cは，Aの子であり，Aと生計を一にしている。Cは，B社の使用人であるが，勤務時間外にAの小売業を手伝い不定期に賃金を受け取っている。平成23年には，CはAから合計150万円を受け取った。

　Aの小売業は近年不振であるため，Aは，その祖父Dからしばしば資金援助を受けている。平成23年には，500万円の金員の贈与を受けた。

　Aは，平成23年に，B社の創立30周年記念に際して，記念品としてB社に絵画を贈呈した。これはAが数年前に200万円で購入したもので，時価は300万円である。

(2) E社は，暦年を事業年度とする，小売業を営む非上場の株式会社である。また，E社は，取引先であるB社（非上場の株式会社）の株式を100株保有しており，これはB社の発行済株式総数の5％に当たる。E社は，平成23年に，B社から50万円の配当金を受け取った。

　Fは，E社の代表取締役社長であり，E社の発行済株式総数の95％を保有している。

　Gは，Fの子であり，Fと生計を一にしている。Gは，B社の使用人であるが，E社の取締役を兼ねており報酬を受け取っている。この報酬は，不定期に支払われており，所定の時期に確定額を支給する旨の定めも置かれていない。平成23年には，GはE社から合計150万円の報酬を受け取った。

　E社の小売業は近年不振であるため，E社は，Fの祖父Hからしばしば資金援助を受けている。平成23年には，500万円の金員の贈与を受けた。

付録：会計士試験　租税法問題・解答

　E社は，平成23年に，B社の創立30周年記念に際して，記念品としてB社に絵画を贈呈した。これはE社が数年前に200万円で購入したもので，時価は300万円である。

|問い| 以下の①から⑤までの記述のうち，正しいものには○，誤っているものには×を，解答欄の「○×欄」に記入しなさい。また，「○×欄」に○を記入した場合はその根拠となる所得税法及び法人税法の条文を，「○×欄」に×を記入した場合は誤っている部分についての正しい税務処理と根拠条文を，それぞれ解答欄の「記述欄」に記入しなさい。

　なお，同族会社の行為計算否認規定の適用はないものとする。また，租税特別措置法は考慮しないものとする。

① Aが平成23年にCに支払った150万円は，Aの事業所得に係る必要経費に算入されない。また，E社が平成23年にGに支払った150万円は，E社の損金に算入されない。

② Cが平成23年にAから受け取った150万円は，Cの給与所得に係る収入金額に算入されない。また，Gが平成23年にE社から受け取った150万円は，Gの給与所得に係る収入金額に算入されない。

③ Aが平成23年にB社から受け取った配当金50万円は，その全額が配当所得に係る収入金額に算入される。また，E社が平成23年にB社から受け取った配当金50万円は，その全額がE社の益金に算入される。

④ Aが平成23年にDから贈与された500万円については，所得税は課されない。また，E社が平成23年にHから贈与された500万円については，法人税は課されない。

⑤ 平成23年に行われたAからB社への絵画の贈与により，300万円がAの譲渡所得に係る総収入金額に算入される。また，平成23年に行われたE社からB社への絵画の贈与により，300万円がE社の益金に算入される。

平成25年度問題

(満点 100点) 〔第1問とあわせ〕
〔時　間　2時間〕

（租　税　法）

第　2　問　（60点）

問題1　普通法人である甲株式会社（以下，「当社」という）の当期（自平成24年4月1日　至平成25年3月31日）における確定申告により納付すべき法人税額を，以下の資料及び答案用紙の書式に従って計算しなさい。

＜解答に当たっての注意事項＞（下記指示によらなければ，配点がないので注意すること。）

(1) 各行ごとに，加算及び減算すべき金額があるときは，相殺して純額を記入しなさい。
(2) 加算及び減算すべき金額が共に生じない場合及び(1)の純額が0（ゼロ）の場合には，加算すべき金額の欄のみに0（ゼロ）を明記しなさい。

1．全般的な資料及び注意事項
(1) 当社は，設立以来継続して適法に青色申告書を提出する内国法人であり，製造用ロボットの生産を主たる事業とする非上場会社である。
(2) 当社は，当期末において同族会社に該当しない。
(3) 当社は，消費税及び地方消費税の経理処理として税抜方式を採用している。問題文中の取引金額は，すべて税抜きの金額である。
(4) 問題文中の住民税は，道府県民税及び市町村民税の合計である。また，事業税等には地方法人特別税を含んでいる。
(5) 特に指定されているものを除き，当社にとって，納付すべき法人税額が最も有利になるように計算しなさい。また，法人税額を計算するに当たって使用する税率は25.5％（復興特別法人税加算前）とする。
(6) 法人税額を計算する際，課税所得金額は千円未満の端数を切り捨て，納付すべき法人税額は百円未満の端数を切り捨てること。
(7) 実際の所得調整事項は問題文に示されている「3．～9．」以外にも存在し，それらの最終的調整結果として，「課税所得金額2,500,000,000円」（答案用紙を参照）が算定されている。
(8) 解答は必ず答案用紙の指定された枠内に記入すること。また，記入する金額には3桁ごとにカンマ（,）を打つこと。

2．財務諸表上の数値

当期の財務諸表上の数値は，以下のとおりである。
(1) 当期末の資本金の額は，500,000,000円である。
(2) 損益計算書上の当期純利益の額は，1,500,000,000円である。

3．役員給与についての資料

(1) 専務取締役Aに対して，当社は定時株主総会を平成24年6月21日に開催し，その後の取締役会において，定期給与の額につき従来の月額150万円から月額160万円に増額改定することを法令等に従い決議した。当社の役員に対する定期給与の支給日は毎月25日となっているが，その増額改定は6月25日支給分からではなく，定時株主総会の日から1ケ月経過後最初に到来する給与の支給日である7月25日支給分から適用した。

(2) 常務取締役Bに対して，当社は(1)のとおり平成24年6月21日の定時株主総会後の取締役会において，定期給与の額を従来の月額130万円から月額140万円に増額改定し，月額140万円を7月25日から支給した。その後，Bの統括する部署の業績が好調であることから，同年10月1日の取締役会において，同月支給分の給与から更に10万円増額し定期給与の額を月額150万円とすることを法令等に従い決議した。

(3) 取締役Cに対して，当社は平成24年6月21日の定時株主総会後の取締役会において，定期給与の月額100万円のほかに，同年12月25日及び平成25年6月25日にそれぞれ100万円の確定額を支給する旨の定めを法令等に従い決議し，事前確定届出給与の届出書を届出期限までに所轄税務署長へ届け出た。この定めに従い，当社は，平成24年12月25日には100万円を支給したが，平成25年6月25日の支給は誤って110万円を支給してしまい，当社はその事実を法人税の確定申告書の提出前に認識した。

(注) 当社は，株主総会で役員給与の支給総額の限度額を定め，各人別の支給額は取締役会で決議するなど，会社法等の法令の規定に従って役員給与の額を決議している。

4．受取配当等についての資料

(1) 当期の受取配当等の内訳は下表のとおりであった。なお，当社では損益計算書上，収入金額等欄の金額を「受取利息・配当金」に，源泉徴収税額等欄の金額を「法人税等」に，それぞれ計上している。

平成25年度問題

(単位：円)

銘　柄	区　分	計　算　期　間	収入金額等	源泉徴収税額等（うち復興特別所得税）	備　考
A社株式	期末配当	平成24年4月1日～平成25年3月31日	500,000	—	(注1)
B社株式	期末配当	平成23年10月1日～平成24年9月30日	1,000,000	200,000	(注2)
C社株式	期末配当	平成24年2月1日～平成25年1月31日	3,870,000	790,254 (16,254)	(注3)
D社株式	D社に譲渡（D社は自己株式として保有）	平成23年10月1日～平成24年9月30日	—	49,008 (1,008)	(注4)
E公社債投資信託	収益分配金	平成24年2月1日～平成25年1月31日	180,000	36,567 (567)	(注5)
F証券投資信託	収益分配金	平成24年2月1日～平成25年1月31日	240,000	17,152 (352)	(注6)
T社株式			—	6,000,000	(注7)

(注1)　A社は期末配当基準日を3月31日とする上場内国法人であり、当社は平成24年4月10日に同社株式1,000株（株式保有割合0.5％）を取得し、期末まで引き続き保有している。当社はA社が平成25年6月の株主総会で1株当たり500円の配当決議を行うものと予想して、当期末日に500,000円を未収入金として計上した。なお、当社はA社株式の取得に際して、購入手数料80,000円を支出し、当期の費用に計上している。

(注2)　B社株式は、非上場内国法人B社が発行する株式であるが、当社はB社株式を平成23年4月に取得し（株式保有割合1％）、当期末まで引き続き所有している。

(注3)　C社株式は、当社が100％保有する非上場内国法人C社が発行する株式であるが、当社はC社株式を同社の設立（平成15年6月）以来、当期末まで引き続き所有している。

(注4)　当社は数年前から保有している非上場内国法人D社株式5,000株（1株当たり帳簿価額360円）のうち2,000株を平成25年3月にD社に対して相対で譲渡した。この譲渡に係る対価の額は1,040,000円（源泉徴収税額控除前）であり、当期の収益に320,000円を計上している。D社におけるこの取引の内容に関する資料は次のとおりである。なお、D社は当期中に配当を行っていない。
　　　　取得直前の資本金等の金額　　200,000,000円
　　　　取得直前の発行済株式数　　　　500,000株

(注5)　当社はE公社債投資信託を平成22年8月から継続保有している。

(注6)　F証券投資信託は、その信託財産を主として国内の株式に運用することになっている証券投資信託である。当社はF証券投資信託を平成23年1月に取得し、当期末まで引き続き所有している。

(注7)　T社の残余財産の分配に関するみなし配当の額30,000,000円については、「8．関係会社取引についての資料」に係る(2)の調整において加算するものとして、みなし配当に係る益金不算入額の計算をすること。

(2) 当期に支払った利子及び割引料の金額は以下のとおりである。
　① 借入金の利子　　　　　　　　　61,998,000円
　② 手形の割引料（手形売却損）　　23,455,000円
　③ 売上割引料　　　　　　　　　　12,500,000円

当社の確定した決算における貸借対照表に計上された金額等は以下のとおりである。

(単位：円)

区　分	前期末	当期末	備　考
総資産額	9,820,000,000	10,508,000,000	
A, B, C, D社株式	104,200,000	123,840,000	C社株式の貸借対照表計上額は前期末，当期末とも77,400,000である。
E公社債投資信託	6,000,000	6,000,000	
F証券投資信託	8,000,000	8,000,000	
S, T社株式	150,000,000	—	8.関係会社取引についての資料参照
借入金	2,664,600,000	3,535,200,000	
金銭債権から控除された一括評価に係る貸倒引当金	850,000 (400,000)	1,150,000 (500,000)	（　）内の金額は税務上の繰入限度額である。

　配当等の額から控除する負債利子の額は原則法によるものとし，控除負債利子の計算において上表以外の事項は考慮する必要はないものとする。なお，この計算にあたり金銭債権から控除された一括評価に係る貸倒引当金の取り扱いは，当社にとり有利な方法によるものとする。

5．減価償却資産の償却費等についての資料

当期末において所有している減価償却資産の償却費の明細（一部）は，以下のとおりである。なお，当社は設立以来，償却方法の選定の届け出は行っていない。

（単位：円）

種類	事業の用に供した年月日	取得価額	当期の減価償却費の額	会計上の期末帳簿価額	法定耐用年数	備考
建物 1	平成9年4月15日	90,000,000	2,300,000	26,370,000	30年	（注1）
建物 2	平成17年4月22日	50,000,000	2,000,000	10,000,000	17年	（注2）
機械装置1	平成24年12月26日	12,000,000	950,000	11,050,000	12年	（注3）
機械装置2	平成24年10月10日	1,000,000	200,000	800,000	5年	（注4）
器具備品	平成19年4月30日	2,400,000	200,000	60,000	6年	（注5）

棚卸資産に配賦された減価償却費の税務調整は考慮しないものとする。

（注1）建物1については，平成24年4月1日に17,000,000円をかけて修繕等を行って事業の用に供し，全額を修繕費として費用計上した。支出した金額の中には，通常の管理又は修理をした場合に予測される建物価値を増加させるための支出が含まれており，当該支出前後の建物1の価額は，帳簿価額から40,000,000円に増加したものと見積もられた。なお，当該支出額に法人税法施行令第132条に掲げる資本的支出に該当する金額がある場合には，その金額を建物1の取得価額に加算して，本体と同様の減価償却方法で計算するものとする。また，建物1については前期末までの繰越償却超過額はない。

（注2）建物2については，当期に減損処理を行い，上記の減価償却費以外に，期末に19,120,000円を減損損失として特別損失に計上した。この損失額は，法人税法施行令第68条第1項第3号に掲げる損金算入の認められる評価損には該当しない。

（注3）機械装置1については，当期に3年6ケ月を経過した中古資産を取得したもので，使用可能年数を見積もることは困難である。

（注4）機械装置2については，資産を事業の用に供するために据付費用500,000円を支出し，修繕費として費用処理している。

（注5）器具備品については，前期末までの繰越償却超過額が50,000円ある。

（注6）建物1の修繕費，建物2の減損損失及び機械装置2の据付費用は，いずれも法人税法第31条第1項の償却費として損金経理した金額に含まれる支出である（法人税基本通達7－5－1の取り扱いに基づく）。

（注7）上記資産は全て取得時に事業の用に供しており，当事業年度末も同様の状態である。

＜減価償却資産の償却率等＞

区　分	平成19年３月31日以前取得分	
耐用年数	17年	30年
旧定額法	0.058	0.034
旧定率法	0.127	0.074

区　分	平成19年４月１日から平成24年３月31日取得分	平成24年４月１日以降取得分			
耐用年数	6年	5年	9年	10年	12年
定額法	0.167	0.200	0.112	0.100	0.084
定率法	0.417	0.400	0.222	0.200	0.167
保証率	0.05776	0.10800	0.07126	0.06552	0.05566
改訂償却率	0.500	0.500	0.250	0.250	0.200

6．租税公課等についての資料

　　下記(1)(2)の各表における要処理番号１～６の区分ごとに加算及び減算すべき金額があるときは，相殺して純額を記入しなさい。

(1) 税金関連の諸勘定の当期の推移は，次のとおりである。

税目等	摘　要	勘定科目と処理推移（単位：円）			要処理番号
		租税公課	法人税等	未払法人税等	
	平成24年４月１日期首繰越（前期末Ｂ／Ｓ金額と一致）			460,000,000	
法人税・住民税	平成24年３月期確定分支払			△362,365,000	
事業税等	同上			△95,920,000	1
利子税・延滞金	平成24年３月期申告期限延長分			△82,100	
法人税・住民税	前期調整額戻入		△1,632,900	△1,632,900	2

312

法人税・住民税	平成25年3月期中間分支払		362,365,000		
事業税等	同上	24,000,000	71,920,000		
公社債投資信託収益分配金に係る源泉徴収税額等	所得税（復興特別所得税567円を含む）4．受取配当等についての資料		27,567		
公社債投資信託収益分配金に係る源泉徴収税額等	住民税利子割額 4．受取配当等についての資料		9,000		
銀行預金利子に係る源泉徴収税額等	所得税（復興特別所得税1,260円を含む）		61,260		3
銀行預金利子に係る源泉徴収税額等	住民税利子割額		20,000		
配当・証券投資信託収益分配金に係る源泉徴収税額等	所得税（復興特別所得税17,614円を含む）4．受取配当等についての資料及び8．関係会社取引についての資料		7,056,414		
登録免許税	不動産取得に係るもの	250,000			
消費税額等	控除対象外消費税額等で経費に係るもの（うち交際費等に係るものが53,000円含まれる）	1,300,000			4
その他諸税	損金算入可能分	12,500,000			
法人税・住民税	平成25年3月期概算計上		466,120,000	466,120,000	5
事業税等	同上	36,000,000	107,880,000	143,880,000	
合　計	（当期のB／S・P／Lの該当科目金額と一致）	74,050,000	1,013,826,341	610,000,000	

B／Sは貸借対照表，P／Lは損益計算書を示す。

313

付録：会計士試験　租税法問題・解答

(2) 繰延税金資産の推移は次のとおりである。

なお，繰延税金資産については，当期の純増加額である13,400,000円が，損益計算書において法人税等調整額として計上されている。

科　目	前期末残高	当期増加	当期減少	当期末残高	要処理番号
繰延税金資産	205,000,000円	89,000,000円	75,600,000円	218,400,000円	6

なお，繰延税金資産の金額は繰延税金負債がある場合には，相殺後の金額が示されているものとする。

7．交際費等についての資料（但し「6.租税公課等についての資料」の記述部分を除く）

当期における交際費等として損金経理した金額は以下のとおりである。

なお，飲食等のために要する費用については，所定の事項を記載した書類を保存している。

(1) 新営業所社屋落成式関係費用

① 式典祭事に通常要する費用200,000円

② 役員，従業員のみの社内行事で，新営業所社屋内で供与される通常の飲食費

480,000円

③ 一部の取引先を招待し（当社及び招待客総計40名），新営業所社屋内での簡単な飲食会費用でお祝い金300,000円を控除した後の500,000円

(2) その他費用

① 役員及び部長職15名での株主総会打ち上げ飲食費225,000円

② 当社及び地区得意先計20名での販売会議慰労飲食費98,000円

③ その他税務上の交際費等支出22,560,000円

8．関係会社取引についての資料

(1) 当社は完全支配関係のある内国法人Ｓ社（発行済株式総数1,000株，資本金等の額100,000,000円）の株式500株を保有しており，その帳簿価額は50,000,000円である。Ｓ社は平成24年7月1日に自己株式の取得を行う旨の取締役会決議をし，当社はこれに応じて，Ｓ社株式500株を40,000,000円でＳ社に譲渡した。譲渡対価40,000,000円と譲渡原価50,000,000円の差額10,000,000円を関係会社株式譲渡損として計上した。

(2) 当社は内国法人Ｔ社の発行済株式総数1,000株のすべてを平成元年10月1日に取引先のＸ社から100,000,000円で取得した。Ｔ社は平成24年4月1日に解散の決議をし，平成24年9月30日に残余財産が確定した。当社は残余財産の分配としてみなし配当（4．受取配当等についての資料（注7）参照）に係る源泉所得税6,000,000円を控

除した後の現金34,000,000円を受取り，60,000,000円を子会社株式清算損として計上した。残余財産が確定した時点でのT社の税務上の貸借対照表は以下のとおりである。

T社　　　　　　　　　　　　　（単位：円）

現金	40,000,000	資本金等の額	10,000,000
		利益積立金額	30,000,000

9．寄附金についての資料

当期の寄附金に関する事項は以下のとおりである。(1)～(4)の支出について加算及び減算すべき金額があるときは，相殺して純額を記入した上で，寄附金の損金不算入額を計算すること。寄附金に関して必要な申告手続きはすべて適法に行うものとする。なお，当社の上記8.(1)(2)の調整前の資本金等の額は700,000,000円とし，支出寄附金の金額を控除した後の所得の金額を2,490,000,000円として，寄附金の損金算入限度額の計算をすること。

(1) 資本関係のない取引先U社に対して経営不振を援助する目的で，帳簿価額10,000,000円の有価証券（時価18,000,000円）を贈与し，10,000,000円を寄附金として損金経理した。
(2) 完全支配関係のある内国法人V社に対する寄附金1,500,000円について，当期支出分1,000,000円と期末において未払いの500,000円の合計額1,500,000円を損金経理した。なお，この寄附金はV社を整理する場合の損失負担金や合理的な再建計画に基づく同社の支援には該当しない。
(3) 東日本大震災の義援金として支出した指定寄附金14,238,560円を仮払金として処理した。
(4) 前期末に仮払金に計上したQ社に対する寄附金1,000,000円を当期に寄附金に振替えた。

問題2　居住者である乙氏の平成24年（以下，当年という場合がある）分の所得税の確定申告につき，以下の資料に基づき，1．各所得の金額，2．所得控除の金額，3．所得税額を計算しなさい。

また，計算に当たり，課税総所得金額は千円未満の端数を切り捨て，確定申告による納付税額は百円未満の端数を切り捨てること。

1．不動産所得について

乙氏は自己が所有するアパートを賃貸している。その賃貸事業に係る平成24年分の収支状況は次のとおりである。なお，乙氏は不動産所得について，青色申告書を提出する

ことにつき税務署長の承認を受けている。

(単位：円)

支出		収入	
諸経費	9,900,000	家賃収入	14,400,000
給　与	600,000	駐車場収入	960,000
収支差額	5,460,000	敷金収入	600,000
合　計	15,960,000	合　計	15,960,000

(留意点)
(1) 賃貸アパートの室数は8室であり，事業的規模とはいえないものとする。
(2) 給与600,000円は乙氏が生計を一にする長女に支払ったものである。賃貸管理業務には，この長女が主に従事している。なお，乙氏はこの給与とは別に長女の国民年金保険料179,760円（当年分）を負担・納付している。
(3) 敷金収入は当年の日付で賃貸が開始した室に係るものであるが，賃貸契約書において，敷金のうち20％は賃借人に返還しない契約となっている。

上記留意点のほか，不動産所得の計算に当たり上記収支表に計上された金額は妥当である。

なお，「青色申告特別控除額」の算定に当たって下記の条文を参照すること。

租税特別措置法第25条の2　青色申告特別控除
1　青色申告書を提出することにつき税務署長の承認を受けている個人のその承認を受けている年分（第3項の規定の適用を受ける年分を除く。）の不動産所得の金額，事業所得の金額又は山林所得の金額は，所得税法第26条第2項，第27条第2項又は第32条第3項の規定により計算した不動産所得の金額，事業所得の金額又は山林所得の金額から次に掲げる金額のうちいずれか低い金額を控除した金額とする。
　一　10万円
　二　所得税法第26条第2項，第27条第2項又は第32条第3項の規定により計算した不動産所得の金額，事業所得の金額（次条第1項の規定の適用がある場合には，同項に規定する社会保険診療につき支払を受けるべき金額に対応する部分の金額を除く。第3項第2号において同じ。）又は山林所得の金額の合計額
2　前項の規定により控除すべき金額は，不動産所得の金額，事業所得の金額又は山林所得の金額から順次控除する。
3　青色申告書を提出することにつき税務署長の承認を受けている個人で不動産所得又は事業所得を生ずべき事業を営むもの（所得税法第67条の規定の適用を受ける者を除く。）が，同法第148条第1項の規定により，当該事業につき帳簿書類を備え付けてこれにその承認を受けている年分の不動産所得の金額又は事業所得の金額に係

> る取引を記録している場合（これらの所得の金額に係る一切の取引の内容を詳細に記録している場合として財務省令で定める場合に限る。）には，その年分の不動産所得の金額又は事業所得の金額は，同法第26条第2項又は第27条第2項の規定により計算した不動産所得の金額又は事業所得の金額から次に掲げる金額のうちいずれか低い金額を控除した金額とする。
> 一　65万円
> 二　所得税法第26条第2項又は第27条第2項の規定により計算した不動産所得の金額又は事業所得の金額の合計額
> 　　　　　　　　＜4項以下省略＞

2．給与所得について

　乙氏は不動産賃貸業を営むほか，H株式会社（以下，H社という）の従業員として勤務しており給与所得を得ている。給与等に関連する平成24年分の収入は次のとおりである。

（単位：円）

内　容	金　額
給与の収入金額	4,320,000
賞与の収入金額	500,000
通勤交通費（通勤定期代金の年間相当額の支給額）注1	180,000
合　計	5,000,000

注1：乙氏自宅からH社までの合理的な通勤経路及び方法による運賃等の額である。

（留意点）

　上記，給与等に係る収入のほか以下の事実がある。

(1)　乙氏はH社から会社の業務に係る交際費として，上記給与等とは別に月額50,000円の現金支給を受けている。平成24年中に支給された当該交際費600,000円のうち，480,000円については領収書からその使途がH社の業務のための交際費であることが明らかであったが，残りの120,000円は使途が不明でありH社にも返金されていない。

(2)　H社はオーディオ機器を製造・販売しており，毎期特定の時期に割引価額にて社内販売会を行っている。乙氏は平成24年の社内販売会にて一般販売価格200,000円のスピーカーを，4割引の120,000円で購入した。この販売価格は通常他に販売する価額に比し，著しく低い価額と判断される。

(3)　当年の給与等から控除された社会保険料は710,000円。同じく給与等から控除された源泉所得税額は54,800円（年末調整後）である。いずれの金額も正しく計算された金額とし，当設問における所得調整による影響は無視してよい。

付録：会計士試験　租税法問題・解答

3．雑所得について

内訳は次のとおりである。

（単位：円）

内　容	金　額
原稿の執筆料収入（＊）	350,000
資料収集費用等の必要経費	△420,000
（合計）雑所得の金額	△70,000

（＊）原稿料の源泉所得税　35,000円。

4．所得控除について

社会保険料の他，所得控除に関する資料は次のとおりである。

(1) 生命保険料控除に関する事項

（単位：円）

区　分	契約年月	平成24年に支払った保険料
一般生命保険契約	平成18年12月	120,000
介護医療保険	平成24年2月	72,000
個人年金保険契約	平成10年4月	96,000

上記生命保険等に関連し，当年に受領した剰余金や割戻金はない。

(2) 配偶者控除又は配偶者特別控除に関する事項

生計を一にする妻48歳。妻には洋装店経営による当年分の事業所得が1,240,000円ある。

(3) 扶養控除に関する事項

妻の他，乙氏と生計を一にする親族は次のとおり。

	長女	長男
平成24年12月31日現在の年齢	24歳	22歳
平成24年分の所得の状況	給与所得0円	学生で収入なし

平成25年度問題

問題3 小売業を営む丙株式会社（以下，「当社」という）の当課税期間（自平成24年4月1日　至平成25年3月31日）における以下の資料に基づき，当社の納付すべき消費税額について下記の各問に答えなさい。

1．全般的な資料及び注意事項
   (1) 当社は，設立以来引き続き消費税の課税事業者であり，当課税期間に係る基準期間における課税売上高は951,741,000円であった。
   (2) 当社は，消費税及び地方消費税の経理処理について税込方式を採用している。
   (3) 当社の取引は，特に記載するものを除き，国内において行われたものである。
   (4) 当社が当課税期間中に行った課税仕入れ等については，その事実を明らかにする帳簿及び請求書等が，法令の記載要件をすべて満たした上で，適法に保存されている。
   (5) 解答は必ず答案用紙に指定された枠内に記入すること。また，記入する金額には3桁ごとにカンマ（,）を打つこと。
   (6) 解答にあたっては，当社の納付すべき消費税額が最も少なくなるように計算すること。また，金額の計算過程において生じた1円未満の端数を切り捨てること。

2．当課税期間中における損益科目と補足情報
   (1) 売上高・売上原価

（単位：円）

科　目	金　額	補足情報
商品売上高	2,152,500,000	課税資産の譲渡であり，うち279,825,000は本邦からの輸出として行われる資産の譲渡（以下，「輸出売上」という）である。
商品売上原価	1,183,875,000	当期商品仕入高　1,328,250,000（全て課税仕入である）

   (2) 販売費及び一般管理費

（単位：円）

科　目	金　額	補足情報
役員報酬	76,282,500	役員は全員，経営全般にたずさわっている。旅費交通費相当額は含まれていない。
給与及び法定福利費	317,100,000	うち商品販売にのみたずさわる従業員に係るものは，269,640,000である。旅費交通費相当額は含まれていない。

項目	金額	内訳
旅費交通費	17,430,000	全て国内旅費交通費で内訳は以下のとおりである。 　管理部門費用　　　　　　　4,200,000 　商品販売部門費用　　　　 12,600,000 　土地売却に係る費用　　　　　630,000
減価償却費	35,070,000	管理部門費用　　　　　　　 10,500,000 商品販売部門費用　　　　　 24,570,000 なお，当期に商品仕分けのための機械装置を75,600,000で購入している。
商品荷造運送費	123,343,500	国内売上に係る国内輸送費　 51,345,000 輸出売上に係る国際輸送費　 71,998,500
賃借料	40,656,000	本社事務所（管理部門のみが使用） 　　　　　　　　　　　　　 12,915,000 商品倉庫　　　　　　　　　 27,741,000
販売手数料	12,195,000	輸出先の現地販売代理店に対する手数料である。
広告宣伝費	7,350,000	商品販売のための広告　　　　4,200,000 土地売却のための広告　　　　3,150,000
貸倒損失	11,550,000	国内売上に係る当期貸倒れ　　3,675,000 輸出売上に係る当期貸倒れ　　7,875,000
その他の販売費及び一般管理費	204,750,000	全て課税仕入で，以下が含まれている。 　課税資産の譲渡等のみに要するもの 　　　　　　　　　　　　　 79,065,000 　課税資産の譲渡等以外の資産の譲渡等（以下，「その他の資産の譲渡等」という）のみに要するもの　3,360,000 　課税資産の譲渡等とその他の資産の譲渡等に共通して要するもの 　　　　　　　　　　　　　122,325,000

(3) 営業外損益

(単位:円)

科　目	金　額	補足情報
受取利息	3,150,000	預貯金に対する利息である。
支払利息	25,756,500	借入金利息である。
売上割引	49,875,000	うち15,750,000は輸出売上に係るものである。

(4) 特別損益

(単位:円)

科　目	金　額	補足情報
投資有価証券売却益	25,620,000	F社株式とG社持分の売却に伴う売却益である。 F株式会社（商品製造会社）株式の売却 　売却価額　　　　　50,400,000 G合同会社に対する持分の売却 　売却価額　　　　　19,320,000
固定資産売却益	9,387,000	保有土地の売却に伴う売却益である。 　売却価額　　　　　54,600,000 　仲介手数料　　　　 1,638,000
固定資産売却損	3,675,000	機械装置の売却に伴う売却損である。 　売却価額　　　　　 4,200,000 　撤去費用　　　　　 1,050,000

付録：会計士試験　租税法問題・解答

　「商品販売部門費用」は商品の販売のみに要する費用であり，「管理部門費用」は課税資産の譲渡等とその他の資産の譲渡等に共通して要するものである。なお，当課税期間における納付すべき消費税（中間納付税額控除前）の計算に必要な情報は以上で全て網羅されている。

問1　当課税期間における課税標準額（千円未満切捨て）及び課税標準額に対する消費税額を計算しなさい。

問2　当課税期間における課税売上割合を，答案用紙の解答欄に従って計算しなさい。なお，解答は端数処理を行わず分数で示しなさい。

問3　当課税期間における課税仕入れに係る消費税額を答案用紙の解答欄に従って計算しなさい。

問4　当課税期間における控除対象仕入れ税額を，(1)個別対応方式と(2)一括比例配分方式の双方により計算しなさい。なお，計算にあたっては問2の結果にかかわらず，当課税期間における課税売上割合を96％として計算すること。

問5　当課税期間における(1)返還等対価に係る税額，(2)貸倒れに係る税額及び(3)納付すべき消費税額（中間納付税額控除前，百円未満切捨て）を計算しなさい。

〔平成25年度解答〕

第1問　答案用紙＜１＞
（租　税　法）

問題1

問1

　①機械Aの全壊により帳簿価額1,000万円は，法人税法第22条第3項第三号により損金の額に算入する。②損害賠償金収入1,500万円は，同法同条第2項により益金の額に算入する。③機械Bを機械Aの代替資産として，保険差益金500万円（1,500万円－1,000万円）の範囲内で一定の経理をしたときは，同法第47条第1項により損金の額に算入する。

問2

　課税資産の譲渡等の対価として取り扱うべきではない。機械Aは全壊して無価値となっており資産とはいえないため，X社がYに当該機械Aを引き取らせる行為は，消費税法第2条第1項第八号に規定する資産の譲渡等に該当しないため，同法同条同項第九号に規定する課税資産の譲渡等に該当しない。

問3

　剰余金の配当は，法人税が課されない。公益法人等は，法人税法第7条により収益事業以外から生じた所得について，法人税が課されないためである。源泉所得税は，法人税額から控除することはできない。公益法人等は，収益事業以外から生じた所得に法人税が課されないため，同法第68条第2項により法人税の前払いとして控除することはできない。

問4

　手付金1億円を平成24年分の総収入金額に算入すべきである。譲渡所得の金額の計算上，総収入金額に算入すべき時期は，所得税法第36条第1項により権利が確定した日の属する年分となる。権利が確定した日は，資産の引き渡しがあった日であり，本問の場合は，所有権移転登記手続きを含む現実の支配の移転があった平成24年2月1日である。

付録：会計士試験　租税法問題・解答

第1問　答案用紙＜2＞
（租　税　法）

問題2

番号	○×欄	記述欄
①	○	所得税法第56条
		法人税法第34条第1項
②	×	GがE社から受け取った150万円は，給与所得に係る収入金額に算入される。
		所得税法第28条第1項
③	×	E社がB社から受け取った配当金50万円の50％に相当する金額が，益金の額に算入されない。
		法人税法第23条第1項
④	×	E社がHから贈与された500万円は，益金の額に算入され，法人税が課税される。
		法人税法第22条第2項
⑤	○	所得税法第59条第1項第一号
		法人税法第22条第2項

第2問 答案用紙＜1＞
（租 税 法）

問題1

〈解答に当たっての注意事項〉（下記事項によらなければ，配点がないので注意すること。）

(1) 各行ごとに，加算及び減算すべき金額があるときは，相殺して純額を記入しなさい。
(2) 加算及び減算すべき金額が共に生じない場合及び(1)の純額が0（ゼロ）の場合には，加算すべき金額の欄のみに0（ゼロ）を明記しなさい。

当期純利益の金額　　　　　　　1,500,000,000　　　　　　　　（単位：円）

	加算すべき金額	減算すべき金額
（役員給与）		
専務取締役A	0	
常務取締役B	600,000	
取締役C	0	
（受取配当等）		
(1) 受取配当等の額		
① 完全子法人株式等及び関係法人株式等に係る配当等の額（みなし配当の額を除く）	3,870,000	
② 完全子法人株式等及び関係法人株式等のいずれにも該当しない株式等に係る配当等の額（みなし配当の額を除く）	1,120,000	
③ みなし配当の額（D社株式）	240,000	
④ みなし配当の額（T社株式）	30,000,000	
(2) 控除負債利子の計算		
① 負債利子の合計額	85,453,000	
② 配当の額から控除する負債利子の額	341,812	

第2問 答案用紙＜2＞
（租税法）

	加算すべき金額	減算すべき金額
(3) 受取配当等の益金不算入額		34,379,094
(4) 有価証券・受取配当等に係るその他申告調整額（源泉徴収税額等を除く）		420,000

（減価償却資産の償却費等）

	加算すべき金額	減算すべき金額
建物1	10,670,000	
建物2	18,510,000	
機械装置1	62,000	
機械装置2	400,000	
器具備品	45,000	

（租税公課等）

	加算すべき金額	減算すべき金額
要処理番号1について		96,002,100
要処理番号2について		1,632,900
要処理番号3について	369,539,241	
要処理番号4について	53,000	
要処理番号5について	610,000,000	
要処理番号6について		13,400,000

（交際費等）

	加算すべき金額	減算すべき金額
新営業所社屋落成式関係費用	800,000	
その他の費用	22,785,000	

第2問 答案用紙＜3＞
（租　税　法）

	加算すべき金額	減算すべき金額
（関係会社取引）		
(1)について	10,000,000	
(2)について	90,000,000	
（寄附金）		
支出寄附金		
(1)について	0	
(2)について	500,000	
(3)について		14,238,560
(4)について	1,000,000	
寄附金の損金不算入額	2,854,759	

（法人税額の計算）

課税所得金額	2,500,000,000
法人税額	637,500,000
所得税額控除額	7,125,800
中間申告分の法人税額	300,000,000
納付すべき法人税額	330,374,200

第2問 答案用紙＜4＞
（租 税 法）

問題2

1．所得金額の計算　　　　　　　　　　　　　　　　　　　　　　（単位：円）

(1) 不動産所得の計算

① 青色申告特別控除前の所得金額	5,580,000
② 青色申告特別控除額（租税特別措法25条の2）	100,000
③ 不動産所得の金額	5,480,000

(2) 給与所得の計算

① 給与等の収入金額	5,020,000
② 給与所得控除額（所得税法28条3項）	1,544,000
③ 給与所得の金額	3,476,000

(3) 雑所得の金額　　　　　　　　　　　　　　　　　　　　　　△70,000

(4) 総所得金額（所得税法22条2項一号）　　　　　　　　　　　8,956,000

2．所得控除の金額

(1) 社会保険料控除（所得税法74条）	889,760
(2) 生命保険料控除（所得税法76条）	120,000
(3) 配偶者控除又は配偶者特別控除（所得税法2条1項三十三号，83条，83条の2）	0
(4) 扶養控除（所得税法2条1項三十四号～三十四の四号，84条）	1,010,000
(5) 基礎控除	380,000

3．所得税額の計算

(1) 課税総所得金額（所得税法89条2項／千円未満切捨て）	6,556,000
(2) 課税総所得金額に対する税額（所得税法89条1項）	883,700
(3) 源泉所得税額（所得税法120条1項五号）	89,800
(4) 納付税額（百円未満切捨て）	793,900

第2問 答案用紙＜5＞
（租 税 法）

（単位：円）

問題3

問1
課税標準額	1,787,500,000
課税標準額に対する消費税額	71,500,000

問2
免税売上高	264,075,000
非課税売上高	79,590,000
課税売上割合	$\dfrac{2,019,075,000}{2,098,665,000}$

問3
課税資産の譲渡等のみに要する課税仕入れの合計額（税込）	1,579,851,000
その他の資産の譲渡等のみに要する課税仕入れの合計額（税込）	8,778,000
課税資産の譲渡等とその他の資産の譲渡等に共通して要する課税仕入れの合計額（税込）	139,440,000
課税仕入れの合計額（税込）	1,728,069,000
課税仕入れに係る消費税額	65,831,200

問4

(1) 個別対応方式　　　65,284,320

(2) 一括比例配分方式　63,197,952

問5

(1) 返還等対価に係る税額　1,300,000

(2) 貸倒れに係る税額　140,000

(3) 納付すべき消費税額　4,775,600

著者との契約により検印省略

平成26年3月30日 初版第1刷発行	実況中継！　租税法マスター
	－弁護士と会計士が、
	会計士試験過去問を解く－

著　者	山　田　有　人
	水　戸　重　之
発 行 者	大　坪　嘉　春
印 刷 所	税経印刷株式会社
製 本 所	株式会社　三森製本所

発行所	〒161-0033　東京都新宿区 下落合2丁目5番13号	株式 会社　税務経理協会
	振　替　00190-2-187408	電話　(03)3953-3301（編集部）
	ＦＡＸ　(03)3565-3391	(03)3953-3325（営業部）
	URL　http://www.zeikei.co.jp/
	乱丁・落丁の場合は、お取替えいたします。

Ⓒ　山田有人・水戸重之　2014　　　　　　　　　　　　Printed in Japan

本書を無断で複写複製（コピー）することは、著作権法上の例外を除き、禁じられています。
本書をコピーされる場合は、事前に日本複製権センター（JRRC）の許諾を受けてください。
JRRC〈http://www.jrrc.or.jp　eメール：info@jrrc.or.jp　電話：03-3401-2382〉

ISBN978-4-419-06050-3　C3032